ENCURTANDO A ADOLESCÊNCIA

Outras obras da autora

Rampa (romance)
O adolescente por ele mesmo
Educar sem culpa
Sem padecer no paraíso
Limites sem trauma
Escola sem conflito
Os direitos dos pais
O professor refém
Diabetes sem medo
A escola em Cuba (Editora Brasiliense)

Tania Zagury

ENCURTANDO A ADOLESCÊNCIA

ORIENTAÇÃO PARA PAIS
E EDUCADORES

DÚVIDAS QUE ANGUSTIAM
E REFLEXÕES QUE ALIVIAM

EDIÇÃO REVISTA

EDITORA RECORD
RIO DE JANEIRO • SÃO PAULO
2008

CIP-Brasil. Catalogação-na-fonte
Sindicato Nacional dos Editores de Livros, RJ.

Z23e
11ª ed.
    Zagury, Tania, 1949-
      Encurtando a adolescência / Tania Zagury. – 11ª ed.
  – Rio de Janeiro: Record, 2008.

      Inclui bibliografia
      ISBN 978-85-01-05514-9

      1. Adolescência. 2. Pais e filhos. 3. Psicologia do adolescente. I. Título.

99-0070
      CDD – 305.23
      CDU – 316.342.32-053.6

Copyright © 1999 by Tania Zagury

Direitos exclusivos desta edição reservados pela
EDITORA RECORD LTDA.
Rua Argentina 171 – 20921-380 – Rio de Janeiro, RJ – Tel.: 2585-2000

Impresso no Brasil

ISBN 978-85-01-05514-9

PEDIDOS PELO REEMBOLSO POSTAL
Caixa Postal 23.052
Rio de Janeiro, RJ – 20922-970

EDITORA AFILIADA

..."Quem fechar o seu coração às tristezas da multidão, não poderá tomar parte em suas alegrias..."

(DO TALMUD)

Dedico este livro aos adolescentes que, hoje, em todo o mundo, têm que se sobrepor às dificuldades, obstáculos, tentações e armadilhas criadas por uma sociedade perversa, mas que, ainda assim, continuam sorrindo, amando, crendo, lutando e vencendo.

Sumário

Introdução   13

Capítulo I
Encurtando a adolescência   19

Capítulo II
Fixando limites na adolescência   25

Capítulo III

PARTE I   Dúvidas sobre temas diversos   39
TEMA 1   Mentindo para os pais   41
TEMA 2   Limites na adolescência   49
TEMA 3   A hora de voltar para casa   58
TEMA 4   Adolescência que não acaba   65
TEMA 5   Adultos conservadores x adolescentes   69
TEMA 6   Meu filho não estuda como antes   71
TEMA 7   Mexendo nas coisas dos outros   84
TEMA 8   A religião na adolescência   86
TEMA 9   Muita choradeira por nada   90
TEMA 10   Depressão e suicídio na adolescência   92
TEMA 11   Mãe impositiva   101
TEMA 12   Mau humor matutino   103

TEMA 13	A "bagunça" do quarto	106
TEMA 14	A ocasião faz o ladrão?	110
TEMA 15	Preferência por um dos pais	114
TEMA 16	Tratando os filhos com igualdade	118
TEMA 17	Más companhias	122
TEMA 18	Com vergonha dos pais	124
TEMA 19	As "trocas"	126
TEMA 20	Meus filhos dormem durante o dia	129
TEMA 21	Castigo na adolescência	131
TEMA 22	Tento conversar, mas meu filho não aceita	135
TEMA 23	Lidando com dinheiro	138
TEMA 24	Brigas, brigas, brigas...	142
TEMA 25	Preparando filhos para um mundo violento	146
TEMA 26	Trabalhando a auto-estima na adolescência	149
TEMA 27	Convivendo com as diferenças sociais	154
TEMA 28	O "fantasma" do vestibular	158
TEMA 29	Dirigir quando ainda não é permitido	160
TEMA 30	Internet, computador, jogos eletrônicos: sonho ou pesadelo?	162
TEMA 31	Falando sobre os problemas da família	166
TEMA 32	Vencendo a timidez	170
TEMA 33	Quando termina o trabalho dos pais?	172
TEMA 34	Fazendo brotar a empatia	175

PARTE II	Questões sobre sexualidade	179
1.	Sexualidade do pré-adolescente	183
2.	A influência dos meios de comunicação	186
3.	Como abordar o assunto sexo	188
4.	Conversando sobre sexo sem invadir a privacidade dos filhos	190
5.	Pais "apavorados" com sexo precoce	192

6. Filha grávida na adolescência 196
7. Como agir no "namoro sério" 202
8. Com ciúme da irmã adolescente grávida 206
9. Minha filha quer "transar" com o namorado 208
10. Sexo e prevenção 211
11. Meus filhos querem transar em casa 213
12. "Ficar" = relação sexual? 216
13. A idade ideal para namorar 218
14. Concordar para não perder o diálogo? 223
15. Doenças sexualmente transmissíveis e gravidez na adolescência 226
16. Pôsteres de mulheres nuas no quarto? 230
17. *Playboy* e outras revistas eróticas 233
18. Masturbação na adolescência 235
19. Sexualidade dos pais separados 237
20. Pais sexualmente "fogosos" 241
21. Minha filha não liga para sexo 243
22. Homossexualismo e adolescência 245
23. Como abordar o homossexualismo 252
24. Homossexualismo e processo educativo 254
25. Meu filho tem amigos homossexuais 259
26. Homossexualismo, causas 261

PARTE III   Questões sobre drogas 263

1. Beber é de fato um mal? 265
2. E a cervejinha sempre nas mãos dos pais? 267
3. Meu filho está fumando e bebendo 269
4. Meu filho está usando maconha e não quer se tratar 272
5. Será que meu filho está usando drogas? 275
6. A amiga da minha filha usa drogas 278

7. Meu filho freqüenta locais onde há bebidas
   e drogas ... 281
8. Por que os jovens usam drogas ... 286
9. Até onde vai o dever com o dependente de drogas ... 297
10. Quando os pais usam drogas ... 300
11. Como superar a quebra de confiança ... 302
12. Quando o dependente reincide ... 305

Capítulo IV
Cada fase tem seus encantos, desde que vivida
no tempo adequado ... 307

Referências bibliográficas ... 317

Introdução

Este é um livro para pais, educadores e pessoas que lidam com jovens. Os temas abordados foram selecionados a partir de levantamento estatístico das perguntas feitas por pais e professores que assistiram a palestras que proferi em escolas e empresas, em todo o Brasil, a partir da publicação do livro *O adolescente por ele mesmo*. Foram mais de 240 palestras realizadas entre 1996 e 1998, com a presença de cerca de 23.500 pais e adolescentes. Cerca de 4.000 perguntas foram respondidas durante os debates que se seguiram a cada palestra. Estas questões, reunidas por assunto, foram tabuladas e, a partir daí, selecionamos as mais freqüentes para compor este trabalho.

Os encontros ocorreram nos seguintes estados e cidades brasileiras: Ceará (Fortaleza), Rio Grande do Norte (Natal), Paraíba (João Pessoa), Mato Grosso do Sul (Campo Grande), Goiás (Santa Helena de Goiás), Bahia (Salvador e Ilhéus), Espírito Santo (Vitória, Colatina, Cachoeiro de Itapemirim, Coqueiral, Linhares), Minas Gerais (Belo Horizonte, Uberlândia, Uberaba, Unaí), Rio de Janeiro (cidade do Rio de Janeiro, Belford Roxo, Campos, Macaé, Angra dos Reis, Petrópolis, Nova Iguaçu, Volta Redonda, Rio Bonito, Niterói, São Francisco, Barra do Piraí), São Paulo (cidade de São Paulo, Araçatuba, Sorocaba, Bauru, Santos, Campinas), Paraná (Curitiba, Foz do Iguaçu, Cascavel), Santa Catarina (Florianópolis, Joinville), Rio Grande do Sul (Porto Alegre,

Garibaldi, Veranópolis) e no Distrito Federal (Brasília), totalizando 14 estados e 43 cidades de grande, médio e pequeno portes.

Em alguns encontros foram tantas as perguntas que o tempo foi insuficiente para atender a todos. Por isso tive a idéia de colocá-las no papel. As dúvidas de uns quase sempre ajudam a outros.

Muitas vezes fui levada, a contragosto, a responder a dúvidas complexas de forma rápida e objetiva, devido ao pouco tempo disponível. Além disso, em geral, as palestras são realizadas à noite, quando todos estão cansados após um dia inteiro de trabalho, o que também me obriga a encurtar raciocínios, sem dar o aprofundamento necessário aos vários aspectos que envolvem um mesmo problema.

Escrever sobre estes temas, que tanto afligem os pais, seja no sul ou no norte do país, em cidades pequenas ou nas capitais, foi, portanto, um caminho natural.

Como em meus trabalhos anteriores, não pretendo oferecer soluções ou fórmulas prontas, nem responder de forma categórica a nenhuma das importantes questões suscitadas. Considerar-me-ei muito feliz se puder contribuir para o encaminhamento do raciocínio e o aclaramento das idéias. O que desejo é que os pais readquiram confiança no seu trabalho para que possam ajudar os filhos a caminhar de forma resoluta e firme em direção à idade adulta. O que pretendo é contribuir, junto a pais, professores e jovens, no sentido de, juntos, superarmos as dificuldades existentes. Trabalhando em conjunto, evitaremos o alongamento excessivo da adolescência, deixando florescer, ao final do processo, o cidadão brasileiro que todos nós queremos — útil, produtivo, saudável — intelectual, física e, em especial, emocionalmente. Afinal, ser pai de adolescente é uma tarefa complexa e surpreendente: a cada dia novas decisões têm que ser tomadas, novos questionamentos respondidos e repensados. "Meu filho já pode ir à boate?"; "Minha filhinha de 13 anos 'ficou' com um rapaz de 18, não será cedo demais?"; "Meu filho está péssimo nos estudos, como estimulá-lo?"; "Minha filha gasta demais com roupas, como torná-la menos preocupada com a aparência?"; "Meu filho não quer assumir nenhum tipo de responsabilidade em casa, como agir?"; "Os filhos dos meus amigos com 15, 16 anos já dirigem. Meu filho está me pressionando, devo deixar também?"; "O namorado da minha filha fuma maconha, proíbo o namoro?" Uma torrente infindável de questões se coloca a todo momento. Os pais, atordoados, ficam momentaneamente incapacitados, sem saber como reagir. Querem ser amigos dos filhos, manter um canal permanente de diálogo com eles, mas também temem por sua segurança. Afinal, são tantos os perigos hoje...

Um estudo recente demonstrou que uma criança em idade pré-escolar faz em torno de três solicitações por minuto a seus incansáveis pais. Um adolescente solicita menos, mas quando o faz coloca os pais diante de questões nunca antes sonhadas! Um menino de 7 anos pede que você o ajude nas tarefas de casa; depois, que conserte o seu trenzinho que enguiçou e, logo em seguida, que prepare um lanche gostoso... Tudo isso em um minuto, mas, de qualquer forma, coisas simples de resolver. Mas e o seu filho de dezesseis? De fato, hoje ele só lhe fez UM pedido..., mas foi para acampar com três amigos numa cidadezinha a 200 quilômetros, sem nenhum adulto acompanhando. Por hoje foi só isso (ai!!...), e a resposta pode ser dada daqui a três dias, mas é uma decisão que você preferiria não ter que tomar, nem hoje, nem amanhã... Já sua linda filha, de apenas 14 anos, lhe conta, com o ar mais cândido deste mundo, que gostaria de trazer o namorado (de 17) para casa, para juntos assistirem a um filme im-per-dí-vel — NO QUARTO DELA!!! Meu Deus! O que será que eles estão planejando? Será que é para ver o filme MES-MO? Mas você não quer demonstrar falta de confiança nela, como responder? Ah, que saudade dos simples e consecutivos pedidos de quando eles eram crianças... Ou da época em que os pais, há cerca de trinta anos, podiam simplesmente dizer: "Não, isso não fica bem" ou "Não, eu sei o que é melhor para você" e pronto. Estava encerrada a questão. Hoje, os pais da geração do diálogo e do não autoritarismo precisam ter argumentos para convencer os filhos (e muitas vezes a si próprios também) de que tal atitude não é válida, que pode acarretar problemas e, portanto, não deve ser permitida. Convencer filhos que cresceram com bastante liberdade, sendo pais que desejam ser modernos e liberais, pode ser muito difícil. Em geral, quando você concorda com eles, você é um pai "maneiro", mas quando discorda logo é acusado, com extrema dureza, de déspota, antidemocrático, sem diálogo... Essa dificuldade faz com que pais e educadores conscientes se questionem muitas vezes durante o seu trabalho se estão agindo de forma acertada ou não. Pensar, refletir e se atualizar são comportamentos imprescindíveis aos que pretendem se manter em sintonia e harmonia com a sociedade moderna. É, aliás, uma grande virtude, conseguir mudar quando se percebe estar atuando de forma errada, inadequada ou conservadora (seja por hábito ou por falta de reflexão). Porém, também é bastante negativo quando, cheios de dúvidas, nos imobilizamos, paralisados pelo medo de errar ou de sermos antiquados.

    Quando nossas dúvidas se eternizam, elas passam para nossos filhos, que se tornam também inseguros ou, jovens demais para entender, tentam aproveitar para "conseguir fazer o que desejam". Na sua ingenuidade, não percebem que somos os seus melhores amigos e buscam "tirar proveito" das nossas incertezas. Duvidar, refletir e mudar são atitudes salutares, importantes, essenciais para o crescimento pessoal e familiar. Por outro lado, permanecer indefinidamente em dúvida, deixando de definir aspectos essenciais da educação, pode ter conseqüências sérias para nossos filhos, para a família e, a longo prazo, para a sociedade como um todo.

Ao longo do livro, serão encontradas algumas citações retiradas do Talmud (Talmud significa "aquilo que se estuda" ou "aquilo que se ensina"), uma coleção de dezoito livros, que trata das leis e obrigações do povo judeu, bem como as atas de um debate que se travou ao longo de mais de mil anos com a participação de estudiosos e seus discípulos, diálogo este enriquecido através dos séculos num esforço de manter a doutrina permanentemente atualizada, sem se afastar dos seus pressupostos básicos. Ao inserir algumas de suas máximas aqui, quis mostrar a pais e educadores que, embora o mundo esteja em permanente mudança, a preocupação com os problemas e objetivos educacionais não é nova — pelo contrário — e que algumas diretrizes podem e devem ser mantidas, porque mesmo sendo muito, muito antigas, continuam atuais, valendo pela sua força, pela sabedoria que contêm, pelo humanismo que transmitem e pelo bem que fazem aos homens que as seguem, independente de cor, raça ou religião.

Por tudo isto, uma reflexão conjunta em época de mudanças vertiginosas pode ser de grande utilidade. Por isso este livro. Espero que lhes seja útil.

Para educar precisamos ter dúvidas sim, porque só assim crescemos, mas precisamos também de algumas certezas básicas, porque só assim realizamos.

Tania Zagury
Outubro de 1998

CAPÍTULO I

Encurtando a adolescência

Uma das perguntas que os pais mais costumam me fazer é: "Quanto tempo dura a adolescência?" Na verdade, o que gostariam mesmo de perguntar é: "Quando *termina* a adolescência?" Ansiedade perfeitamente compreensível. Há algumas décadas, a adolescência era o período que ia, mais ou menos, dos 13 aos 18 anos. Hoje, alguns autores já aceitam considerar o período que vai dos 11 aos 20 anos. E, muitas vezes, mesmo aos 20, o jovem não pode de forma alguma ser considerado adulto, já que ainda não tem condições de responder de forma independente por todos os segmentos de sua vida (profissional, afetivo, financeiro). É um fenômeno recente a que estamos assistindo — as crianças entram mais cedo na puberdade e demoram mais a chegar à idade adulta.

Vários são os fatores que contribuem para isso.

Na medida, por exemplo, em que melhoram as condições alimentares, em especial em termos qualitativos, mais cedo se dá o amadurecimento físico e a conseqüente entrada na puberdade. Apesar das desigualdades sociais ainda existentes em muitos países, de uma maneira geral, os estudos indicam que houve uma melhora alimentar qualitativa para grande parte da população mundial. Mais gente está se alimentando

— e melhor. Este fator acarreta no organismo das crianças um desenvolvimento e amadurecimento precoces.

A televisão parece ser outro fator determinante. Nossos filhos assistem hoje, desde muito pequenos, a programas e filmes dirigidos a adultos, com temática complexa. A exposição continuada a este tipo de programação faz com que as crianças adotem, muito cedo, posturas, comportamentos, gestos, forma de vestir, andar e agir — e até pensar — de adultos. Não é à-toa que, um belo dia, a mãe de um menino de quatro anos o surpreende beijando a amiguinha na boca, a menina de três exibe aos pais e parentes, boquiabertos, uma dança sensual com trejeitos e gestos totalmente incompatíveis com a idade. Outra, de dez, sonha fazer um "book", um álbum fotográfico no qual posa como uma verdadeira estrela. A TV ensina, modela comportamentos. Cria pequenos *clones* de artistas. E, assim, hoje, nossas meninas, aos 4, 5 anos, pintam unhas, lábios, só querem usar roupas colantes e provocadoras, shortinhos supercurtos, adotam andar e poses sensuais, enquanto alguns meninos insistem em comprar revistas tipo *Playboy*, entrar em *sites* eróticos na Internet etc., muitas vezes sem ter uma compreensão real do significado daquilo que estão fazendo.

Os pais, inseguros e perplexos frente a tantos comportamentos inesperados, ficam sem saber o que fazer. Proíbo ou deixo? Mas, olhando à sua volta, parece que todo mundo faz, todo mundo deixa... Então, com medo de parecerem antiquados ou autoritários, vão deixando as coisas acontecerem. A filha esperneia e exige uma roupa curtíssima e colante? Pensa a mãe: "Tadinha, afinal, todas as amiguinhas andam desse jeito!!..." E compra a roupa curta e colante. Calcinha quase aparecendo, lá se vai a menina, toda feliz... Pouco adiante, esquecendo que quer parecer mulher, logo se senta como a criança que é.

Uma perna para cá, outra para lá... Ai, meu Deus! Está aparecendo *tudo*! A mãe se preocupa, o pai fica assustado com a precocidade da filha e com os olhares cúpidos que alguns homens lançam a ela. Mas, cadê coragem de se opor? E, na verdade, perguntam-se: "Devo de fato me opor a isso?" E como fazê-lo? O menino, de 8, 9 anos, pede à amiguinha "para namorar". Diz que está apaixonado, quando ficam juntos trocam beijos na boca, aprendem a dar "beijo de língua", como dizem. Necessidade biológica? Não, de forma alguma. Mero comportamento aprendido, imitação de atitudes e gestos a que assiste muitas e muitas vezes por dia na televisão, no cinema. Se os pais estão em dúvida, e por isso ficam calados, não definem o que pode e o que não pode ser feito em cada etapa do desenvolvimento, verão os filhos imitando o que vêem acontecer.

E assim, muito cedo, crianças vão deixando, ao menos externamente, de ser crianças.

Por outro lado, os avanços da ciência e o aumento dos conhecimentos em todos os campos do saber têm exigido um aumento substancial no tempo necessário à formação dos profissionais, em especial nas atividades de nível superior. Assim, atualmente, decorrem mais anos até que estes jovens ingressem no mercado de trabalho. Além disso, o aumento da taxa de desemprego e a globalização vêm tornando mais alto o nível de exigência em relação a muitas áreas do conhecimento. Tornou-se já, hoje, quase indispensável o conhecimento de uma ou mais línguas, além da materna, e o domínio do uso do computador — só para citar dois exemplos — a fim de que se tenha mais chances de conseguir um emprego. Tanto assim que os cursos de pós-graduação vêm se tornando uma continuidade natural dos estudos nesta realidade competitiva.

Por tudo isso, para grande parte dos jovens, a independência financeira demora hoje mais tempo a chegar. E sem independência financeira é difícil considerar adulto quem quer que seja.

Os jovens de hoje, por outro lado, diferentemente dos de duas a três décadas atrás, não têm, de uma maneira geral, aquela urgência de ir embora da casa dos pais. "Ter o seu cantinho" o mais rápido possível foi o sonho da juventude das décadas de 1960, 1970 e talvez de parte dos anos 1980. Mas, decerto, não é uma prioridade para os adolescentes de hoje. Este fato está relacionado à maior liberdade que nossos filhos têm. Os pais de hoje são aqueles que lutaram por liberdade — política, social, sexual —, que participaram da revolução estudantil de 1968 ou que foram influenciados por ela. Ao educarem seus filhos, deram a eles a liberdade que não tiveram em suas casas, que era, aliás, um dos fatores determinantes para que desejassem tão ardentemente sair, mesmo que fosse para morar em repúblicas ou dividindo apartamentos mínimos com amigos e amigas. Não importava que se ficasse menos confortável, desde que se conquistasse o direito de ir e vir, de decidir a própria vida.

Hoje, os jovens das classes A e B e parte da C têm seu próprio quarto, têm o respeito dos membros da família ao seu espaço, trazem suas namoradas para casa, trancam-se quando não desejam falar com ninguém... para que sair de casa, portanto? Os pais — tímidos — batem à porta, pedem licença. Às vezes, até para fazer a faxina no quarto dos filhos, têm que esperar o dia em que eles, afinal, concordam em abrir mão da total impenetrabilidade de seus sagrados aposentos. Os filhos têm, pois, respeito e privacidade. Por que então assumir, sem mais nem menos, responsabilidades, compras, preocupação com faxina, roupa suja, comida e contas a pagar? Assim, rapazes e moças de até 26, 27 anos permanecem tranqüilos, sem pressa e felizes, na casa de seus pais.

Casam-se mais tarde também. Não há mais aquela urgência de ontem... Afinal, ninguém mais vai dizer que a moça de 22, 23 anos que não se casou "está encalhada". Nossos filhos, é provável, nem sabem mais o que significa a expressão "estar encalhada"... Graças a Deus, não é mesmo? Felizmente, preconceitos como este já foram abandonados. Se não por todos, pelo menos por boa parte das pessoas.

Também quando casam e não dá certo por algum motivo, não tenham dúvidas: desfazem o casamento e, tranqüilos, voltam para a casa do papai e da mamãe... E os pais, sem saber como agir (nem se devem ficar felizes ou tristes com a situação), vão vivendo de acordo com o que os filhos decidem.

Um outro fato importante neste mosaico é que, nas classes A, B e parte da C, poucos são os jovens que ajudam em casa, que assumem algum tipo de responsabilidade além de estudar. De modo geral, quanto mais alto o nível econômico, menos tarefas e obrigações eles têm. Assim, demoram mais também a amadurecer, permanecendo mais tempo como meros usufruidores das benesses da família.

Este conjunto complexo de elementos, sem dúvida alguma, contribui para o alongamento da adolescência.

Como fazer para evitar este excessivo alargamento é o que vamos tentar mostrar. Não se trata de apressar um processo, apenas de evitar que ele se estenda mais do que o necessário, ou até que se eternize (como ocorre em alguns casos), impedindo que nossos filhos assumam uma fase tão produtiva e realizadora como é a juventude plena, mas responsável.

Os pais, dependendo da forma como educam na infância e na adolescência, têm um papel decisivo nesse processo: podem colaborar para que os filhos usufruam a beleza e o prazer da independência ou impedir que este processo se desenvolva normalmente.

CAPÍTULO II

Fixando limites na adolescência

..."*Que o teu 'sim' seja 'sim' e o teu 'não', 'não'.*"

(DO TALMUD)

Que a adolescência é uma fase da vida complexa e conturbada, não é novidade para ninguém. Por isso encontramos tantos livros sobre o assunto, escritos por especialistas, muitos dos quais dedicam toda a vida ao estudo dessa fase do desenvolvimento humano.

Que para os jovens são anos difíceis não há dúvida. Todo manual de psicologia enfatiza tal fato à exaustão. O que em geral não se considera é o quanto a adolescência dos filhos é complicada para os pais também.

São tão complexos os problemas que atormentam os pais hoje, que os que têm filhos adolescentes contam para os que têm filhos menores "o que os espera"... De forma que a chegada da adolescência já é vista com certa angústia, temor e ansiedade pela família.

Um dos maiores problemas para os pais, nessa fase, está relacionado aos limites, que assumem aqui uma característica muito especial.

A relação com os filhos é um processo que se inicia logo nos primeiros meses de vida da criança. Essa forma de relacionamento vai determinar, em grande parte, o tipo de situação que se vai viver no futuro. Nada surge do nada. Se desde pequena a criança se acostuma a viver sem limites, se os pais raramente lhe dizem um "não", se quando negam alguma coisa não o fazem com segurança, com convicção, enfim, se a criança está habituada a que façam tudo o que ela quer, claro, na adolescência será mais difícil fazê-la aceitar qualquer tipo de controle. Portanto, a adolescência terá características determinadas também pela relação com os pais ao longo dos anos de convivência. A tônica será a mesma, com algum nível de exacerbação, devido à crescente necessidade de auto-afirmação e independentização da fase.

Se você acostumou seu filho a fazer só o que quer, se ele não aprendeu a exercer direitos e deveres — somente direitos — é muito provável que na adolescência repita esse modelo.

O mais acertado, portanto, é, desde o começo, ter um modelo educacional, objetivos claros de como se pretende educar os filhos.

Alguns pais, em especial os de maior poder aquisitivo, tendem a atender a todos os pedidos das crianças: brinquedos, roupas e passeios. Alguns filhos decidem até o programa de TV a que a família vai assistir. De forma que eles crescem com uma expectativa, como se fosse "direito natural" ganhar as coisas e fazer tudo o que desejam. Em geral, os pais agem assim porque se sentem felizes em dar tudo o que podem aos filhos, pensando que, dessa forma, evitarão "frustrá-los". Acreditam também que, dessa forma, estarão sendo amigos dos filhos acima de tudo.

Ao contrário do que pretendem os pais, a tarefa básica que lhes cabe não é, como pensam muitos hoje, a de ser "amigo" apenas. Na verdade, a grande e árdua tarefa que cabe aos pais é a de ser o formador ético das novas gerações, papel social muito mais importante e difícil. E essa é, sem sombra de dúvida, a melhor forma de ser amigo dos filhos. Não é fazendo-lhes todas as vontades, nem os deixando sem qualquer limite ou orientação que estarão sendo amigos. É bastante comum hoje em dia, no entanto, encontrar pais que confundem "ser amigo" com deixar que os filhos façam tudo aquilo que desejam. Ocorre, em conseqüência, uma dificuldade crescente, por parte dos jovens e das crianças, em aceitar qualquer obstáculo aos seus desejos. Agindo sempre dessa forma — atendendo a tudo que os filhos desejam — os pais conseguem apenas criar uma visão deformada do que o mundo pode lhes oferecer. Em vez de evitar hoje uma pequena frustração, por vezes até benéfica, na medida em que ensina a **tolerar as futuras frustrações** inevitáveis que a vida traz, bem como a **adiar satisfação**, elementos fundamentais para o equilíbrio emocional e a saúde mental, a longo prazo, esse tipo de atitude diminui a capacidade de a criança suportar um "não", seja na escola, na vida profissional ou afetiva.

Se você satisfaz a todas as vontades de seu filho, criando-lhe uma muralha de superproteção, ele esperará que, pela vida afora, as demais pessoas ajam de forma idêntica. Na escola, por exemplo, ser-lhe-á difícil aceitar uma nota mais baixa, uma reprimenda ou até compreender um conceito mais complexo numa determinada matéria. Na vida social poderá ter muita dificuldade se uma menina não aceitar ser a sua namorada, por exemplo. Afinal, não tendo aprendido a ouvir um "não" quando necessário, qualquer situação semelhante a esta pode significar um forte abalo na auto-estima. Situações como as que acabamos de citar tendem a se exacerbar na adolescência, período em que a insegurança é uma característica normal e para a qual, portanto, é necessário que nossos filhos sejam preparados.

A vida, com certeza, reserva-nos a todos muitos "nãos". Cabe aos pais ir, aos poucos, mostrando isso aos filhos, preparando-os para suportar as derrotas e dificuldades com tranqüilidade e espírito de luta, sem maiores problemas. Dizer "sim" sempre que possível e "não" quando necessário — eis a melhor forma de ser amigo dos filhos, preparando-os para a vida, dentro da realidade.

Você deixou de mostrar ao seu filho, em um grande número de oportunidades, que o espaço familiar deve ser harmonicamente dividido. Ao contrário, deixou que ele crescesse cercado de tudo que, por um segundo, desejou. Agiu dessa forma porque pensava que estaria sendo moderno, não-autoritário. Atuou assim para não o frustrar, pensando fazê-lo feliz. Agora, ele cresceu. Está com 13, 14 anos. Começa a querer sair sozinho, a não dizer com quem vai, nem para onde. Acostumou-se a ver você, pai ou mãe, como alguém que só existe para servi-lo, porque você mesmo o permitiu. Aí, você começa a se preocupar, porque quando ele era pequeno, mesmo fazendo-lhe todas as vontades, ele estava sob as suas asas, protegido, cercado. Agora não; ele não aceita mais isso. Começa a fazer programas sozinho com os amigos, a pressioná-lo por uma mesada maior, mas se nega a informar no que tanto gasta, começa a exigir cartão de crédito, vai a barezinhos da moda três a quatro vezes por semana, volta de madrugada, não dá satisfações, nem avisa a que horas volta ou se volta. De repente, aparece uma viagem, um fim de semana na casa de "uns amigos" (que você não consegue saber quem são). Uma noite você percebe que ele chegou embriagado. Às vezes, chega em casa com dois ou três colegas e, sem maiores cerimônias, tranca-se com eles no quarto por horas e horas. Você tenta alguns subterfúgios para ter acesso, leva um lanche, bate à porta, pergunta se querem beber alguma coisa, mas percebe pelo "clima" que está "fora", é um estorvo. Sente que desejam vê-lo pelas costas, intimida-se e pára de interferir.

Por outro lado, você lê nos jornais que os jovens se reúnem e fazem "pegas" com carros e motos, você se preocupa com a AIDS, mas não sabe se seu filho já tem vida sexual ativa. Quando tenta conversar, as respostas são agressivas ou evasivas. Se tenta dizer "não" a alguma coisa, a reação é violenta. Sem maiores inibições, eles demonstram seu enfado e cortam qualquer possibilidade de diálogo. Os pais ficam desesperados, sem saber como agir.

Grande parte dessa situação está ligada, em maior ou menor grau, ao passado, à forma de convivência que se estabeleceu entre pais e filhos desde a infância. Não significa que, se soubermos estabelecer limites, não teremos quaisquer problemas. Mas, certamente, boa parte deles será evitada. Porque o respeito mútuo e uma certa noção de hierarquia na relação terão sido estabelecidos.

Tenho visto, com freqüência, adolescentes dirigirem-se aos pais de uma forma que denuncia o equívoco na relação — "mãe, você está ridícula com essa roupa", "pai, *você já era*", "vocês só me fazem *pagar mico*" etc. Será isso o que queremos da relação com nossos filhos? Será esta a forma de nos relacionarmos "com liberdade"? Certamente que não. Podemos e devemos dizer as coisas sem sermos agressivos, com sinceridade, muito amor e muita autenticidade, mas não podemos deixar nossos filhos confundirem liberdade e autenticidade com indelicadeza ou incivilidade. Devemos entender e aceitar a crise por que passam os nossos filhos na adolescência, mas grosseria e desrespeito, na verdade, não têm nada a ver com transparência nas relações. Se com os amigos eles sabem agir de forma educada, por que não o farão com os pais?

O importante é compreender que, em geral, eles agem assim não por serem "maus", mas porque foi assim que aprenderam a se relacionar com os pais e com a família. Especialmente hoje em dia, quando há uma supervalorização dos aspectos psicológicos da relação, em detrimento de uma visão sociológica. Desta forma, crianças e jovens sentem-se "senhores" em seus lares — E TRANSPÕEM ESTE MODELO PARA A VIDA — com todos os direitos e poucos (ou nenhum) deveres. Vão usufruindo o que a vida e os pais lhes proporcionam. Não se sentem compromissados com a sociedade nem com seus semelhantes. Raras vezes pensam no que podem fazer para contribuir com a sociedade, e sim no que a sociedade, a escola, a família podem lhes propiciar em termos de prazer e bem-estar. Aborrecem-se e frustram-se às menores contrariedades, não desenvolvem capacidade nem habilidade emocional para superar quaisquer dificuldades que se lhes apresente.

Em suma, eternizam um modelo de comportamento infantil, de dependência, exatamente como uma criança pequena, que precisa sempre do outro, porque não tem ainda o instrumental necessário para agir só. Necessitam do pai, da mãe, dos professores, de um amigo, de alguém enfim que os ajude ou resolva as coisas por eles. Querem apenas usufruir, não construir. Com este tipo de percepção, prolongam bastante a permanência na adolescência, ou, pelo menos, retardam em muito sua saída dela.

Começar a estabelecer limites, depois de uma infância inteira de permissividade, é tarefa difícil. Na adolescência, a estrutura básica da personalidade já está formada, já se institucionalizaram os hábitos de anos e anos de convivência; portanto, embora não seja impossível, torna-se uma tarefa muito mais complexa e problemática.

O ideal é que a democratização das relações (ensinar desde logo que as crianças têm direitos sim, mas deveres também) se inicie desde a mais tenra idade. Assim os resultados serão muito mais satisfatórios. Isso significa compreender que teremos uma série de tarefas repetitivas, cansativas e de longa duração pela frente. Ensinar a comer educadamente ou de forma balanceada, fazer com que valorizem a escola e os estudos, limitar o número de horas que ficam frente à TV, Internet ou jogando no computador, estabelecer um horário para as tarefas escolares, ensinar a cuidar da higiene, dos dentes e da aparência... todos são hábitos que levam anos para serem automatizados e incorporados. Sem dúvida nenhuma, é muito mais fácil e confortável deixar tudo ao deus-dará. Mas essa é, decerto, uma atitude imediatista e infantil, que nos nivela à idade e imaturidade das crianças. Não podemos abrir mão das nossas responsabilidades, mesmo que seja tão mais agradável (e fácil) fazer tudo que nossos filhos desejam.

Para estabelecer limites — e ter sucesso nessa empreitada — o melhor é começar tendo uma longa conversa com os filhos. Estamos nos referindo aos pais que, não tendo estabelecido limites anteriormente, desejam fazê-lo quando os filhos já entraram ou vão entrar na adolescência. Para quem sempre fez isso, o problema quase não existe. As crianças acostumaram-se a ter limites e, portanto, aceitam-nos com muito mais naturalidade.

Para alcançar tal intento, é sempre bom — e preferível — começar pelo diálogo. Por exemplo, organizar uma reunião, ainda que informal, em que sejam explanadas as modificações e revisões que planejam introduzir na vida familiar. Isso só será possível se os pais — em primeiro lugar eles próprios — mudarem de postura. Por exemplo, você decidiu mudar de atitude em relação ao tipo de festa que seu filho de 15 anos freqüenta. Já deixou que ele fosse algumas vezes a festas em que os próprios jovens (nem sempre se sabe bem quais) organizam tudo. Para cobrir os gastos (e também ter lucro), cobram ingressos. Você deixou e ele foi. Tudo bem, mas aí você soube que, com freqüência, nelas vêm ocorrendo muitas brigas e, por vezes, até tiros. Percebe, então, que não é o lugar mais apropriado para seu filho freqüentar. E não quer mais que ele vá. Só que esta mudança terá que ser fundamentada; será necessária uma conversa franca, amistosa, em que os pais se mostrem seguros da decisão a ser tomada, com argumentação e fatos para comprovar o que estão dizendo. É muito diferente lidar com um jovem ou com uma criança. O jovem precisa (a criança também, porém com menos ênfase) ser informado do "porquê" de determinadas atitudes dos pais. Afinal, eles já estão de posse de toda a sua capacidade de análise. Outro exemplo: sua filha quer uma festa de quinze anos igual àquela que sua melhor amiga teve. Mas você não pode ou não quer ter tal tipo de gasto. É necessário que a menina compreenda qual a real situação da família, que lhe seja mostrada a diversidade econômica entre as pessoas, para que ela possa assimilar esta perda sem maiores problemas. Uma coisa muito boa é mostrar aos nossos filhos (de classe C para cima) que, embora não possam ter tudo sempre, eles têm muito mais do que a grande maioria dos brasileiros. Funciona muito bem, ao lado de um "não", relacionar todos os "sins" de que eles usufruem (coisa que na hora eles costumam não lembrar). No caso da festa paga, é bom lembrar ao jovem que ele pode freqüentar vários outros tipos de festa: na casa dos amigos, no clube, em determinadas boates que têm bom ambiente etc. Este tipo de cuidado ajuda o adolescente a ter uma percepção mais realista — e menos dramática — dos fatos. Em geral, nesta idade, eles costumam ser muito apaixonados e radicais. É mais do que comum utilizarem frases como "só eu não posso ir", "só você não deixa", "eu nunca posso nada" etc. Na maioria das vezes, não é verdade, mas eles sentem assim. Essa visão radical melhora quando se relaciona para eles fatos concretos: fulano, beltrano, sicrano também não vão, por exemplo.

No caso da festa de quinze anos, vale combinar com a filha que tipo de comemoração poderia ser feita dentro das posses da família, e que também a satisfizesse. O importante é mostrar que você quer que ela seja feliz, que embora nem sempre as coisas possam fluir exatamente como ela sonha, existem alternativas na vida e que vocês, pais, estão lado a lado com os filhos, na busca conjunta dessas soluções.

Ter uma boa conversa, num momento em que todos estejam bem e calmos (na hora da revolta e da raiva não adianta), é fundamental. Não se deve esperar uma aceitação completa e imediata das limitações. Afinal, cada concessão costuma transformar-se rápido, rápido, em direito adquirido; portanto, reverter uma situação é sempre mais complicado... Em princípio, eles encararão as novas medidas como retaliações, privação de "direitos", autoritarismo. Usarão todos os recursos — conversa, sedução, agressão, chantagem, choro, sorrisos superiores, comparações etc. — para nos demoverem dos nossos propósitos. Por isso, a segurança dos pais quanto ao que desejam alcançar é muito importante. É preciso também muito autocontrole e paciência. Apenas assim se consegue vencer as resistências. É provável que as primeiras semanas envolvam muitos conflitos. Procure não se exaltar. Tente manter a calma. Não aceite provocações. Mantenha o equilíbrio emocional.

É importante deixar espaço para que os jovens façam suas colocações e ponderações. O diálogo não existe sem esse circuito de ida e volta (você fala, mas também ouve e vice-versa). Somente através dessa troca é que se conseguirá estabelecer limites aceitáveis para ambas as partes. Não precisa (e nem deve) parecer que estamos declarando uma guerra. Com muito cuidado e sutileza a conversa deverá ser encaminhada no sentido de uma "mudança de curso" nas relações familiares. Se, por exemplo, o problema que está em discussão é a hora de voltar para casa e você quer que isso se dê às 11 horas, mas seu filho pondera que a sessão de cinema a que os amigos costumam ir é a última, pode-se chegar ao consenso de meia-noite e meia. O que importa é que as coisas sejam discutidas e, estabelecido o limite, este seja cumprido a partir daí. Este tipo de diálogo, com conclusões que satisfaçam a ambas as partes, costuma dar muito bons resultados. O jovem sente que está sendo protegido e orientado, que os pais estão preocupados com sua segurança física e emocional. Não sente as medidas como imposições sem nexo ou sem objetivos. E, nessa idade, em que prezam tanto "o seu espaço", "os seus direitos", isto é fundamental para o êxito de nossos propósitos. É claro que, de tempos em tempos, as medidas terão que ser revistas e repensadas, porque, à medida que crescem, os jovens vão adquirindo novas capacidades e, portanto, também novas responsabilidades e possibilidades de ação. O que se proíbe ou permite a um jovem de 16, 17 anos com certeza não é o que se deve permitir ou proibir a um de 12 ou 13.

Mesmo que tudo tenha sido combinado direitinho e os obstáculos tenham sido vencidos, pode-se esperar por algumas tentativas de burlar o que foi combinado, e então volta-se à necessidade de estarem os pais seguros e decididos quanto ao que foi estabelecido. Se, durante tantos anos, a insistência ou o choro surtiram efeito, eles fatalmente irão testar a nova realidade. Não se assustem, portanto. Este tipo de tentativa já deve, inclusive, ser esperada. Continuem firmes e recordem-lhes as decisões tomadas em conjunto. Não abram mão delas. Mantenham a segurança, mas sem agressões ou "sermões". Apenas lembrem o que foi combinado. E não desistam. Aos poucos os jovens irão vendo que "é para valer". É normal insistirem (por mais que isto nos chateie). Mesmo depois de tudo combinado, seu filho poderá chegar um belo dia e lhe pedir para ir "só desta vez" a uma festa paga, mas imperdível. Caberá a você, pai ou mãe, responder, com calma e firmeza, "não, meu filho, como nós combinamos, neste tipo de festa você não vai, mas quando houver outra na casa de algum amigo seu, com certeza você irá" ou "se quiser, na sexta-feira poderá assistir àquele *show* de música que você tanto queria".

Acostumados a não ter limites, é lógico que levará algum tempo para que eles entendam que houve, de fato, uma mudança na atitude dos pais. Dez ou 12 anos de permissividade e uma semana para que a grande mudança seja aceita? Impossível. Seria esperar um milagre. Portanto, persistência e paciência... Eles estão se certificando de que os limites agora existem mesmo. Estão verificando se vocês mudaram de verdade.

O que permitir e o que proibir? Essa é a grande questão, que está inserida em outra mais ampla, a dos objetivos educacionais. Não se deve proibir por proibir. Ou se apoiar num conservadorismo irracional: "no nosso tempo a gente não fazia isso" (que os jovens odeiam ouvir, como nós odiávamos).

É preciso que os pais analisem bem cada situação para avaliar, com prudência e justiça, a real necessidade de proibir algo. É fundamental entender que, muitas vezes, não se permitem coisas que, na verdade, fazem parte do caminhar para a vida adulta, o que resulta apenas em atraso para o jovem. Não é só o adolescente que passa pelo processo de "cortar o cordão umbilical". Também os pais precisam fazê-lo, para não dificultar a caminhada dos filhos rumo à independência. O controle que os pais exercem deve restringir-se a áreas que o jovem não possa, ainda, administrar sozinho. A esse respeito, os pais sentir-se-ão tanto mais seguros quanto mais confiarem na estrutura ética que ajudaram o filho a desenvolver. Com 15, 16 anos, a base moral do jovem está praticamente formada e, em grande parte, espelhará aquilo que ele viu acontecer, ao longo dos anos, na sua casa, na vida familiar. Aquilo que os pais FIZERAM e a forma como AGIRAM ao longo dos anos irá influenciar muito mais a conduta dos filhos do que aquilo que DISSERAM. Portanto, nessa fase, de uma maneira geral, já estamos colhendo os frutos do que plantamos na infância. Então, é bom que confiemos naquilo que fizemos. Só devemos proibir o que possa causar danos reais (físicos ou morais). Muitas vezes, os pais proíbem coisas apenas porque, no seu tempo, também lhe foram proibidas. Não pode trazer o namorado para casa. Só se estiver namorando "sério". Isso era válido há trinta anos. Hoje não é mais assim, mas muitos pais, por conservadorismo ou por não terem se detido a pensar no assunto, simplesmente proíbem tudo o que também lhes foi proibido. É a proibição "por hábito". Proibir o jovem de deixar os cabelos longos ou de raspar a cabeça é outro exemplo de proibição irrelevante. Trata-se de uma proibição que denota que os pais não acompanharam a evolução dos tempos. É preciso que os pais estejam sintonizados com a época em que vivem, não parem no passado, porque isto gera mil e um conflitos desnecessários. Em contrapartida, exigir que eles estudem, tenham uma profissão ou que ajam de forma honesta em quaisquer situações, certamente é outro tipo de luta — daquelas que valem a pena.

> ..."*Quem não ensina uma profissão ao filho, faz dele um salteador...*"
>
> (DO TALMUD)

Muitos pais agem guiados pelo medo do que possa acontecer aos filhos. Temem deixá-los crescer, decidir suas vidas. Muitas vezes este tipo de atitude também contribui para o alargamento da duração da adolescência.

É preciso distinguir, portanto, o que é preciso limitar e o que já pode e deve ser entregue à decisão e à vontade do jovem. Brigamos e nos escabelamos muitas vezes por bobagens sem importância, apenas porque nos incomodam. Roupas desfiadas ou com rasgos, tênis sujos, quartos desarrumados. Em contraposição, deixamos, por vezes, escapar oportunidades reais de educação e formação, aquelas em que deveríamos, com seriedade e firmeza, intervir, para o bem dos nossos filhos, da sociedade e das relações futuras que eles irão vivenciar. E também para que cresçam saudáveis do ponto de vista emocional.

Se pretendemos que nossos filhos amadureçam, vivam a adolescência apenas enquanto forem realmente adolescentes, tornando-os aptos a assumirem a vida adulta, colaboremos com eles. De que modo?

1) Fazendo com que tenham direitos e deveres.
2) Estabelecendo, à medida que crescem, mais e novas tarefas que lhes mostrem que a família os considera capazes de assumir responsabilidades (encarregando-os de buscar a correspondência, de levar um irmão menor ao dentista, de ir ao banco fazer um pagamento, de fazer uma ou outra compra na padaria ou supermercado etc.).
3) Estabelecendo regras democráticas e justas de convivência.
4) Fixando limites sempre que necessário, mas apenas então.
5) Liberando-os para que assumam, à medida que crescem, cada vez mais tarefas que lhes são próprias (escolher a própria roupa, ser responsável pela arrumação do seu quarto, deixar que administrem o próprio tempo, desde que os resultados escolares mostrem-se satisfatórios etc.).
6) Tornando-os co-participantes de decisões e medidas que afetam toda a família (por exemplo, pensando e discutindo a necessidade de mudança de emprego de um dos membros da família), não permitindo que vivam alienados da realidade e dos problemas do dia-a-dia.
7) Ouvindo sua opinião e consultando-os sobre algum problema que esteja ocorrendo na família (por exemplo, despedir ou não uma empregada, usar ou não determinada roupa ao sair para uma festa, mudar a cor da pintura da sala etc.).
8) Chamando-os a colaborar toda vez que a família se envolver em causas sociais, tais como doações a orfanatos, contribuições com alimentos e roupas em campanhas para entidades assistenciais e outras.
9) Tornando-os, na medida do possível e assim que a idade permitir, independentes financeiramente, estabelecendo primeiro uma mesada, que deverá ser gerida e administrada pelo jovem, o que o habilitará a, no futuro, viver dentro de um determinado padrão econômico.

CAPÍTULO III

PARTE I
Dúvidas sobre temas diversos

Nesta primeira parte, vamos discutir temas gerais. As perguntas encontram-se agrupadas por conteúdo. Em verdade, trata-se, em alguns casos, da mesma pergunta com várias roupagens. Na medida do possível, procurei manter a forma original, para preservar a autenticidade das questões.

Espero que, ao final da leitura e de uma profunda reflexão sobre cada uma delas, os pais se sintam mais seguros e definidos sobre a decisão a tomar e a forma de agir com seus filhos.

TEMA 1

Mentindo para os pais

- *Como lidar com a mentira do adolescente?*
- *O que leva uma criança a mentir e enganar os pais? O erro é da educação, trata-se da personalidade da criança ou é comum na adolescência?*
- *Como agir com filhos adolescentes que mentem, na maioria das vezes, sobre coisas ridículas?*

Quando um pai ou mãe descobre que seus filhos mentem, a primeira reação é de desapontamento, seguida, em geral, de uma sensação de fracasso. Pais que valorizam a retidão de caráter, a honestidade e a franqueza tendem a se sentir abalados e muito preocupados. Afinal, perguntam-se: "Será que não consegui transmitir estes conceitos?"

Antes de nos desesperarmos, é preciso considerar alguns aspectos importantes. A informação mais tranqüilizadora é saber que 87% dos jovens fizeram ou fazem coisas escondidos da família, com maior ou menor freqüência, como levantamos no nosso estudo com 943 adolescentes, cujos resultados encontram-se no livro *O adolescente por ele mesmo*. Este fato não consola, mas é extremamente importante para que os pais não se considerem os únicos a viverem este tipo de situação. Pelo contrário, a grande maioria passa pelo mesmo tipo de dificuldade. Faz parte do processo da adolescência. O adolescente acha que contar tudo que lhes acontece para os pais é prova de dependência, coisa de criança.

Além disso, é preciso primeiro verificar se o que está ocorrendo é de fato mentira ou só omissão.

A omissão é fácil de compreender, porque nessa fase nossos filhos estão tentando se independentizar, crescer, se "libertar" da influência dos pais. É natural que, aos poucos, eles queiram assumir mais e mais aspectos de sua vida, sem obrigatoriamente passar tudo, nos mínimos detalhes, pelo crivo e pela opinião dos pais. Por exemplo, a utilização da mesada ou semanada deve passar, pouco a pouco, a ser assunto deles. Se usam o dinheiro para comprar revistas, ir ao cinema ou comprar CDs, não deve fazer diferença para os pais, que devem orientá-los, mas não impor no que deverão utilizar seus recursos. É um espaço de ação que o jovem já pode e deve utilizar (isso ajuda a crescer). O que importa é que, se o dinheiro acabar muito antes do fim do mês, também deverá ser deles a responsabilidade por um ou dois fins de semana sem programas (por mais que nos compadeçamos deles).

Outro exemplo: se o jovem prefere estudar ouvindo música ou dormir um pouco antes de começar a estudar, os pais devem respeitar estas diferenças individuais. No caso, o que deve servir de parâmetro é a produtividade na escola. Se o filho está indo bem nos estudos, não apresentando problemas de rendimento, é sinal de que tudo está caminhando a contento e não há necessidade de os pais interferirem nesse jeito próprio de ser do jovem, que começa a se manifestar de forma mais clara e pessoal.

Quando os pais agem desta forma, no primeiro caso, os filhos aprendem a equilibrar-se dentro de um orçamento e, no segundo, a avaliar os resultados de sua própria atuação. Num futuro próximo, já na vida adulta, estas habilidades serão extremamente úteis. Eles terão desenvolvido a capacidade de análise, relacionando suas atitudes com o resultado delas, e não procurando sempre culpados para explicar seus próprios erros.

A omissão de determinados fatos pode, portanto, ser apenas um sinal de que nossos filhos estão crescendo e, nestes casos, devemos encará-la como uma forma de nos dizerem: "Pai, mãe, estou crescendo, deixem-me tomar algumas decisões sobre a minha vida sozinho." Devemos, ainda assim, adverti-los, mostrando que é uma atitude errada omitir fatos e que existem outras formas, mais adequadas, de mostrar independência e maturidade. No entanto, é importante que compreendamos o gesto, a atitude e o seu significado. Podemos, inclusive, dizer que quanto mais confiarem em nós, mais nós confiaremos neles e no seu poder de decisão.

Quanto mais equilibrados e bem orientados forem os filhos, menos motivo haverá para preocupações a esse respeito — provavelmente eles não só saberão agir de forma adequada, segundo os padrões éticos que lhes tivermos transmitido, como se capacitarão também para tirar proveito das lições que a vida lhes oferecerá, caso cometam alguns erros no início. E isso ajuda a crescer.

Se, no entanto, os pais descobrem que de fato o filho está mentindo, isto é, a realidade é escamoteada, apresentada de forma diversa do que aconteceu, valerá a pena nos perguntarmos: *Temos deixado espaço aberto para o diálogo com eles? Será que nossos filhos podem, realmente, nos contar seus problemas, suas dúvidas, seus desejos? Como reagimos quando o fazem? Colocamo-nos lado a lado para ouvi-los e ajudá-los ou nossos temores e inseguranças afloram de imediato, sob a forma de críticas e proibições?*

Por exemplo: a menina de 13 anos, em meio a um papo, num momento de descontração, conta que, na última festa, "ficou" com um rapaz. Imediatamente, o pai ou a mãe (ou ambos) começam a fazer tantas perguntas e de forma tão ansiosa (quem é o menino? quantos anos tem? que é que vocês fizeram?) que, a partir daí, a filha poderá deixar de relatar outros fatos, porque passa a temer a reação exagerada, sufocadora dos pais. É bem provável que muitos jovens até tenham tentado conversar e desistido, devido à reação dos pais. Por isso é saudável uma análise crítica profunda e honesta da nossa parte. Ao analisarmos — com franqueza — nossas atitudes, talvez nos deparemos com a razão de eles não nos contarem tudo ou, até, mentirem. Pode ser que nós os levemos a isso, com nossos temores e superproteção. Se, ao contrário, adotamos uma postura menos rígida, menos inflexível, menos assustada perante os riscos que nossos filhos correm ao saírem do ninho, ganhamos sua confiança e tornamo-nos aptos a ouvir suas confidências.

O que pode nos dar segurança para agir desta forma calma, tranqüila é a confiança na formação que lhes demos. O que eles são na adolescência tem suas raízes no trabalho dos anos anteriores. A formação moral dos nossos filhos começa desde a mais tenra idade. Na adolescência, ela irá se consolidar.

A paz de espírito de que necessitamos para deixar nossos filhos enfrentarem o mundo sozinhos só existirá se acreditarmos nos nossos ensinamentos, em especial nos exemplos de vida que lhes demos no decorrer dos anos.

Se, ao analisarmos com sinceridade e isenção as nossas atitudes, concluirmos que nada no nosso modo de agir justifica a mentira dos nossos filhos, então devemos passar a um segundo ponto: *Nem sempre a mentira é conseqüência de problemas na relação com os pais.* A atitude dos pais — é bem verdade — reflete-se na conduta dos filhos, mas não é o único elemento a influenciá-los. Prova disso é que quase 90% dos jovens escondem alguns fatos dos pais. Boa parte destas "coisas escondidas" está relacionada, como vimos, ao fato de os jovens desejarem sentir-se independentes, querendo tomar decisões por si próprios. Significaria também que 90% dos pais são ineptos ou ineficientes? Lógico que não.

Existem casos em que — independentemente de como agem os pais — alguma coisa ocorre, internamente, que leva o jovem a mentir: insegurança, desejo de auto-afirmação, temores pessoais (fundamentados ou não), por exemplo. Até fatos muito simples e corriqueiros podem ser motivo para a mentira. Por vezes, o temor de que não concordemos com o que eles desejam pode ser o móvel suficiente e necessário para que torçam ou disfarcem a realidade. Por exemplo: se eles estão doidinhos para ir a uma festa, ou para assistir ao *show* imperdível de um conjunto de rock, poderão afirmar que todos os amigos irão, que todas as outras mães já deixaram, que todos os amigos estão "cansados" de ir, que ele é o único que nunca vai... enfim, todos os argumentos serão ansiosa e insistentemente utilizados para obter um "sim" imediato. Aliás, que capacidade incrível eles têm de nos atordoar com sua insistência! E que quantidade de argumentos... Por vezes, os pais, quando se dão conta, já concordaram, enlouquecidos que ficaram com a saraivada de insistentes pedidos... Qualquer tentativa de ponderação será interpretada pelo jovem como uma indicação de que não os deixaremos ir e aí é possível que a mentira (ou a suavização da realidade) surja. Quer dizer, a própria ansiedade ou o medo de perder um programa é capaz de fazer com que mintam.

Se dois ou três amigos (de 15 anos, por aí) decidem viajar sozinhos para o sítio de um deles e convidam seu filho para ir — meu Deus, que aventura maravilhosa, três dias sem nenhum adulto por perto, só eles para decidir tudo!... —, é bem capaz de seu filho (sempre tão maravilhoso, amigo, bem orientado), tal o entusiasmo, omitir o fato de que estarão sem nenhum adulto para supervisioná-los. Se você não se informar de tudo direitinho, só irá saber — se souber — depois que tudo acabar. Por isso, mesmo que seu filho estrile, esperneie, faça mil muxoxos... in-for-me-se! Sem medo de ser "chata", pergunte com quem vai, o endereço, se os donos da casa irão, se tem telefone, quem vai dirigir. Tudo. Se o aterrorizado filho (que a esta altura se sente ameaçadíssimo pela possibilidade de ver seus planos divinos ruírem) estiver reticente, ou dizendo que não sabe tantos detalhes, não se intimide: peça o telefone e o nome dos pais do anfitrião e... telefone. Se considerar inadequado, não o deixe ir. Não traumatiza ninguém o "não" na hora certa, nem causa problemas emocionais. É preciso, porém, que tudo seja feito num clima de harmonia e de não-agressão. Mostre de forma clara que sua preocupação é com as condições de segurança e bem-estar dele. E que, sempre que for possível, adequado e saudável, sua resposta será "sim". Acalme-o, seja afetuoso, mas, ao mesmo tempo, firme e decidido. E, principalmente, aja de acordo com os seus princípios e seguindo o seu coração. Se as informações sobre a viagem forem positivas, não hesite, deixe-o **ir**.

É preciso distinguir onde existe real perigo e até que ponto o medo só reside em nosso coração.

Queixamo-nos de que nossos filhos demoram a crescer e a amadurecer, mas, por vezes, somos nós mesmos que colaboramos para que isto aconteça...

Quando a mentira é descoberta, a melhor forma de agir é, em primeiro lugar, averiguar sua gravidade e extensão. Caso se trate de uma bobagem sem maior importância, não faça um cavalo de batalha. Considere a idade e tudo que já colocamos. Assim, fica mais fácil não dramatizar. Mas — IMPORTANTE — mostre sempre o quanto você discorda da mentira.

Se, no entanto, a constatação é de que houve algo mais grave, aí deve-se ter — logo que estivermos calmos e controlados, nunca sob o impacto de uma forte emoção — uma conversa franca a respeito: falar de como nos sentimos, dizer da nossa decepção com este tipo de atitude, mostrar que esperamos e acreditamos que ele seja capaz de agir de forma adequada e honesta. Mexa com os brios do seu filho, com os seus melhores sentimentos. É melhor do que recriminações e mais recriminações ou dramas excessivos. E seja sincero: mostre que esta prática não faz parte do universo da família como um todo (se for possível dizer isto, é claro). Nossos filhos são nossos maiores críticos e observadores, portanto, se na sua casa a mentira é um fato normal, como esperar que os filhos não o façam também?).

Mostre também que espera que ele medite e se reposicione em relação ao assunto e finalize dizendo que estará esperando alguma atitude por parte dele, após uma reflexão e análise sobre o que ocorreu. Depois aguarde que ele o procure para voltar ao assunto.

O que tem que ficar claro é que estamos criticando uma ATITUDE com a qual não concordamos, e não a PESSOA. Se você diz para seu filho: "Você é um mentiroso. Não tem vergonha de mentir para mim, que sou seu pai?", estará criticando a pessoa. Mas se você diz: "Meu filho, eu sei que você deve ter tido um motivo muito forte para fazer o que fez" ou "A mentira é uma atitude que não combina com você, podemos conversar a respeito do que o levou a agir assim?", estará enfocando uma ação apenas e não sua personalidade. Assim não estará colocando seu filho na defensiva, nem diminuindo sua auto-estima, mas possibilitando o diálogo.

Quando se critica a pessoa, em geral o que se consegue em resposta é uma atitude defensiva ou agressiva. Entretanto, se deixarmos claro que continuamos confiando neles, apenas ressaltando que sabemos que o que ocorreu foi uma atitude impensada ou inadequada e que, temos certeza, não se repetirá, estaremos estimulando nossos filhos a confiarem em nós e a adotarem uma outra postura, mais verdadeira, numa próxima ocasião.

Outra coisa importante é saber que nem sempre o hábito ou o impulso de mentir "se cura" de uma vez. Problemas de insegurança e auto-estima podem levar meses e até anos para que sejam superados. São necessários muitos episódios em que a postura dos pais se mantenha afirmativa, amorosa, segura e de apoio ao filho (ainda que reafirmemos sempre nossa tristeza e discordância em relação à mentira) para que se consigam resultados positivos. Aliás, em educação, todas as vitórias que alcançamos têm por base a paciência e a capacidade de repetir, repetir, repetir tantas vezes quantas sejam necessárias até que as mudanças ocorram. Nada é rápido nem se resolve de uma só vez...

TEMA 2

Limites na adolescência

- *Como impor limites a um adolescente, se o meio influencia justamente o contrário?*

Limitar é ensinar a tolerar frustrações.
É prevenir para que, no futuro, uma dificuldade qualquer não se transforme em uma barreira intransponível.
Limitar é ensinar que todos temos direitos sim, mas deveres também. Limitar é mostrar que o *outro* também deve ser considerado quando nos decidimos a agir, que nunca devemos pensar apenas em nós mesmos, mas sim compreender que vivemos em grupo — ou seja, convivemos. É, antes de tudo, preparar nossos filhos para o exercício da cidadania. É, pois, uma parte importante do trabalho educacional da família. Um pai e uma mãe conscientes não se deixam levar pelo medo do que está acontecendo por aí afora; ao contrário, tudo o que acontece na sociedade deve servir de base para encontros e conversas com nossos filhos.
E, finalmente, dar limites é dar responsabilidade, o que implica tornar nossos filhos, mais cedo, adultos responsáveis.
Quanto mais hostil for o meio — ou seja, quanto pior estiverem as coisas na sociedade, mais nós, pais, devemos compreender e introjetar a importância do nosso papel, em especial, o PESO do nosso exemplo e dos nossos ensinamentos. Mais que temer a influência do meio, devemos continuamente analisá-lo com nossos filhos, para que eles tenham condições

de se defender de ascendências indesejadas. Já pensaram como seria absurdo se, com um sentimento de derrota, abandonássemos a luta? Quem iria então orientar nossos filhos sobre o que é certo e o que é errado?

Se vivemos numa sociedade em que muitas pessoas acham que podem tudo devido à impunidade existente, isto não é motivo para que ensinemos nossos filhos a serem desonestos. Pelo contrário, é desvelando essa realidade injusta e analisando o que está ocorrendo que poderemos instrumentalizá-los a adotar uma postura combativa e de luta contra as injustiças. "Entregando os pontos" estaremos apenas dando razão à desonestidade e à falta de caráter. Afinal, qual o nosso objetivo ao educarmos nossos filhos? Formar um cidadão respeitado, justo, honesto (independentemente das falhas que existam no sistema) ou criar um arremedo de homem, alguém que só pensa em "se dar bem", independentemente da forma, já que existe tanta coisa errada por aí?

A idéia de que hoje em dia a sociedade está influenciando os jovens negativamente pode até ser verdadeira, mas é preciso considerar que, de certo modo, as coisas estão muito melhores do que já foram num passado bem recente. Já pensaram como era a vida na Idade Média, os perigos que os jovens corriam e como os pais deviam ficar desesperados? Era uma época sem lei, em que o cidadão, o trabalhador, não tinha nenhum direito legal. Os reis e os nobres tinham poder de vida e morte sobre as pessoas. Se resolviam que uma menina era atraente, podiam fazer com ela o que bem entendessem. A quem os pais iriam reclamar? Se resolviam aumentar impostos, aumentavam. E como isso era freqüente... Um senhor de terras podia resolver incendiar toda uma cidade para punir a população por algo que o desgostara e... assim ocorria. Hoje, mal ou bem, a sociedade está muito mais bem estruturada. As pessoas têm a quem recorrer, existe alguma ordem e mais igualdade, embora ainda haja muito a melhorar.

Nada justifica a atitude derrotista de alguns pais que, sob o pretexto de que tanta coisa vai mal, acham que não devem educar os filhos.

Se até nós, pais, mostrarmos aos nossos filhos a descrença na sociedade e no futuro, no que eles irão acreditar?

- *Quando o jovem torna-se muito agressivo, até onde tolerar?*
- *Fomos pais permissivos demais na infância e hoje percebemos os reflexos na adolescência ou pré-adolescência: como reverter a situação?*
- *A falta de respeito aos pais não poderá ser causada também pelo desrespeito dos pais para com os filhos?*
- *Sou viúva, tenho 4 filhos, 3 casados. O caçula, de 17 anos, é muito autoritário, vive me pedindo coisas e, se eu nego, fica muito agressivo. Quando vai a algum baile, não pede, simplesmente fala que vai. Ele não tem vícios, mas tem um gênio muito difícil, parece que está sempre querendo me agredir com palavras ásperas. Já falei que ele precisa de análise, mas ele nem quer ouvir falar no assunto. Não sei o que fazer. O fato de ele ter perdido o pai aos 6 anos pode ter influência?*
- *O que fazer quando a mãe é agredida fisicamente pelo filho, considerando que ele sofreu muito com o relacionamento dos pais, que hoje são separados?*

A agressividade não é inerente à adolescência, como muitos pensam. O que caracteriza esta faixa etária, do ponto de vista do crescimento intelectual e afetivo, é, entre outras coisas:

a) **antagonismo** — é a capacidade incansável e inesgotável de o jovem se opor, contestar e colocar-se contra tudo ou quase tudo que pessoas revestidas de algum grau de autoridade lhe apresentem, em especial se essas pessoas forem o pai e a mãe. Mas professor, diretor de escola, tio, padrinho também servem. Colocar-se contra, antagonizar não significa, porém, obrigatoriamente, ser agressivo; pode ser apenas expressão da crescente independência, ou simplesmente de idéias diversas das nossas. No entanto, é importante deixar claro que isso não justifica atitudes incivilizadas ou grosseiras;

b) **instabilidade emocional** — as grandes mudanças físicas, intelectuais, emocionais e sociais que ocorrem na adolescência podem influenciar o humor (a produção ainda desordenada de hormônios, por exemplo), levando a fortes e contraditórios sentimentos, alternando alegria, euforia, tristeza e melancolia, mau humor ou mutismo. Sem dúvida, isso pode tornar a convivência em família bastante mais difícil;

c) **inquietação** — nesta fase do desenvolvimento, o jovem vivencia, percebe, intui a chegada da idade adulta, que ele deseja e teme ao mesmo tempo: deseja, pelo tanto de liberdade e independência que sonha conquistar; teme, pelo que pressente irá assumir, em termos de responsabilidades, abandonando uma etapa na qual o prazer é a tônica e as obrigações ainda são muito poucas. Daí a introspecção e a seriedade, surgindo em contrapartida a atitudes infantis e descompromissadas.

Essas são três das mais importantes características emocionais do adolescente.

A agressividade, portanto, não é uma característica da fase, mas pode surgir em decorrência da dificuldade que o jovem sente em lidar com esse novo mundo de emoções que chega de uma vez, deixando-o um pouco tumultuado. Grandes modificações físicas em curto espaço de tempo também contribuem para o quadro de instabilidade emocional e insegurança.

Nada justifica, entretanto, que, por conta do que foi exposto, o jovem passe dos limites de uma convivência sadia (ainda que com a presença quase constante de certa impaciência e mau humor) para agressões graves. O que é compreensível e aceitável é surgirem atitudes de irritabilidade, mutismo, depressão leve (consubstanciada, por exemplo, pela falta de cuidado com a higiene e aparência pessoais ou pelo isolamento no quarto), impaciência, espírito de contradição, teimosia, resistência passiva etc. — nunca violência e desrespeito. Se a criança for educada, desde cedo, segundo princípios de respeito, justiça, igualdade e amor, poderão surgir — ainda assim — atitudes desagradáveis, mas que, normalmente, não devem passar de limites toleráveis.

É muito bom quando os pais compreendem o que o adolescente está passando e deixam passar — sem revidar — algumas das atitudes citadas, não levando tudo a ferro e fogo, a fim de favorecer a independência do filho. Afinal, a maior parte dessas atitudes representa apenas a insegurança característica da idade e o desejo de crescimento. Entendendo o que se passa é mais fácil tolerarem algumas atitudes de auto-afirmação dos filhos. Nunca, porém, os pais devem permitir que as coisas cheguem ao ponto de gritos, zombarias, agressões físicas, verbais ou morais. Se isto acontecer, provavelmente será porque não foram estabelecidos, de forma clara, os limites do que é aceitável e do que não é.

Pais bem orientados e equilibrados agem com os filhos adolescentes apoiados em um tripé básico:

1) **empatia** — capacidade de compreender e viver os sentimentos do outro (no caso, do filho). Para isso é necessário saber ouvir, sem preconceitos, deixar o coração livre e desimpedido para "sentir com" e, principalmente, dar mostras de compreensão do sentimento do outro.

Assim, se seu filho está triste porque uma tremenda espinha apareceu bem no meio da testa no dia em que ele pretendia encarar uma gatinha superespecial, mesmo que — como adulto — você saiba que isto não altera nada quando há um real interesse, deve compreender a insegurança dele, nunca desmerecendo ou desvalorizando os seus sentimentos (essa premissa é imprescindível para que possa existir a próxima etapa);

2) **diálogo** — depois de ouvi-lo colocar suas dúvidas e problemas, você parte para a análise conjunta da situação e a busca de soluções possíveis, de preferência orientando, sugerindo, mas deixando, sempre que possível, a decisão final a cargo do jovem; e

3) **estabelecendo limites** — ter empatia e dialogar não impede nem impossibilita que, quando necessário, você estabeleça limites, com base na sua autoridade e no dever de zelar pela segurança dos filhos. Isto quer dizer que, muitas vezes, por mais que tente, você não consegue convencer seu filho de alguma coisa que considera fundamental e, então (e somente nestes casos), torna-se necessário estabelecer alguma regra ou proibir alguma coisa.

Dando um exemplo concreto: Sua filha de 14 anos chega em casa dizendo que quer ir a uma festa no próximo sábado, num local bem longe e ermo. Em geral você concorda, mas sempre a leva e busca. Desta feita, entretanto, você tem um compromisso social importante, ao qual não pode deixar de comparecer e explica isso a ela. Logo que você coloca a dificuldade, percebe a ansiedade tomando conta de sua filha, como se aquela fosse a última e a única festa do mundo (é assim mesmo que o adolescente sente as coisas). Dentro do princípio da empatia, você demonstra claramente pela sua fala, voz e gestos, que compreende o quanto ela está chateada e apreensiva, e que você também gostaria de poder levá-la, mas que poderiam pensar em uma outra forma de ela ir. A seguir, estando sua filha já bem mais calma, porque sentiu que as alternativas ainda não foram esgotadas, vocês conversam sobre outras possibilidades: carona com amigos, dormir na casa de alguém conhecido etc. Se uma das propostas levantadas está dentro do que os pais costumam permitir, pode-se resolver a questão de forma satisfatória. E aí, ótimo, todos ficam felizes. Mas poderia ocorrer, por exemplo, que nenhuma das soluções estivesse disponível e, como é normal com os jovens, ela, já se desesperando novamente, começasse a sugerir coisas como ir e voltar de táxi ou "dar um jeito", sem especificar, de forma clara, que jeito seria esse. É nesse momento, quando é impossível solucionar alguma coisa dentro dos padrões aceitáveis pela família e com uma margem mínima de segurança pessoal, que se torna necessário, mesmo com muita pena, dizer-lhe, ao final de tudo, que ela não poderá mesmo ir a essa festa.

Nesse caso, haverá quase sempre tentativas de barganha, resistência, alguma choradeira, insistência etc. alternadas com acusações do tipo "vocês complicam tudo...", "que é que tem de mais eu ir sozinha de táxi, o fulano vai sempre..." e outras afirmativas do gênero. É quase impossível, mesmo que você tenha os melhores argumentos do mundo, que sua filha adolescente se conforme de imediato ou desista — de primeira — de alguma coisa que queira. Então, só vai lhe restar a alternativa de encerrar o assunto com muito carinho, mas com toda a clareza.

Em síntese, a agressividade deve ser combatida toda vez que superar os limites da educação, da polidez, da civilidade. E também sempre que percebermos que nosso filho está agindo, falando, se comportando, enfim, de forma que possa colocar em risco sua segurança, seu futuro.

Mesmo quando não se trabalhou os limites na infância é possível reverter a situação. É mais difícil, mas não impossível. O primeiro passo é perceber a realidade. Quando os pais percebem que perderam tempo, deixando de aproveitar a infância para o estabelecimento dos limites mínimos — o que determina uma convivência baseada no respeito e na igualdade de direitos e deveres —, só este fato já os coloca um passo adiante na resolução do problema. Para mudar ou resolver uma situação é preciso, em primeiro lugar, reconhecer que o problema existe. Em segundo lugar, é necessário analisar e compreender onde, como e quando os erros foram cometidos. A compreensão global do processo é o primeiro grande passo para a mudança. É claro, vai demorar um pouco para que a mudança surta efeito. Um mau hábito é muito mais fácil de se instalar do que de ser removido. Mas, quando se quer alguma coisa de verdade, se consegue. Uma alteração concreta na postura dos pais muda os filhos.

O jovem pode também estar gritando ou agredindo para ser ouvido. Como se fosse um pedido de socorro num meio desfavorável. A omissão, a indiferença ou a falta de amor e o desrespeito são outros determinantes de atitudes agressivas. De fato, não existem apenas os pais equilibrados, amorosos e justos. São muitos os que agridem física e moralmente os filhos; a falta de compreensão ou ainda a omissão e a indiferença são os elementos que mais levam à agressividade. Podem também tornar a pessoa submissa ou introspectiva, deprimida ou reprimida.

A regra básica para qualquer relacionamento, seja entre pais e filhos, marido e mulher, irmãos ou amigos é: *para sermos respeitados, precisamos respeitar*. Então, se só falamos com nossos filhos aos berros, enfadados ou sendo muito críticos, provavelmente receberemos em troca um tratamento pelo menos semelhante. Se nunca batemos à porta do quarto antes de entrar, se ouvimos conversas na extensão do telefone, se vasculhamos suas mochilas e bolsos, se lemos seu diário ou anotações, é muito provável que recebamos um tratamento bem parecido em troca. Portanto, antes de qualquer análise sobre agressividade, examinemos nosso próprio comportamento.

Sejamos adultos, mostremos equilíbrio, revelemos sempre o nosso amor e carinho, sejamos justos e equânimes, mas tracemos limites claros, objetivos e adequados e, por fim, estejamos sempre disponíveis para nossos filhos. Assim diminui-se muito a agressividade e encurta-se o caminho para a maturidade.

TEMA 3

A hora de voltar para casa

- *Como estabelecer o horário para o adolescente voltar para casa, se pai e mãe têm opiniões diferentes? Este tipo de impasse (e outros) nos tem acontecido com freqüência.*
- *Como agir em relação a horários, se as festas hoje começam às 23 horas?*
- *Como estabelecer limites, se toda turma volta de madrugada?*

O primeiro e mais importante aspecto, neste caso, é pai e mãe conversarem até que se chegue a um acordo entre a posição de um e de outro. Pais podem pensar e ter pontos de vista diferentes (e é até bem comum que assim seja), mas não devem deixar que seus filhos sejam testemunhas de discussões e conflitos em que eles sejam o centro. A discordância dos pais diante dos filhos os leva à insegurança. É natural que os pais discordem ou tenham pontos de vista diferentes em relação a alguns assuntos. Afinal, são pessoas diferentes, com educação e passado diversos. A cultura da família de cada um também influencia, de forma que o pensamento e a atitude de pai e mãe podem, muitas vezes, tornar-se discordantes. Consenso total e absoluto entre dois seres humanos é ficção. Portanto, é normal que existam vários pontos de vista sobre uma mesma questão. O que não significa que não possam, de forma adulta e equilibrada, conversar, cada um expondo suas idéias, tentando chegar a um acordo satisfatório. Isso é o mais importante.

Chegar a um termo comum é uma tarefa que demanda maturidade e equilíbrio emocional por parte dos pais (inteligência emocional). Se, por exemplo, a mãe acha normal que a filha chegue às 3 da manhã, mas o pai quer que ela esteja em casa à meia-noite, que tal chegar-se a um meio-termo? Nem meia-noite, nem 3 — uma e meia, pronto! Discutir em conjunto as diferenças faz com que pai e mãe tenham a oportunidade de expor um para o outro as motivações que os levam a querer uma determinada regra. E leva, também, a que se medite sobre a propriedade ou impropriedade de uma medida. Às vezes, conversando, pode-se descobrir que certos temores são infundados ou exagerados e, a partir desta constatação, chegar a um meio-termo aceitável tanto para os pais quanto para os filhos. A única condição prévia imprescindível para que este tipo de diálogo chegue realmente a um final efetivo é a consciência que cada um dos pais tem que ter de que o outro pode ter também razão e não apenas ele próprio. O que significa estar aberto a ouvir e pensar o que o outro pensa e diz. Tem muita gente que entra numa discussão apenas e tão-somente para mudar a opinião do outro — e daí não arreda pé. Quando isto ocorre, é difícil conseguir chegar a acordos e entendimento.

Depois que os pais entram em acordo é que devem tratar o assunto com o jovem. É preciso que ele sinta que os pais têm uma postura definida e segura. Até porque, é lógico, ele estará enlouquecido para ir à festa e para voltar mais tarde... Então, se ele percebe insegurança, logo se aferrará a essa brecha para lutar até o fim pelo que, naquele momento, lhe parecerá a coisa mais importante e fundamental do mundo. Na adolescência é assim mesmo — as coisas têm intensidades incríveis... Uma festa perdida parece totalmente irremediável. Pior: meia hora do final de uma festa pode lhes parecer uma perda irreparável... Portanto, é importante a comunhão entre os pais, para que possam estabelecer os limites necessários.

Deixar ou não deixar ir à festa ou à boate? Cada um deve responder a esta questão de acordo com os seus princípios e com muito equilíbrio. Quando se trata, por exemplo, de uma menina de 12 anos que quer ir à boate proibida para menores de 16 anos, então a conversa deve ser no sentido de mostrar que a proibição não será eterna (isso é fundamental para o adolescente, que tem muita dificuldade de esperar). É bom também sempre mostrar ao jovem quantas coisas lhe são permitidas, para que ele não comece com aquela argumentação tão desesperante para os pais: "só vocês não deixam"; "todos da minha turma vão, só eu não" etc. E não se preocupem: deixar de ir à boate aos 12, 13 anos não traumatiza ninguém (desde que o assunto tenha sido tratado com carinho, firmeza e equilíbrio, sem violências ou agressões).

Quanto mais jovem, mais importantes são as informações: que tipo de festa é, na casa de quem, se outros amiguinhos que vocês conhecem irão, se tem gente adulta responsabilizando-se. Não se envergonhem de perguntar tudo que acharem que precisam saber. E, se as informações os tranqüilizarem, por que não deixar?

Se o filho quiser ir a uma boate ou a um *show*, telefonem e informem-se sobre a idade mínima exigida. Se for proibido para menores, e vocês não quiserem burlar a lei, digam isso a seu filho, mostrem-se integralmente, com seus pontos de vista e argumentação.

Não temam ser diferentes, sejam vocês mesmos. Mas tentem evitar que tudo se transforme numa batalha, numa guerra entre pais e filhos. A empatia nestes momentos é importantíssima. Mostrem aos filhos que sabem como eles estão se sentindo, que sabem também o quanto eles adorariam começar logo a ir a estes lugares que lhes parecem tão divinos e que vocês, quando tinham a idade deles, também tinham essa pressa de viver — mas que, mesmo compreendendo tudo isso, por enquanto (e só por enquanto) eles ainda não podem ir. Mostrem-lhes, por outro lado, outros tipos de programa que vocês já lhes permitem fazer — ir ao cinema sozinhos com os amigos, reunir-se para bater papo, ir à praia, ao clube, sair em grupo para ir ao shopping center etc. Assim, eles poderão meditar sobre tudo que têm e não apenas se concentrar no que AINDA não podem ter. Tudo sendo dito e colocado com muita segurança, firmeza, olho no olho, mas também com muito carinho.

Importante: quando puderem ir, tenham certeza, darão muito mais valor.

Não nos esqueçamos, por outro lado, de fazer revisões freqüentes nas nossas posturas. Por exemplo, no caso do horário de festas, se levarmos em conta apenas o nosso passado, como era "no nosso tempo" (que, por mais que não queiramos, já passou, é bom lembrar...), poderemos ter dificuldades de perceber que são necessárias algumas adaptações para viabilizarmos a vida social de nossos jovens filhos. Realmente hoje — não sabemos bem por quê — as festas e boates começam, no mínimo, por volta das 11 horas da noite (para nosso total desespero, dada a violência das cidades). Então, se sabemos disso, fica incoerente querer que nosso filho ou filha volte para casa às 23 horas, se estão participando deste tipo de atividade. Podemos e devemos fazer algumas concessões à nova realidade. É prudente, no entanto, que nos cerquemos de alguns cuidados para a proteção de nossos filhos. Levar e trazer das festas é uma atitude positiva, bem como revezar com outro pai — um leva e o outro busca. Se um dia você não puder buscar seu filho, combine para que ele durma na casa de algum amiguinho, cujo pai vá buscar e alterne com ele na próxima vez. Não tenha medo de parecer antiquado por tomar estes cuidados. Seu filho vai achar "careta", chatíssimo, mas não ligue. No fundo, no fundo, ele aprecia seus cuidados e seu amor. Só não nos esqueçamos de que, à medida que eles forem crescendo, as coisas terão que ir mudando. Fazer o que citei aos 13, 15 anos é uma coisa, já aos 20, seria fora de propósito. Não nos esqueçamos de deixá-los crescer.

Estabelecer limites é uma questão de equilíbrio, segurança, amor e diretrizes educacionais próprias. Não é uma questão do que o vizinho faz ou deixa de fazer. Cada família deve agir baseada na certeza de que sua atitude — pensada, consciente, estudada — é a melhor forma de educar. O que fazem os outros pode ser útil no sentido de nos ajudar a analisar nossas próprias atitudes sob um outro prisma. O que não significa cópia ou imitação de modelos nos quais não acreditamos. Analisar o que está acontecendo à nossa volta é muito salutar e importante. É, até mesmo, prova de maturidade e equilíbrio emocional: criticar nossas atitudes, compará-las, julgá-las, discuti-las com a esposa ou marido — tudo isto é perfeito. Só não é bom acharmos que, pelo fato de os outros estarem fazendo, somos *obrigados* a fazer também. Vamos mudar sim, sempre que acharmos justo e após uma reflexão crítica que nos leve a perceber que nossa atitude está errada.

O fato de concordarmos com a ida eventual a uma festa ou boate — programas que hoje em dia começam muito tarde — não significa que estejamos autorizando nossos filhos a chegarem em casa nestes horários de maior risco nos outros dias.

É bom que este tipo de diferenciação seja feita com eles desde logo. Assim, sabendo que só em casos excepcionais poderão chegar às 3 ou 4 da manhã, ficará estabelecido que, para outros programas, a chegada à casa será num horário mais racional e menos arriscado. Por exemplo, uma ida ao cinema, aos 13, 14 anos, pode ser estimulada a ser feita no horário das 8 e não no das 10 horas. Conseguir isto não é tão difícil assim. Basta conversarmos um pouquinho com as outras mães ou pais e logo descobriremos que os nossos anseios e preocupações são os mesmos. Assim fica mais fácil — fortalecemos nossa posição. Sabendo que outros pais pensam da mesma forma, conseguimos mais apoio e segurança para determinar a hora de voltar para casa. E se todos voltarem mais cedo, não haverá mais o argumento de que "todo mundo vai"...

Um último aspecto a ser considerado: é positivo que, na adolescência, nossos filhos já tenham uma mesada, calculada de forma a permitir que eles otimizem seus recursos financeiros e vivam dentro de determinados limites. Para isto funcionar bem, no entanto, é preciso que não se dê nem pouco nem muito. Calcule uma média em reais para um programa a cada fim de semana (digamos: o preço de um cinema e um lanche — ou uma ida à boate); calcule quanto ele gasta em passagens de ônibus para a escola, o curso de inglês; dê uma pequena margem (uns 10% a mais) para possíveis pequenas necessidades (uma revistinha, um refrigerante, um novo CD); some tudo e aí está uma mesada equilibrada (de classes A e B, evidentemente). Pode-se incluir também, se for o caso, o lanche da escola, se o fazem no colégio, ou outras despesas que você queira deixar por conta deles. O importante é que fique estabelecido, logo de saída, a que tipos de gastos o dinheiro se destina, de forma que possam planejar sua utilização adequadamente.

Se a quantia for bem calculada, ela servirá também como contenção. Tendo muito dinheiro, o jovem poderá optar por ir à boate todos os fins de semana, tanto no sábado quanto no domingo, mas se tiver uma quantia menor, terá que optar por ir menos vezes. É uma forma interessante de providenciar para que eles tenham uma vida social semelhante à de seus amiguinhos, mas colocando-se menos vezes em risco. Pode-se também estabelecer algumas regras, do tipo só ir a boates e/ou *shows* no máximo duas vezes ao mês entre os 15 e os 18 anos. Estes cuidados têm por base o fato de tais locais oferecerem mais perigo (disseminação de drogas; brigas; agressões etc.), principalmente para os mais jovens e inexperientes. Esta forma de agir é uma sugestão apenas. Quaisquer destas medidas devem ser tomadas através de um acordo entre o pai e a mãe e em conversas prévias com os filhos. Pode-se também estabelecer uma idade mínima para que comecem a freqüentar certo tipo de ambiente. Não tenham medo de dizer "não", CASO ACHEM REALMENTE IMPORTANTE. Não tenham medo da opinião dos outros. Julguem apenas se sua atitude tem fundamento. Daí, partam para a prática com firmeza, segurança, equilíbrio e sempre com muito amor.

TEMA 4

Adolescência que não acaba

- *Tenho um filho de 21 anos, mas acho que ele ainda está na adolescência. Gostaria de saber: a) por que ele é só contra mim (o pai é o herói); b) a namorada "pinta e borda" com ele mas, ainda assim, o namoro continua. Estou muito preocupada com as atitudes dele em relação à idade que tem.*

Aos 21 anos pode-se estar na adolescência sim, porque, dada a complexidade da nossa sociedade, muitos jovens ainda não têm condições de viver de forma independente. Há poucas décadas, considerava-se adolescência o período que ia mais ou menos dos 13 aos 18 anos. Hoje, já se aceita a faixa que vai dos 10/11 aos 20 anos (incluindo aí a puberdade).

O que define um adulto é a capacidade de prescindir da ajuda de pai e mãe em todos os aspectos de sua vida: emocional-afetivo, intelectual-cognitivo, profissional e financeiro. Como a formação profissional de nível universitário supõe mais anos de estudo, sem contarmos as pós-graduações indispensáveis em algumas carreiras, é comum, nas classes mais favorecidas, o jovem ainda não ter saído da adolescência até 21, 22 ou mesmo 25 anos. Isso se considerarmos apenas os aspectos profissional e econômico.

Nas camadas populares, de uma maneira geral, a adolescência termina mais cedo, porque, entre outros fatores, o jovem necessita trabalhar para ajudar a família. Ingressando no mercado de trabalho e assumindo responsabilidades, adquire também mais independência, maturidade e responsabilidade, o que concorre para o término mais precoce da adolescência. Lógico, não é uma regra, porque, em se tratando de seres humanos, nunca se pode generalizar, mas, normalmente, na medida em que se vai assumindo responsabilidades, vai-se também amadurecendo.

Estariam, portanto, os jovens de classes economicamente mais favorecidas condenados a amadurecer mais tarde? E seria isso uma regra para quem trabalha? Quer dizer, estudante é menos responsável que o jovem que trabalha? Claro que nem sempre: a possibilidade de se antecipar ou retardar a saída da adolescência vai depender da forma pela qual se trata o jovem. Se, por exemplo, ele nunca assume nenhum tipo de responsabilidade em casa (exceto estudar), é mais provável que demore mais para crescer e assumir uma vida adulta. Se, no entanto, mesmo num lar onde há muito conforto e mordomia, o jovem é instado a colaborar, a ter algum tipo de tarefa, tal como levar um irmão mais novo ao médico ou ao dentista, fazer uma ou outra comprinha quando a mamãe está atarefada, dar uma ajuda ao irmão menor nas tarefas da escola, levar o carro do papai para o mecânico (se já dirige, evidente), manter seu quarto minimamente arrumado e limpo, pagar uma conta no banco, é bem mais provável que este jovem adquira maturidade mais cedo do que outros que nunca são chamados a participar, permanecendo como meros usufruidores das benesses da família.

A maneira como vive na família — participando de forma ativa ou permanecendo sempre alienado dos problemas e necessidades dos outros — influi no tempo que o jovem leva para amadurecer. Quando os pais criam, desde cedo, o hábito da participação — ainda que seja apenas trocar idéias sobre os problemas ou os fatos que ocorrem — e da divisão de tarefas e responsabilidades, mostrando que acreditam no filho e na sua capacidade, estão agindo de forma decisiva para o amadurecimento dos jovens

Se, ao contrário, os pais incentivam a dependência, mostrando assim, de forma indireta, que o filho ainda é incapaz de opinar, participar e dividir, é quase certo que o jovem assim atue. Nossos filhos são, em grande parte, o que esperamos deles.

Quanto ao segundo aspecto da questão (tratar um dos progenitores como herói e ter mais conflitos com o outro), convém refletir um pouco.

Em geral, o jovem se torna mais agressivo com quem participa de forma mais ativa na sua educação, porque, ao orientar, muitas vezes é necessário estabelecer limites; enfim, aquele que atua diretamente coloca-se mais vezes em contraposição ao filho do que aquele que se aliena. Quase sempre um dos dois — pai ou mãe — é mais atuante que o outro. Nos homens, a atitude mais comum é deixar com a mãe a educação dos filhos (embora a tendência atual esteja mudando, ainda que de forma lenta). Por isso, o jovem endeusa aquele que "não lhe cria problemas". Já o que educa, o que se interpõe entre o possível e o não possível, fica mais afeto à irritabilidade e antagonismo do jovem.

O ideal é que pai e mãe estejam sempre unidos, juntos em prol do mesmo objetivo, porque assim fica fortalecida a autoridade de ambos.

Por outro lado, não podemos deixar de considerar a possibilidade de estar havendo uma inadequação nas atitudes da mãe. Talvez ela ainda não tenha compreendido o que significa ter um filho de 21 anos. Talvez esteja interferindo demais em coisas que já deveriam estar na âmbito decisório do rapaz. O fato de achar que a namorada "abusa" dele dá uma certa pista de que é provável que a mãe não tenha percebido ainda o quanto o filho já cresceu e que, portanto, deve decidir sozinho certas coisas. A preocupação com a relação afetiva do filho é válida, mas só o que pode ser feito é, quando houver oportunidade de conversar sobre o assunto — e só então —, expor os temores ou a forma pela qual vê o relacionamento com a namorada. Tenho visto pais interferirem de forma ainda muito autoritária nas relações afetivas de seus filhos, mesmo quando eles já são quase adultos. Aconselhar e chamar a atenção para algum fato concreto é diferente de combater uma relação sem fundamentar suas críticas. "Não gosto dela", ou "ela faz de você o que quer", sem explicar em que fatos a pessoa se baseia para fazer tais afirmativas, gera apenas animosidade.

Por outro lado, para poder conversar sobre coisas tão pessoais, é preciso que exista um clima harmônico e de total confiabilidade entre pais e filhos. Tal condição não surge de um dia para outro: é produto de um longo processo, que se inicia bem cedo, pela existência de respeito e interesse real e genuíno dos pais pelos filhos e, em especial, por demonstrações de empatia e afeto. Saber ouvir o filho é o primeiro passo para poder participar de sua vida. Admoestações, lamentações, ciúme e sermões não dão bons resultados nestes assuntos.

TEMA 5

Adultos conservadores x adolescentes

- *Às vezes o adulto adota atitudes conservadoras e autoritárias com o adolescente por força da formação pessoal, por falta de informação e atualização ou outros fatores. Quais seriam os caminhos para atingir um posicionamento mais coerente com a realidade do mundo adolescente?*

Para mudar, é preciso querer. Sem esta decisão consciente — querer mudar — é quase impossível ocorrer qualquer transformação, em especial quando estão envolvidos o comportamento pessoal e o modo de ver o mundo.

Se um adulto que vive às turras com um jovem deseja, de coração, entender-se com ele, o primeiro passo tem que ser este — estar decidido a alterar sua atitude.

Tomada esta decisão, é necessário entender o que é a adolescência. Conhecer em profundidade as características desta etapa do desenvolvimento humano é muito importante para que se possa compreender grande parte das atitudes dos filhos. Mais da metade do que fazem, reações que costumam parecer aos pais desrespeito, tem origem na grande insegurança que sentem, na necessidade de se tornarem independentes, enfim nas mudanças imensas que ocorrem tanto no plano físico, quanto intelectual, emocional e social. Quanto mais conhecimentos tivermos sobre a adolescência, mais compreenderemos e estaremos preparados para atuar de forma eficiente e harmônica.

Entender é o passo maior que podemos dar no sentido de criar uma relação amistosa e saudável com eles.

Para melhorar a relação entre pais muito repressores e filhos adolescentes, é preciso portanto:
1) a decisão, por parte dos pais, de mudar;
2) melhorar o nível de informação sobre o tema através de leituras, principalmente;
3) atualizar-se em relação às mudanças ocorridas na sociedade e, a partir daí, adotar uma postura mais moderna sobre a vida e as necessidades afetivas, sociais e cognitivas dos jovens;
4) aumentar a compreensão e diminuir atritos desnecessários.

TEMA 6

Meu filho não estuda como antes

- *Como proceder com um adolescente com o qual nada funciona (diálogo, brigas, métodos diversos) e que decide abandonar a escola?*
- *Quando um filho se recusa a estudar em casa (e só tira notas baixas), o que fazer?*
- *A reposição com aulas particulares é ajuda ou conivência?*
- *Quando as crianças não vão bem na escola, que atitude devemos tomar? Devemos cortar o que elas mais gostam?*
- *Como agir com um filho de 12 anos, uma criança boa, dócil, amiga, mas que não gosta de estudar, não quer cumprir as tarefas da escola, é dispersa e conversa dentro da sala de aula?*
- *O que fazer com um adolescente (17 anos) que não quer estudar? Posso fazer uma troca (só faço tal coisa se você tirar notas boas)?*
- *Meu filho de 16 anos perdeu o estímulo para estudar, o que posso fazer para ajudá-lo?*
- *Se eu deixar, meu filho de 17 anos larga tudo — especialmente os estudos — por causa dos esportes. Como convencê-lo, sem briga, de que estudar é muito importante?*
- *Como ajudá-los a conciliar dever e prazer? Cumprir o dever com alegria (estudar) e desfrutar do prazer (lazer) sem culpa?*

Os estudos, com razão, preocupam muito os pais. Foram dezenas as questões levantadas a este respeito.

É bastante comum ocorrer nesta fase uma diminuição do interesse pela escola. O jovem está descobrindo tantas outras coisas mais atraentes... O sexo, por exemplo! As meninas só pensam nos "gatos" e vice-versa. Estão encantados com as novas possibilidades que sentem estar conquistando. Namorar, "ficar", seduzir e ser seduzido, que coisas mais emocionantes!... Nem comparar com assistir a aulas ou estudar...

Começam a poder ir sozinhos a alguns lugares. Sair e pegar um ônibus, sem ninguém "no pé", que delícia! Encontrar os amigos e ficar horas e horas jogando conversa fora, falando de amenidades, rindo sem parar de tudo e de nada... Então, quem acha divertido ir à escola? Sabem que é importante, mas não gostam tanto quanto das outras coisas.

Lidar com este fato pode ser muito difícil para os pais, principalmente para os que estão acostumados com o bom rendimento dos filhos.

O que é importante: 1) compreender o fato; 2) mostrar ao filho que entende o que está se passando, mas deixar bem claro que ele terá de concluir o Ensino Fundamental de qualquer modo (no Brasil, a escola é obrigatória dos 6 aos 14 anos), e que vocês, pais, não concordarão com atitudes que tenham conseqüências negativas para o futuro deles. Esta firmeza pode solucionar boa parte dos problemas. Mostrar, com segurança, que na vida não é possível fazer apenas o se quer e o que se gosta, que por vezes é preciso fazer o que é necessário e importante. Às vezes o jovem está testando seus limites: já não está com muita vontade de estudar, se ainda encontra fraqueza por parte dos pais, aí... Se, no entanto, os pais forem bem firmes com relação a este primeiro passo — concluir o Ensino Fundamental, sem exigir que sejam os melhores da classe — provavelmente a maioria deles terminará esta fase dos estudos.

Alguns pais, por outro lado, têm uma expectativa muito alta em relação ao rendimento escolar dos filhos. Só ficam contentes com notas como 8, 9 ou 10. Na segunda parte do Ensino Fundamental (antigo ginásio) e no Ensino Médio é bem mais difícil ter apenas notas tão altas, porque, além do natural desvio de atenção do estudo para outras atividades — como já comentamos, natural na idade —, há também uma crescente complexização dos conteúdos, o que faz com que tirar um "10" se torne mais raro No entanto, caso seu filho esteja com rendimento médio, lembre-se de incentivá-lo a melhorar sim, mas não se esqueça de que 6 ou 7 são notas também, e aprovam o aluno. Portanto, nada de escândalos porque ele não está entre os três melhores da turma. Procure sempre ver qual a real capacidade de seu filho. Aprecie seus esforços — quando existirem, é claro —, mostre-se orgulhoso de suas vitórias, ajude-o nas dificuldades. Não deixe que ele sinta que seu vigor nunca é suficiente. Para alguns jovens, ser promovido de série já é muito bom.

É preciso também diferenciar os que não estudam daqueles que estudam, mas não conseguem ter bom rendimento. A atitude dos pais em cada caso tem que ser bem diversa. O aluno que tem problemas de aprendizagem pode precisar de ajuda profissional. Pode ter problemas auditivos, visuais, de coordenação motora ou intelectuais. De acordo com o caso, pode ser necessária uma avaliação com profissionais competentes e habilitados.

Vencida a primeira grande batalha — não permitir que parem os estudos antes de finalizar o Ensino Fundamental —, vamos lutar para fazê-los concluir o Ensino Médio... e assim por diante. É isso mesmo. Vamos lutar por etapas.

Ninguém é obrigado a estudar até a universidade. Entretanto, se a família tem posses para sustentar os estudos dos filhos até a graduação, pode e deve fazê-lo. Afinal, já está bem difícil conseguir empregos e se sustentar mesmo sendo um profissional qualificado. De maneira quase geral, quanto mais bem qualificado, mais chances de conseguir uma colocação e de se realizar profissionalmente.

> ..."*Não subestimes ninguém e não consideres nada impossível; todo homem tem sua hora e todo objeto o seu lugar...*"
>
> (DO TALMUD)

É bom que nossos filhos saibam que, em princípio, determinadas coisas não são passíveis de acordos. Concluir a Educação Básica (antigos 1º e 2º graus) pode ser uma delas. Com relação à Educação Superior não podemos ser tão enfáticos, embora seja de fato uma pena que alguns pais, que podem propiciar estudos universitários aos filhos (minoria no Brasil), tenham que implorar ou pensar em estratégias para que eles não desistam, enquanto a maioria da população, que adoraria ter esta possibilidade, não a tem, e se a tem, estuda e trabalha ao mesmo tempo, para pagar livros, cadernos e comida.

Se o jovem, apesar de todos os argumentos, diálogo e tentativas de convencimento, decide que não quer continuar os estudos a partir do término do Ensino Fundamental (antigo 1º grau), negando-se a estudar mesmo que os pais possam e queiram financiá-lo, a família deve lhe apresentar como opção trabalhar. Afinal, uma pessoa pode realmente querer trabalhar cedo e não continuar a estudar. É a ironia da vida: às vezes, quem pode não quer e quem quer, muitas vezes, não pode. A maioria dos jovens brasileiros *tem que se contentar* com o Ensino Fundamental e com as conseqüências que isto acarreta em termos de futuro: menos possibilidades de conseguir um emprego com salário digno, limitação do nível de vida e menos chances de progresso financeiro.

Algumas vezes, depois de trabalhar um ano ou dois, percebendo as dificuldades geradas pelo baixo nível de escolarização, alguns jovens voltam aos estudos e, desta vez, com muito mais maturidade.

Os pais que podem pagar os estudos dos filhos ficam consternados com a idéia de eles abandonarem a escola, sem concluir o Ensino Médio pelo menos. É mesmo lamentável. Mas não podemos — e não devemos — viver a vida de nossos filhos. Podemos conversar, orientar, insistir, mas nunca passar de um determinado limite.

O ideal é agir cedo. Se os pais percebam que o filho não está levando a sério a escola ainda nas primeiras séries, devem atuar efetivamente; se notam que a criança deixa sempre para depois o estudo, fazendo os deveres na última hora ou esquecendo-se deles, tirando notas abaixo da média da turma, devem agir de imediato — com paciência, mas com firmeza, estabelecendo hábitos de estudo e mostrando com clareza que estudar é a prioridade. Desta forma, em muitos casos, elimina-se o problema antes que ele se agrave. Assim, quando a adolescência chegar, o estudo já estará incorporado a sua vida e as pequenas dificuldades, que muitas vezes devem-se apenas à falta de orientação e acompanhamento por parte dos pais, são superadas com mais facilidade.

Se, no entanto, como já dissemos, concluído o Ensino Fundamental, ele insistir em trabalhar, será preciso encarar esta possibilidade. Nem todo mundo nasceu para o mundo acadêmico, para a pesquisa, para a leitura. Além disso, pode ser uma fase passageira ou uma tentativa de ficar "à-toa na vida". Só a prática poderá dizê-lo.

Desde que não fique ocioso, sem fazer nada, vivendo da mesada dos pais, desde que saia, procure emprego e realmente trabalhe, devemos encarar este fato como uma particularidade deste filho. Só não se deve permitir é que fique sem estudar nem trabalhar, vivendo à custa do trabalho dos pais, eternizando sua dependência e a adolescência. O ócio é um dos maiores perigos para o jovem.

Quanto aos filhos que pouco ou nada estudam em casa, basta verificar o rendimento deles. Se estiver bem, não há problema. Existem muitos alunos que aprendem tudo na aula, prestando atenção, compreendendo e memorizando em sala. Neste caso, não há necessidade de nenhuma interferência nem qualquer medida precisa ser tomada.

Se, no entanto, o rendimento estiver abaixo da média da turma, é importante averiguar se está havendo algum outro problema. Saber se a dificuldade ocorre em todas as matérias ou em uma ou duas apenas.

Se há dificuldades em todas ou em quase todas as disciplinas, é bem possível que haja algum problema relativo à capacidade de concentração ou mesmo significativa no rendimento emocional. Se um bom aluno, de repente, apresenta queda significativa no rendimento, é importante uma conversa com o filho ou uma ida à escola para falar com o orientador educacional, que poderá, por vezes, ter alguma informação que desconhecemos. Conversando com o jovem também se pode descobrir se alguma coisa ocorreu na escola ou fora dela que o esteja preocupando, impedindo a atenção necessária.

Se a dificuldade se apresenta em uma ou duas matérias apenas, pode significar problemas no processo de aprendizagem daquelas disciplinas. Uma medida boa é contratar um explicador competente que possa fazer um diagnóstico da dificuldade do jovem e, depois, com algumas aulas, ajudá-lo a superar o problema. De forma alguma contratar um explicador pode ser visto como conivência. Alguns alunos têm real dificuldade em algumas matérias e, infelizmente, nem todas as escolas têm um sistema eficiente e regular de recuperação paralela. Em alguns casos, três ou quatro aulas são suficientes para que ele supere a dificuldade e consiga acompanhar o resto do curso sozinho. Outros podem precisar de alguns meses de acompanhamento. Depende do grau de dificuldade acumulado. Portanto, quanto mais cedo se interferir, maiores as chances de o aluno se recuperar.

Alguns cuidados são importantes:

1) A escolha do professor deve ser feita com indicação da escola ou de algum conhecido que já tenha utilizado os serviços daquele profissional.
2) O explicador deve ser orientado pelos pais no sentido de que o objetivo é a recuperação do aluno e que, portanto, deverá trabalhar de forma a evitar que o jovem se torne dependente dele para continuar estudando. Isto significa que deverá informar-se sobre o conteúdo que está sendo trabalhado na escola, que ele fará uma avaliação preliminar do aluno para diagnosticar a causa da dificuldade, e que começará o trabalho a partir das necessidades detectadas. Alguns explicadores simplesmente começam a fazer as tarefas de casa com o aluno, o que, aí sim, pode, em vez de ajudar, criar acomodação, pois habitua o jovem a ter sempre alguém

ao lado para ensiná-lo e, em alguns casos, até fazer por ele. É preciso que este professor particular tenha em mente que o propósito do trabalho é a superação das dificuldades, de modo que, em curto espaço de tempo — um, dois ou três meses —, dependendo do grau dos problemas encontrados, o jovem possa caminhar sozinho.

O aluno que apresenta alto grau de dispersão e dificuldade de concentração pode ter algum problema que redunde em dificuldades de aprendizagem. É importante verificar, antes de mais nada, se não existe uma causa orgânica impedindo o bom andamento dos estudos, ou seja, levar ao pediatra ou a um especialista para uma avaliação oftalmológica (visão) e otológica (audição). Em seguida, pode ser necessária e recomendável a avaliação por um fonoaudiólogo ou psicopedagogo de confiança. Se for detectado algum problema em qualquer dessas áreas, deverá ser iniciado o tratamento o mais rapidamente possível.

Não havendo problema físico, a avaliação psicológica pode ser o próximo passo.

Quando todas as hipóteses acima estiverem afastadas, aí sim, poderemos dizer que se trata de um problema ligado à própria fase do desenvolvimento ou mesmo de falta de organização, de limites ou de hábitos de estudo.

Alguns pais me perguntam se podem "barganhar" com os filhos para que eles estudem. Alguns começam oferecendo dinheiro ou pequenos mimos quando as crianças, nas primeiras séries, tiram boas notas. O perigo desta atitude é que ela sinaliza para nossos filhos a idéia — de péssimas conseqüências no futuro — de que nós, pais, devemos "pagar" aos nossos filhos por seu rendimento escolar bom ou ótimo, estabelecendo o conceito, totalmente equivocado, de que nossos filhos "estudam para nós, pais". Manter os filhos na escola é um obrigação legal. No Brasil, a obrigatoriedade dos estudos está prevista em lei. Mas, em contrapartida, é também um dever dos filhos não desperdiçar esta oportunidade. Portanto, vamos começar logo de forma correta. *Nossos filhos estudam porque é importante para a vida deles.* Este é um aspecto que tem que ficar claro desde cedo. Ir à escola não é um favor para o papai ou a mamãe. É um benefício importante para o futuro, que eles não devem desperdiçar.

Quando a criança pequena apresenta bons resultados, é importante que receba dos pais aprovação e incentivo. Isto absolutamente não significa receber presentes. Representa *receber carinho, palavras de afeto e aprovação, beijos e atitudes de franca alegria.*

Cabe aos pais também, além destas categóricas demonstrações de satisfação e orgulho (que levam as crianças ao prazer de estudar e produzir), ter compreensão e dar auxílio quando um ou outro resultado for menos satisfatório. Será positiva a palavra de apoio e de crença na capacidade de superação do jovem. "Desta vez você não se deu tão bem, não é meu filho? Mas na próxima tenho certeza de que você vai se superar." Só isso porém é pouco. Além da crença na capacidade do filho, é necessário também supervisionar seus estudos diários. Verificar como estão sendo feitos os trabalhos de casa, se estão completos, bem-feitos, caprichados. Tudo isso junto, ao longo dos anos é que irá formar o bom estudante.

A criança que começa recebendo um presente ou R$ 10,00 por nota acima de 8 — como já vi alguns pais fazendo — não compreende o significado de ter 80% de aproveitamento naquela matéria. Ela passa a confundir, com toda razão, o objetivo do estudo. Ao final de alguns anos, terá muita dificuldade de sentir prazer pela sua produtividade, tornando-se mais e mais consumista. Provavelmente também começarão a surgir exigências cada vez maiores sobre o prêmio a ser recebido. Uma viagem para Disney se passar de ano? Um carro se passar no vestibular? Além do fato de que estaremos passando uma visão equivocada do significado de estudar, poderemos também ter outro tipo de dificuldades. Até quando poderemos atender aos desejos de nossos filhos, cada vez mais sofisticados e caros? Hoje podemos estar bem financeiramente, amanhã talvez nem tanto. E aí? Nossos filhos param de estudar? Além disso, que tipo de visão social lhes estaremos dando? Em vez de "comprar" nossos filhos para que estudem, por que não lhes mostramos a realidade do Brasil e de outros países em que, por vezes, meninos de 4, 5 anos (e de outras idades também) são explorados em trabalho escravo ou semi-escravo, ainda hoje, no terceiro milênio? E nós pagando aos nossos privilegiados filhos para que estudem, pelo amor de Deus? Além disso, agindo desta forma, ensinando-lhes a serem tão utilitaristas, será que eles vão continuar nos amando quando não pudermos lhes oferecer tantos bens materiais? É provável que não, já que nós mesmos lhes teremos ensinado a valorizar apenas bens materiais. E o prazer de aprender? Quem sabe não é por isso mesmo que tantas crianças param de estudar? Em algum momento, podem achar que as recompensas não valem a pena, já que as coisas materiais costumam ser consumidas rapidamente e também rapidamente perdem o valor...

    É preciso não confundir o incentivo e o prêmio, tão necessários aos nossos filhos do ponto de vista emocional (que devem ser a nossa alegria verdadeira e genuína, o nosso orgulho ao vê-los lendo a primeira palavrinha, o nosso carinho e apoio quando de suas dificuldades), com a troca mercantilista que conduz a uma visão enganosa do papel da educação na vida de nossos filhos.

Devemos punir ou não nossos filhos, quando se esquivam às suas responsabilidades?

Apesar de todo nosso empenho, das explicações, do carinho, das tentativas de convencimento — de tudo enfim —, seu filho não quer estudar. Ele é maravilhoso, carinhoso, bom, mas não estuda. O que fazer? A nossa forma de agir pode fazer muita diferença. Uma palavra pode tornar-se altamente positiva ou ter resultados muito negativos. Tudo depende de como a utilizamos e em que contexto. Exemplifico: você percebe que seu filho não gosta ou não quer estudar. Vocês conversam, estabelecem em conjunto o horário mais adequado para o estudo, arrumam um cantinho simpático só para ele fazer suas tarefas, onde possa concentrar-se, tudo perfeito!... Aí, dia após dia, você vê que ele encontra as mais variadas desculpas para não estudar, senta, levanta, às vezes nem mesmo senta, sai de casa e, quando você chega à noite do trabalho, verifica que, de novo, o acordo não foi cumprido... E aí? Bota de castigo? Briga? Fala de novo, pela milionésima vez? Não, não briga, não fala de novo, se você já fez isso várias e várias vezes e não adiantou. Agora só uma sanção fará com que ele entenda que não pode fazer apenas o que quer. Só que em vez de gritar, berrar, bater, se enfurecer, você, com toda a calma e segurança do mundo, lhe diz: "Que pena, você não estudou para a prova no horário combinado; então, agora, infelizmente, a televisão terá que ficar desligada (ou o som, o computador, o que você achar mais conveniente) para que você possa recuperar o tempo perdido." E assim deverá ser feito — de preferência desde que a criança é pequena — para que ela possa compreender e interiorizar que, primeiro, deve cumprir seus deveres, suas responsabilidades e obrigações e só depois, então, poderá ter o tempo que quiser para brincar com os amigos, namorar, ficar no computador etc. É muito importante fazer cumprir as determinações, caso contrário, tornando-se apenas ameaças não cumpridas, terão efeito negativo, desautorizando e desmoralizando os pais. Se ameaçar, cumpra.

> ..."*Quando prometes algo a uma criança, deves cumprir; senão ela aprende a mentir.*"
>
> (DO TALMUD)

Não se trata de uma briga, como seu filho logo irá compreender, nem de "comprá-lo" porque se saiu bem nas provas, muito menos de puni-lo por não ter feito o que você mandou. Trata-se de ele cumprir suas obrigações, de estarmos orientando nossos filhos sobre prioridades, de mostrar a um jovem em formação que existem regras e leis numa sociedade, e que elas devem ser cumpridas. Então se ele não estudou ou cumpriu as tarefas designadas pela escola como deveria, terá de fazê-lo na hora destinada ao joguinho eletrônico, à festa, à televisão ou ao papo com os amigos. Claro, quando terminar de fazer tudo direitinho (para isso você fará uma supervisão), então — e só então — poderá descer para o *playground*, assistir ao programa favorito da TV ou jogar futebol. Agora, se não der mais tempo, aí você lhe dirá que sente muito, mas amanhã tem certeza de que ele fará tudo conforme o combinado, e então, depois, ele estará livre para fazer o que gosta. Pode não parecer, mas essa forma de agir faz enorme diferença. Porque não é um castigo que estamos dando, é uma prioridade que está sendo mostrada, com suavidade — mas com muita firmeza.

Temos que começar este processo quando eles são pequenos, mas nada impede que, com as devidas adaptações que a idade exige, se atue de forma semelhante com o adolescente.

Se não queremos que nossos filhos eternizem a adolescência, façamos com que compreendam que todo ser humano tem direitos... e deveres também.

TEMA 7

Mexendo nas coisas dos outros

- *Quando o adolescente pega trocados sem autorização, para gastar ou pagar balas para colegas, que atitude os pais devem tomar?*

A atitude deve ser imediata. Assim que estiver a sós (para evitar diminuí-lo perante os colegas — coisa a que são muito suscetíveis) converse a respeito. Muito embora o dinheiro seja, no caso, o aspecto menos importante, o que deve ser ressaltado é o significado do direito de propriedade, bem como o de privacidade. É preciso que ele entenda que o valor — R$ 0,10; R$ 0,50; R$ 2,00 ou R$ 1.000,00 — não conta no caso. O que deve ser enfocado é o fato de ele não ter pedido autorização para mexer no que não é dele. Dinheiro, bolsa, pastas de trabalho ou de estudo, mesmo uma coleção de selos, qualquer coisa. Deve-se mostrar também ao jovem que esta atitude tem a contrapartida dos pais e dos demais familiares. Assim como ninguém abre o diário dele, a caderneta de anotações pessoais, nem vasculha sua mochila ou bolsos das roupas, nem mesmo entra no quarto dele sem antes bater à porta, também ele deve aos demais esse mesmo respeito que recebe (este argumento só será válido se esse respeito existir, de fato, em sua casa). Se você não respeita, pode não ser respeitado também. Mas por vezes, mesmo sendo respeitado, o jovem incorre em determinadas atitudes apenas porque nunca foi orientado a respeito. Deve ficar muito claro que não importa a quantia que foi utilizada para usar na lan house ou para as balas, mas a atitude. É preciso mostrar que, quase com certeza, se ele tivesse pedido, teria ganhado, mas que, por outro lado, este dinheiro poderia, por exemplo, ser uma quantia destinada a outra coisa, especialmente importante, e fazer ver que só quem ganha o dinheiro — com o suor do seu rosto — tem direito de resolver o seu destino. É preciso que ele entenda que não pode prejulgar, que o direito do outro tem que ser respeitado, assim como a propriedade e a privacidade.

Importante é criar um hábito que, no fundo, tem um componente ético fundamental — não se tira nada de ninguém — muito ou pouco, não importa. O que não é seu, não é seu. Tem que pedir primeiro. Simples assim. Mas muito valioso em termos futuros. Quando crescer, seu filho jamais pegará seu carro e sairá sem seu consentimento, assim como não pegará dinheiro ou outros objetos para seu uso próprio. Estará também aprendendo que as coisas são adquiridas pelo trabalho e não pela apropriação. Não parece, mas uma coisa tão simples pode ter muitos significados e, às vezes, por amá-los tanto, evitamos falar sobre certas coisas para não sermos desagradáveis ou parecermos mesquinhos. Mas podem ter certeza, nosso amor pode ser demonstrado de mil formas, menos pela omissão. E não dar aos nossos filhos a oportunidade de pensar sobre conceitos como honestidade, retidão de caráter, direitos e deveres a partir de fatos concretos como o descrito acima é, sem dúvida, uma forma de omissão.

Uma das mais saudáveis formas de ensinarmos nossos filhos a crescer é esta — levando-os a pensar e formar conceitos.

TEMA 8

A religião na adolescência

- *Qual a importância da religião na adolescência?*
- *Como os pais que têm religiões diferentes devem agir com o filho adolescente?*

A adolescência é uma fase de questionamentos e de grande desenvolvimento intelectual. O jovem desenvolve a capacidade de raciocinar abstratamente, o que inclui analisar teorias, criticá-las, criar novas teses, levantar hipóteses, questionar, refletir, filosofar. Preocupa-se com o mundo, com os problemas sociais, com a relação do homem com o mundo e do homem com o homem. Segundo Jean Piaget, é por volta dos 12 anos que o ser humano entra na fase das Operações Lógicas ou Formais, quando alcança toda sua capacidade de abstração. A aquisição desta nova capacidade leva à não-aceitação passiva das teorias que lhe são apresentadas. É fácil compreender, portanto, que, como em relação a todos os demais assuntos, a religião também passa por fortes questionamentos. Os pais podem esperar mudanças também neste setor. Crianças que iam sempre à igreja, assistiam à missa junto com a família, podem apresentar resistência a estas atividades. Outras, ao contrário, podem se ligar de forma até radical à religião, criticando seus familiares pelo que consideram pouco apego religioso. Podem, ainda, demonstrar interesse por outras religiões, diferentes daquela adotada pela família. É uma busca pessoal, um período de contestação, de revisão e de profunda reflexão. Ao final do processo, o jovem adotará uma postura própria em relação ao assunto, fruto destes questionamentos. Poderá assumir o mesmo modelo religioso da família, tornar-se alheio à prática religiosa ou mais apegado a ela que sua família.

Tudo isto é natural e faz parte do crescimento intelectual e afetivo. A maioria dos jovens, porém, segue a orientação religiosa de sua família, evidentemente com variações pessoais. De modo geral, porém, os princípios morais que regem a maior parte das religiões, quando transmitidos sem dogmatismo aos filhos, permanecem como norteadores de suas vidas.

Pais que têm religiões diferentes devem preocupar-se com este fato e tomar algumas decisões a respeito desde que os filhos nascem.

Em princípio, não há problema algum em pai e mãe terem religiões diversas. As pessoas são diferentes em muitas coisas. Personalidade, gostos, modo de ver e encarar a vida, cor, hábitos culturais, utilização do tempo livre etc. Por que não seria natural então pessoas de religiões diferentes se casarem? Desde que haja respeito de ambas as partes pelo credo do outro, tudo correrá bem.

Quando os filhos nascem, aí as coisas mudam um pouco porque como cada um acredita na sua religião, e em geral, gostaria que fosse seguida pelos filhos.

Se um dos dois, pai ou mãe, é pouco religioso e acha por bem que a criança seja educada dentro dos princípios da religião do cônjuge, então não haverá nenhum tipo de conflito.

O problema só surge quando cada um quer que a sua religião seja seguida pelos filhos. Para se evitar que este tipo de situação se transforme em um problema, o ideal é que as crianças sejam, desde logo, informadas sobre a diferença de credo de seus pais. Tudo de maneira simples e direta. Pai e mãe devem levar, por seu turno, os filhos à sua igreja. As diferenças deverão ser explicadas de forma clara. Cada festa religiosa deverá ter seu sentido e objetivo explicitados à medida que surjam oportunidades.

O mais importante é que os filhos compreendam que o fato de cada um ter sua própria religião não altera a possibilidade do amor entre duas pessoas, nem impede a convivência harmônica, bastando para tanto que haja respeito e compreensão. Assim eles aprenderão, em suas próprias casas, a importância da tolerância mútua, do respeito às diferenças entre as pessoas e grupos e como a aceitação da diversidade (seja de cor, raça, religião, credo político) leva ao entendimento e ao convívio saudável entre seres humanos dignos e maduros.

A convivência com a diversidade vai mostrar ao jovem o equilíbrio emocional dos pais, que lhes servirá de exemplo na vida, e também como é importante a ausência de fanatismo e sectarismo em qualquer causa ou idéia que se abrace.

Se, pelo contrário, for transformada numa disputa entre os pais, o mais provável é que os filhos acabem afastando-se de ambas, já que terão a lição viva de que religião alguma promove a concórdia e o amor entre os homens, mesmo que pregue isto em teoria.

Pais maduros emocionalmente em vez de salientar para os filhos apenas as diferenças entre as religiões, podem, ao contrário, lhes mostrar a beleza dos princípios que as aproximam. De modo geral, as religiões, em especial as de origem judaico-cristã, têm muitas coisas importantes em comum, como os princípios éticos e de amor ao próximo; de auxílio e conforto aos necessitados; de respeito e solidariedade entre os homens. Por que então não exaltarmos as semelhanças em vez de ressaltarmos as diferenças? Este é um outro importante caminho que os pais podem seguir. Na medida em que lhes dermos provas de compreensão e de união, e não de competição, estaremos dando aos nossos filhos uma confirmação prática de que as religiões seguem princípios de tolerância que engrandecem o homem.

E, assim, ao final de um processo tranquilo e equilibrado, que se estenderá até o final da adolescência, cada um dos filhos fará sua escolha sem conflitos.

TEMA 9

Muita choradeira por nada

- *É normal minha filha de 14 anos chorar muito e por qualquer motivo?*

Uma das características da adolescência é a instabilidade emocional, fruto das profundas modificações físicas, intelectuais, psicossexuais e sociais que se verificam nesta fase. Nas meninas, essa instabilidade pode surgir sob a forma de hipersensibilidade, conduzindo ao aumento da freqüência do choro.

Qualquer comentário, mesmo aqueles que para nós, adultos, parecem sem qualquer significado, pode provocar um verdadeiro turbilhão de sentimentos. Se a sua filhinha de 13 anos está pronta para sair e pede sua opinião sobre a roupa que escolheu e você, com toda lealdade, comenta que talvez o sapato preto ficasse mais elegante — somente isto — pode ser suficiente para desencadear a perda do equilíbrio emocional (em geral precário nesta fase) e resultar numa choradeira terrível, lamentações e considerações sobre como ninguém gosta dela, ou sobre como ela é feia etc.

As alterações físicas, em especial, têm o poder de acarretar muita insegurança. Tendo sempre cuidado com a forma pela qual fazemos nossas críticas (o que não deve, no entanto, impedir que sejamos sinceros e autênticos), diminuiremos bastante a incidência destes problemas. Talvez iniciar sempre elogiando tudo que está bonito e adequado no traje que ela escolheu seja uma boa política. Depois dos elogios, já tendo mostrado nossa aprovação quanto à combinação elegante e de bom gosto relativos à saia, à blusa, ao penteado, à maquilagem, perguntaríamos então: "O que você acha de experimentar o sapato preto, em vez do bege? Tenho a impressão que ficaria bem legal..."

De qualquer forma, será inevitável enfrentar a fragilidade emocional que é comum em muitos casos porque, mesmo inadvertidamente, podemos incorrer num comentário que desperte esta hipersensibilidade, haja ou não razão para tanto. Um carinho, uma explicação, um beijinho podem remediar a situação.

Este tipo de sentimento é comum e tende a ir diminuindo com o tempo, à medida que a crise da puberdade vai sendo superada e a jovem vai readquirindo confiança em si, percebendo e aceitando sua nova imagem corporal, bem como as modificações afetivas e intelectuais por que está passando.

Portanto, não precisamos nos preocupar demais com este tipo de reação. O que, na verdade, nossas filhas precisam nestes momentos é de muito carinho, paciência e a reafirmação de nossa admiração a tudo que elas têm de bonito e positivo.

Se, no entanto, os episódios tendem a se repetir com muita freqüência e não acabam facilmente, talvez seja importante investigar se se trata ou não de depressão, fenômeno mais comum na adolescência do que se pensa.

TEMA 10

Depressão e suicídio na adolescência

- *Por que o adolescente tem depressão?*
- *O que leva um grande número de adolescentes a tentar o suicídio?*

A depressão leve é bem freqüente na adolescência. Em pequeno grau, muitos jovens apresentam este sentimento, que leva a períodos de reclusão em seu quarto, ao descaso com a aparência e ao mutismo. Muitas vezes, portanto, é apenas uma característica da fase e está ligada às mudanças importantes e profundas que ocorrem no período.

A depressão pode ser também conseqüência da percepção que o jovem tem do término da infância, caracterizada pela grande dependência dos pais e sem maiores responsabilidades, e da chegada da idade adulta, na qual precisará assumir seu papel social e responder de maneira autônoma por todos os seus atos. A conscientização que ocorre, em maior ou menor grau, neste momento da história pessoal de cada um é uma das causas do aparecimento da depressão, que costuma ser ocasional e de curta duração, devendo ser distinguida da depressão que denuncia um estado patológico, como veremos a seguir.

Os pais devem estar atentos a mudanças no comportamento habitual dos filhos, para que não se deixe de fazer o diagnóstico correto: se os momentos de melancolia ocorrem, porém só eventualmente, predominando a participação em atividades comuns à idade, então tudo está correndo bem. Com o passar do tempo, deverão ir se tornando cada vez mais raros, porque, ao longo dos anos, os adolescentes vão ganhando mais segurança e superando as dificuldades.

Todo ser humano tem seus momentos de inquietação, desânimo e questionamentos, que podem levar a um estado depressivo passageiro. É preciso distinguir este tipo de sentimento da doença depressão, hoje um problema que atinge de 20 a 26% das mulheres e de 8 a 12% dos homens em algum momento de suas vidas.

Os sintomas mais comuns incluem:

- fadiga
- agitação e/ou retardo psicomotor
- perda de interesse pelas atividades habituais do dia-a-dia
- diminuição da libido
- sentimentos de desânimo, tristeza, desesperança
- pouca iniciativa
- medo e preocupação

Podem ocorrer também:

- anorexia
- perda de peso
- constipação ou diarréia
- dificuldade em pegar no sono ou de se manter dormindo
- redução do limite de atenção

A depressão é uma doença, assim como o diabetes ou a hipertensão. Afeta o organismo como um todo, não apenas a mente.

É uma das mais importantes causas do alcoolismo e do uso abusivo de drogas. Oitenta por cento dos casos de depressão podem ser tratados com sucesso.

Pode afetar qualquer pessoa, independentemente de classe social, cor, raça ou sexo. Há, entretanto, uma predominância entre as mulheres.

Pelo menos metade das pessoas que sofre de depressão não recebe tratamento, nem tem diagnóstico adequado, devido à falta de esclarecimento e ao preconceito que ainda existe com relação à doença.

A depressão é a maior causa de suicídios e a segunda maior causa de absenteísmo do trabalho, perdendo apenas para as doenças cardíacas. Por isso é importante desfazer certas idéias a respeito:

- A depressão não é, como muitos pensam, um defeito de caráter ou um indício de personalidade "fraca". Não é, portanto, nada de que alguém deva ou possa se envergonhar.
- Também não é um "estado de espírito", que a pessoa pode mudar de acordo com a própria vontade.
- É uma doença que requer tratamento e atenção.

Apesar de persistirem algumas controvérsias, já se aceita a existência de depressão também na infância, um distúrbio semelhante ao da idade adulta, embora com características próprias. O diagnóstico é feito utilizando-se critérios semelhantes aos da depressão adulta. Segundo estatísticas recentes, seria de 1,8% a incidência de depressão grave na infância e de 2,5% a de depressão leve. Na adolescência, o percentual seria de 8% na faixa de 14 a 16 anos de idade, com uma freqüência quatro vezes maior em adolescentes do sexo feminino.

Na melhor das hipóteses, estima-se que a depressão na infância varie entre 2 a 4%, enquanto na adolescência estaria entre 5 e 10%.

O que causa a depressão? Vários fatores. A *depressão endógena* (que tem causas internas) parece estar relacionada à química cerebral. Pode também estar ligada à genética: filhos de pais deprimidos têm risco maior de depressão, abuso de drogas, dificuldades sociais e escolares. A *depressão exógena* (que tem causas em fatos exteriores ao organismo) estaria ligada ao estresse ambiental e psicossocial. Em crianças muito pequenas, provavelmente está relacionada a problemas familiares. Nos adultos, parece estar associada a perdas emocionais, tais como morte de familiares ou pessoas queridas, rupturas amorosas, problemas vocacionais etc.

Em resumo, depressão é um fenômeno determinado por vários fatores, que incluem predisposição genética, alterações na bioquímica cerebral, estresse psicossocial, além da forma pela qual se percebe o mundo, além do conjunto de mecanismos de ajustamento de cada um. Quer dizer, diante de uma mesma situação de estresse psicossocial (por exemplo, a separação dos pais), duas crianças com a mesma predisposição genética, mas com mecanismos de ajustamento diferentes, poderão reagir de forma diversa. Aquela que tiver, por exemplo, maior equilíbrio emocional poderá suportar melhor a situação, enquanto a outra, mais frágil, poderá deprimir-se, caso tenha algum dos outros fatores presente.

O tratamento da depressão inclui aconselhamento aos pais, visando modificar as inter-relações familiares, tratamento farmacológico quando necessário e/ou terapia individual ou de família. Reconhecido e tratado a tempo, é muito grande a possibilidade de superação do problema.

O que leva um jovem (ou uma pessoa qualquer) ao suicídio, a atentar contra a própria vida, nosso mais precioso bem? Como afirma Blumenthal em seu artigo "Suicídio", publicado na revista *Clínicas Médicas da América do Norte*, em 1988:

> Não há uma razão única pela qual as pessoas decidam matar-se... Este ato autodestrutivo pode refletir muitos determinantes motivacionais: pessoais e interpessoais, biológicos, familiares e culturais. Para muitos é uma resposta à perda, separação e abandono. Para algumas pessoas pode representar uma libertação do desespero do que parece ser um futuro sem perspectivas... e para outros pode ser um ato impulsivo, vivenciado como vingança em relação a uma rejeição... pode ser também uma resposta ao pensamento desorganizado das psicoses, de um estado tóxico como o uso de drogas ou às distorções cognitivas que ocorrem na doença depressiva ou na esquizofrenia.

A detecção e o tratamento precoces da depressão representam fatores importantes na prevenção do suicídio. Além disso, a promoção da melhoria nas relações interpessoais e os esforços de educação do paciente e seus familiares ajudam a interromper o processo depressivo, que pode levar ao suicídio.

O uso abusivo do álcool e das drogas é importante fator de risco para o suicídio, tanto entre alcoólatras como em não-alcoólatras. Cerca de 25 a 50% dos suicídios estão associados ao uso de álcool. Entre adolescentes, estudos comprovaram que a relação entre suicídio e uso de álcool ou drogas era de 70%. Nos dependentes de drogas, a incidência de suicídio é 20 vezes maior do que na população em geral. Outra causa de suicídio parece estar relacionada com algumas doença psiquiátricas.

Os distúrbios de personalidade são também fator de risco relacionado ao suicídio. Um estudo psicológico de suicidas adolescentes indicou a presença associada de traços de personalidade tais como perfeccionismo, impulsividade, agressividade, dificuldades interpessoais, baixa auto-estima, negativismo e retraimento, entre outros.

Um dado importante para os pais: parece existir uma correlação entre a personalidade, o suicídio e o estilo cognitivo (forma de perceber e interiorizar os fatos que ocorrem a sua volta). Num estudo recente, características como rigidez, impulsividade e dependência foram encontradas em indivíduos que tentaram suicídio. O estudo sugere que, ao se defrontarem com o estresse natural das diferentes situações da vida, as pessoas cognitivamente rígidas (sem "jogo de cintura") são incapazes de criar soluções variadas para enfrentar os problemas, o que as levaria a apresentar maior inclinação suicida. Assim, fatores psicossociais e ambientais, como a perda de entes queridos, separação dos pais em situações de graves agressões entre os cônjuges, vida familiar muito conflituosa ou caótica, perda de emprego, disciplina muito severa ou ser alvo de violência física, podem também contribuir para o suicídio.

Desenvolver, portanto, um trabalho que ajude os filhos a tolerarem melhor as frustrações, a suportarem com maior tranqüilidade e equilíbrio o adiamento da satisfação pode ser um caminho para fortalecer a estrutura da personalidade, mantendo-os afastados ou menos propensos a idéias de desespero ou desamparo.

Desenvolver a capacidade de pensar diferentes soluções para um mesmo problema também é um objetivo importante, porque prepara melhor as crianças para as dificuldades normais da vida.
Não superproteger, apenas proteger.
Motivar e incentivar, não criticar demasiadamente.
Orientar, conversar, dialogar, discutir todos os assuntos com os filhos. Estas são tarefas importantes a que os pais devem se dedicar com intensidade e entusiasmo.
Dar limites, ter a capacidade de dizer "não" aos filhos, toda vez que a situação assim o exigir. Ter limites, aprender a conhecer e respeitar os direitos do outro, desenvolver a capacidade de empatia são elementos fundamentais para o equilíbrio emocional de nossos filhos e, portanto, para sua saúde mental.

Também a exposição seguida ou continuada a cenas de suicídio, através dos meios de comunicação, pode induzir ao comportamento suicida, principalmente entre adolescentes, muito mais vulneráveis e influenciáveis. Segundo um estudo feito nos EUA, em 1986, por Phillips e Carstensen, destaques excessivos na TV e nos jornais sobre uma ocorrência suicida aumentam a taxa de suicídio por um período de até nove dias (é claro que só influenciam aos que já têm predisposição).

Nos últimos trinta anos, triplicou a freqüência de suicídio entre jovens na faixa de 15 a 24 anos de idade, predominantemente em pessoas brancas, do sexo masculino (75% do total), sendo que mais de 50% matam-se a tiro. Nos EUA, em 1985, mais de 2.000 jovens de menos de 19 anos cometeram suicídio. Na faixa entre 15 e 19 anos foram registrados 1.849 suicídios; 275 entre 10 e 14 anos; e 3 entre 5 e 9 anos de idade.

Estes dados do National Center for Health Statistics mostram que o suicídio é muito raro na infância, aumentando, porém, na adolescência.

Na população em geral, as mais altas taxas de suicídio têm se verificado entre os protestantes, seguidos pelos judeus e, em seguida, pelos católicos. Outros fatores sociodemográficos importantes, segundo Blumenthal, são separação, divórcio, perda de emprego, morar sozinho e luto recente.

São considerados, pois, fatores de risco importantes para o suicídio:

- ser do sexo masculino;
- ter ou ter tido distúrbios psiquiátricos (depressão, traços agressivo-impulsivos e/ou ansioso-perfeccionistas);
- ter história familiar de comportamento suicida ou de abuso de drogas;
- crises e rupturas familiares;
- apresentar preocupação constante com a morte.

Saber tanta coisa terrível pode ser apavorante para os pais. Para restabelecer a tranqüilidade, importa saber que o que conta realmente é a observação do COMPORTAMENTO PREDOMINANTE. Ou seja, se você está inseguro com relação ao assunto, pense e responda às seguintes questões:

1) Na maior parte do tempo, seu filho participa das atividades familiares?
2) Quando chegam os amigos, na maioria absoluta das vezes, ele se mostra disponível e feliz junto a eles?
3) Está desenvolvendo suas atividades normais, tais como estudar, sair para passear, bater papo, namorar, ir a festas, barezinhos, cinema etc.?

4) Embora algumas vezes apresente certa tendência ao isolamento e ao mutismo, este comportamento é muito menos freqüente do que os momentos em que ele está ouvindo música, cantando, dançando, implicando com os irmãos e com os pais?
5) Embora relute em manter seu quarto arrumado, há uma certa organização na sua "bagunça" particular, de modo que ele consegue encontrar tudo o que precisa?
6) Mesmo que, por vezes, fique dias brigando com o banho e sua aparência nem sempre seja das melhores, na maior parte das vezes, quando a "gatinha" (ou "aquele gato", conforme o caso) entra em cena tudo muda rapidamente?

Se a resposta para a maioria destas questões foi "sim", pode-se dizer — quase com certeza — que este jovem não apresenta depressão que requeira providências e cuidados médicos.

Diferenciar um estado do outro é de fato muito complicado. *O maior alerta para os pais é o súbito ou o gradual abandono de atividades normais da idade por períodos que vão se tornando cada vez mais longos e freqüentes.* Se isto ocorrer, aí sim, é hora de procurar um especialista (médico psiquiatra).

TEMA 11

Mãe impositiva

- *O que fazer quando a mãe (ou pai) sempre foi autoritária(o) e agora, na adolescência, a filha não aceita mais esta forma de relação, entrando em constantes atritos?*

O melhor que se pode fazer é repensar a forma de atuação. Ser impositiva com uma criança é fácil, porque o nível de dependência que ela tem dos pais é muito grande, o que a leva a acatar a maioria das determinações. À medida que cresce, em especial na adolescência, dificilmente as imposições são aceitas de forma passiva.

Se a própria pessoa reconhece que seu jeito de lidar com a filha (o) é que gera os constantes conflitos, por que não ceder um pouquinho e mudar a forma de atuar? É bom lembrar sempre que a adolescência é uma fase de independência e auto-afirmação. É preciso que os pais deixem espaço para que os filhos cresçam, se desenvolvam, assumam sua própria vida aos pouquinhos. Afinal, queremos ou não que eles amadureçam e cheguem à idade adulta?

Uma das melhores qualidades do ser humano é a RACIONALIDADE (embora nem todos a utilizem). Então, por que continuar a agir de forma a gerar problemas? Com o jovem, a melhor forma de se relacionar é através do diálogo e não das imposições. Conversar e explicar, no entanto, não significa fazer tudo que os filhos querem. O que leva muita gente a impor suas idéias é o medo inconsciente de perder a autoridade.

E isto apenas mostra que não temos segurança e, portanto, não podemos — calmamente — trocar idéias a respeito de todos os assuntos. Quem mais grita é quem está mais inseguro quanto à própria capacidade de convencimento.

> ..."Uma briga é como uma fenda num balde, alarga-se cada vez mais..."
>
> (DO TALMUD)

TEMA 12

Mau humor matutino

- *Minha filha de 16 anos não gosta de conversar pela manhã. É algum problema?*
- *Passar mais de uma hora no banho pode ser uma demonstração de fuga e uma forma de contrariar os pais?*

Estas duas perguntas fazem parte daquele gênero de questões com que os pais se torturam, vítimas da excessiva psicologização dos nossos dias. É uma forma excelente de tornar a própria vida e a dos que conosco convivem ainda mais complicada do que já é.

Cada pessoa tem seu jeito de ser. Umas acordam felizes como passarinhos, outras levam algumas horas para sintonizar-se com a vida, para "ficar de bem" com o mundo — este terrível mundo que as arrancou da cama, lugar mais gostoso de se ficar!...

Temos que educar nossos filhos para a vida, para que sejam produtivos, para serem felizes, para que respeitem o outro. Há tanta coisa importante para fazer. É com este tipo de coisa que temos que nos preocupar. Não com bobagens. Cada um tem o direito de ser como é ou como pode ser.

A única coisa que se pode e deve fazer sobre o assunto é estabelecer um limite tolerável de forma de convivência. Quer dizer, não é porque a pessoa acorda de mau humor ou calada que tem o direito de destratar mãe, irmão, vovó, empregada, de chutar o gato... não! Direito de ficar quietinha ou até de mau humor ela tem. A educação, no entanto, tem que continuar a existir. Podemos até ajudá-la, falando-lhe o mínimo possível nessas horas, respeitando, enfim, esse momento — para ela difícil — do seu dia; nunca aceitando, porém, a falta de respeito ou incivilidade. Afinal, queremos que nossos filhos cresçam, se conheçam, se respeitem. Mas também desejamos que eles amadureçam, assumam sua própria vida e as decisões sobre ela. Para tanto, nada melhor do que começar treinando o controle sobre as próprias emoções, sobre o mau humor ou o mutismo matinal, por exemplo. Não é fingir que o sentimento não existe. É dominar-se para não acabar machucando o relacionamento com os demais. Mostrar este ângulo da questão e treinar nossos filhos para o autodomínio ajuda no encurtamento da adolescência. Afinal, não podemos classificar como adulta a pessoa que fica por aí tendo ataques de mau humor e descontando nos outros, não é mesmo? Podemos e devemos ajudar nossos filhos a se controlarem e a crescerem emocionalmente.

Quanto à segunda pergunta, devemos raciocinar da mesma forma. Que mal há em o jovem tomar um banho prolongado? Ou ficar uma hora inteirinha trancado no banheiro, com uma revista? A única ponderação cabível no caso seria sobre o desperdício de água ou destacar a possibilidade de outras pessoas da casa necessitarem utilizar o banheiro. São observações que podem e devem ser feitas, porque temos que ensinar nossos filhos a respeitar o meio ambiente e as outras pessoas.

Por outro lado, ficar uma hora no banho, se isto irrita o pai ou a mãe, pode sim ser uma forma de contestar a autoridade paterna. Mas sendo numa coisa tão sem importância, vale a pena deixar que eles "ganhem" algumas batalhas. É importante para a auto-afirmação deles. E nós queremos ajudá-los a crescer, não é mesmo? Então, estas pequenas "derrotas" nossas (que, na verdade, não são derrotas) fazem parte do esquema. Só não podemos abrir mão ou deixar passar as questões fundamentais ligadas à ética e à formação moral dos filhos. Aí, sim, a "briga" vale a pena... E Deus sabe que muitas vezes tem mesmo que ser uma briga danada...

Uma coisa que ajuda em horas de desânimo (e não são poucas para os pais) é lembrar do nosso tempo de jovens. Não para mostrar as diferenças entre a "nossa geração" — que nos parece tão legal e maravilhosa e a "deles", que julgamos tão terrível e difícil... (é bem provável que os jovens achem o contrário) —, mas sim para nos lembrarmos das coisas que também fazíamos, exatamente como eles as fazem hoje. Ficar um tempão no banheiro ou no banho, quem de nós não ficou vez por outra? E trancados no quarto? E se não foi isso que aprontamos, foi uma outra coisa qualquer. Tentemos lembrar. Ajuda muito a compreender e a tolerar as pequenas chatices dos nossos filhos. Lembrem-se também que o corpo tem suas necessidades e, nesta fase em especial, elas costumam ser bem freqüentes e exigentes...

..."Julga sempre com brandura o teu semelhante e desculpa-lhe as falhas..."

(DO TALMUD)

TEMA 13

A "bagunça" do quarto

- *Acho muito difícil lidar com adolescentes. Às vezes sinto-me tentada a dar uns tapas em meu filho, que com 16 anos já me ultrapassou em estatura. Por exemplo, quando lhe peço para "me ajudar" arrumando seu quarto, ele não me atende, parece que de propósito. Como agir? Brigando pelo que desejo ou respeitando-o? Afinal, não vejo como obrigação somente minha organizar a casa.*

Lidar com adolescentes é difícil. Portanto, o que você sente é o que todos sentem. Afinal, conviver com alguém que parece ficar o tempo todo esperando para dizer ou fazer justo o contrário do que você diz ou faz não pode ser fácil mesmo. Em especial, para os pais que estão preocupados com os filhos, querendo orientá-los para que cresçam com segurança, equilíbrio e saúde. Mas as coisas são assim mesmo. Temos que aprender a lidar com eles, entendendo que esta fase é mesmo difícil. Eles se contrapõem, antagonizam, têm mudanças repentinas e drásticas de humor, às vezes têm vergonha da gente... tudo normal, desde que haja algumas regras básicas de respeito mútuo.

E já que estamos falando em respeito mútuo, mesmo que dê muita, muita vontade mesmo, de dar "uns cascudos" algumas vezes, não o faça. Mas não o faça, não porque ele já está maior que você e sim porque você é adulto e deve ter, portanto, mais equilíbrio emocional que ele. E ter mais equilíbrio emocional significa ter outros recursos que não a agressão física. Significa ter argumentos — explicar e convencer.

Se você perde o controle, mesmo que muito eventualmente, tente verificar qual foi o fator que lhe tirou do sério. Conhecer nossos pontos fracos ajuda muito. Nossos filhos costumam conhecê-los muito bem e, para nosso desespero, utilizam-se deles com a maior naturalidade, sempre em favor próprio... Assim, se você se conscientizar do fato ou dos fatos que lhe fazem quicar de raiva, espumar e esquecer-se do quanto é racional e equilibrado, terá mais facilidade para evitar descontrolar-se da próxima vez que ocorrer. De fato, não é nada simples manter-se calmo e equilibrado todo o tempo. Você tem mil coisas mais com que se preocupar: a doença de algum amigo querido, contas acumuladas para pagar, uma nova lei que foi aprovada e pode prejudicá-lo no trabalho, o tempo que está se esgotando para aquele relatório que está atrasado e tem que ficar pronto... enfim, preocupações não faltam... Então é mesmo muito difícil ficar calmo se a sua filhinha resolve ter uma crise de nervos só porque você lhe disse que não tem dinheiro para o vestido novo que ela acha ser de absoluta necessidade para a festa do sábado, ou se o seu filho resolveu implicar com o irmão menor e eles estão — ai meu Deus! — brigando pela quinta vez só hoje! Mas temos que tentar melhorar a cada dia. Portanto, lá vamos nós! Equilíbrio, segurança e... persistência!

 A arrumação da casa, por exemplo: já está mais do que na hora de dividirmos esta *tarefa mágica* (mágica porque não acaba nunca e parece que, por milagre, está sempre sendo necessário fazê-la de novo, mal a concluímos) com todos os moradores e não apenas com os jovens. Aliás, não é por acaso que a maioria foge destas tarefas — é que elas são repetitivas, maçantes e pouco recompensadoras (nem monetária nem afetivamente) porque, além de não colaborarem, marido e filhos, em geral, deixam tudo ou quase tudo para as mulheres fazerem e só sentem o valor quando não são feitas. Por exemplo, se a casa está toda arrumadinha, ninguém elogia, mas se some um par de meias ou um jornal... Quanta reclamação!... Se o jantar estava gostoso... Normal. Se o feijão estava salgado, aí todo mundo comenta! E isso é muito desgastante e desestimulador.

Para um jovem adolescente colaborar neste tipo de tarefa é preciso que o hábito de dividir o trabalho em casa tenha sido desenvolvido desde que as crianças são pequenas, digamos, a partir dos 4 ou 5 anos. Aos poucos, se vai formando o hábito de que é gostoso ter uma casa limpa, organizada, confortável. Mas desde que não haja compulsão, quer dizer, que isto não se transforme em algo persecutório, uma briga que se repete mil vezes por dia. Incentive seu filho desde pequeno a guardar suas coisas após utilizá-las, mas sem muita pressão. Organize o quarto de forma que seja fácil e possível para ele arrumar as coisas. Cestões, prateleiras amplas ajudam muito. Acostume-o a tirar um ou dois brinquedos, no máximo, por vez. Quando não quiser brincar mais, crie o hábito de arrumar os dois que usou, antes de pegar outros. No início, faça-o com ele, como uma outra forma de brincadeira. Aprove sempre calorosamente suas iniciativas e participação. Tenha paciência e perseverança. Um hábito demora a ser implantado. Mas se for tudo feito com carinho e firmeza, a tendência é que ele aprenda e participe, ainda mais se o clima for positivo e alegre. Sem tensões as coisas funcionam melhor.

Se, no entanto, você não o fez quando ele era pequeno, procure conversar e tente mostrar-lhe que não é justo que apenas uma pessoa zele por toda a organização da casa. Tente entrar em um acordo. Ouça o que ele tem a dizer a respeito. Procure áreas de possível acordo. Estabeleça os locais da casa em que ele possa "fazer a sua bagunça", mas preserve outros, principalmente os que são de uso comum.

Lembre-se também de que o adolescente está vivendo um período de grande turbulência interna. Às vezes, este estado de espírito se reflete no descuido com a aparência, o quarto, os armários. Portanto, leve na esportiva se as coisas não caminharem como você gostaria. Entretanto, não ceda completamente. Continue tentando, diga-lhe — sem agressividade — que você fica sobrecarregada quando as pessoas não dividem o trabalho, mostre-lhe que as mulheres hoje em dia têm outras tarefas, além de cuidar da casa.

Analise também se você não está sendo muito exigente, se você não está querendo demais, tudo muito arrumadinho todo o tempo. Se for o caso, talvez valha a pena diminuir um pouco o nível de pressão.

Pense:

1) Seu filho é colaborador, quer dizer, ajuda os irmãos, os amigos?
2) Vai à escola e tem resultados positivos, ou seja, passa de ano e não lhe dá maiores problemas nos estudos?
3) Demonstra interesse quando você está com dor nas costas, dor de cabeça ou simplesmente triste?
4) Quando você encontra vizinhos ou amigos, em geral ele é elogiado?
5) Ele a respeita e obedece às suas determinações na grande maioria das vezes?
6) Não fuma, não usa drogas, nunca chegou em casa alcoolizado?

Se você respondeu "sim" a todas ou à maioria dessas questões, então pode estar certa de que, em relação às coisas mais importantes, você está conseguindo ótimos resultados como educadora. A "bagunça" incomoda mesmo, mas tente resolver este problema usando o diálogo, mostrando sua visão do ponto de vista da igualdade de direitos e deveres.

Lembre-se também de elogiar quando ele deixar tudo arrumado, mesmo que isto só ocorra — no início — de vez em quando. Seja enérgica sim, mas respeite-o. Não agrida, mesmo que às vezes isto seja muito difícil de evitar.

TEMA 14

A ocasião faz o ladrão?

- *Na adolescência, a ocasião pode fazer o ladrão?*

Se uma pessoa tem princípios éticos sólidos e acredita realmente neles, mesmo que haja uma oportunidade, não os abandonará. A não ser que não os tenha internalizado de fato. Quer dizer, se não forem — de verdade — os *seus* princípios. Um valor tem que ser compreendido e adotado como algo precioso para a própria pessoa.

É preciso entender, porém, que o adolescente é um ser em formação. Ainda não está completamente certo de quem é, do que pensa e no que acredita. Portanto, ter dúvidas nesta idade é natural.

Por outro lado, a estrutura básica da personalidade já está formada, o adolescente já sabe o que é certo e o que é errado. Pode, porém, temer ser diferente do grupo ou não conseguir se opor ao que o grupo de amigos estiver fazendo ou querendo fazer. Um adolescente sabe — aliás, isto até uma criança de 7, 8 anos sabe — que se der um tiro em alguém, este alguém correrá um sério risco de morrer, assim como sabe também que se jogar álcool num ser vivo e atear fogo em seguida, dificilmente haverá chances de sobrevida. Mas ele pode ter dúvidas, por exemplo, sobre se dirigir um automóvel sem carteira é algo tão sério — e ser tentado a fazê-lo. Ou se tomar cinco ou seis chopes e ficar "de pilequinho" ou se dar uma "fumadinha" num "baseado" (cigarro de maconha) tem algo de errado. E nos dias de hoje a sociedade apresenta, muitas vezes, mensagens ambíguas. Ao mesmo tempo que se combate e critica, a toda hora aparecem pessoas fumando e bebendo no vídeo, nas festas, nos filmes, na nossa própria casa. Também é comum se ter amigos que, com freqüência, fumam, bebem e até usam maconha, afirmando que não faz mal algum. Daí porque a relação com os pais, nesta idade, é tão fundamental. Conservar canais de diálogo, pontes abertas para orientação e informações é muito importante. Para manter aberto o canal de comunicação é preciso, principalmente, que ele tenha duas vias. Precisamos ouvir nossos filhos e não apenas fazer preleções e sermões.

A influência que o grupo exerce sobre os jovens é conhecida. O maior exemplo disso é o caso dos cinco rapazes que incendiaram o índio pataxó em Brasília. É difícil imaginar que nenhum dos cinco tivesse, por um momento sequer, hesitado diante da barbaridade que iriam cometer. Houve tempo mais do que suficiente para que refletissem. No entanto, nenhum deles desistiu. Da mesma forma, outros episódios como o dos jovens que, durante as comemorações da vitória do Brasil em um dos jogos da Copa do Mundo de 1998, espancaram barbaramente um rapaz com sua própria muleta — e nem ao menos o conheciam. Na cidade paulista de Sorocaba, houve o caso dos jovens universitários que atearam fogo num colega, numa situação de farra e bebedeira, que chocou a opinião pública e amedrontou a todos os pais. Nesses casos, os jovens estavam sempre em grupos, e nenhum tentou impedir o outro de agir de forma bárbara e enlouquecida.

Por isso é tão importante que nossos filhos estejam bem preparados e sejam alertados para enfrentar tais situações. Ajuda muito nesse sentido ter visão social. Quando nossos filhos se preocupam com a sociedade como um todo e não somente consigo próprios; quando os ajudamos a desenvolver força moral suficiente para rejeitar as coisas negativas que surgem na vida; se desenvolvemos uma base ética; se os ajudamos a adquirir e introjetar valores, aqueles valores ligados a um projeto de vida, a objetivos; se trabalhamos no sentido de desenvolver neles a capacidade de ver e sentir as necessidades do outro, enfim a empatia, o amor ao próximo, teremos lhes dado a melhor forma de evitar que se deixem levar pelo momento, pela oportunidade, ou pela pressão do grupo.

..."*Amar o seu semelhante é a primeira de todas as virtudes...*"

(DO TALMUD)

Jamais eduquemos nossos filhos de modo que eles pensem apenas em si, apenas no que lhes dá prazer, apenas no que os diverte ou no que eles gostam de fazer. Se assim for, estaremos criando pessoas tão egocêntricas que serão capazes de qualquer coisa para alcançar o seu prazer, mesmo que para isso infrinjam ou passem por cima da dor e do respeito pelo outro. É preciso deixar clara a idéia de que para cada ato que se pratica haverá um outro, dele decorrente.

Mostremos-lhes, desde cedo, que eles têm direitos sim, e muitos. Mas que a cada direito corresponde um dever. Por exemplo, eles têm o direito de estudar e nós, pais, temos a obrigação de prover recursos para que possam estudar. Em contrapartida, porém, eles têm a obrigação de fazer esforços para aprender ao menos o suficiente para passar de ano e, assim, garantir a possibilidade de continuar estudando.

Eles têm direito a que sua privacidade seja respeitada. Mas têm também que respeitar a privacidade dos pais, dos irmãos, dos amigos, de todos, enfim. Assim, eles compreenderão que, às vezes, mesmo que tenham um desejo, terão que adiá-lo por alguns momentos, horas ou dias, de forma a não prejudicar outras pessoas. Por exemplo, seu filho quer curtir um som no maior volume, mas de repente — se tiver sido educado de forma adequada — lembra que o irmão ou o papai estão dormindo, então ele ouve sua música sim, mas usando um *headphone* ou colocando o som num volume menos escandaloso. E assim todos ficam satisfeitos... (Não esqueçam de mostrar que gostaram do que ele fez. Assim o comportamento adequado será reforçado e ele verá que vale a pena colaborar.)

Se só puderem ensinar uma única coisa a seus filhos, que seja: "Não faças ao outro o que não gostarias que fizessem a ti." E ponto final. Se eles aprenderem esta lição, não haverá ocasião que faça o ladrão...

TEMA 15

Preferência por um dos pais

- *Nosso filho de 14 anos procura a mãe para todas as dúvidas, ignorando as minhas opiniões. O que a mãe diz fica como palavra final. O que devemos mudar na educação? A mãe deve se omitir um pouco para que ele me procure ou isto vai passar?*
- *Tenho um filho de 10 anos que não esconde sua preferência pelo pai. Mas na hora das dúvidas em relação a sexo, drogas, AIDS etc., recorre sempre a mim. Isto é normal?*
- *Se só um dos pais conversa com o filho, isso pode ter repercussões negativas?*

Ideal seria que os filhos conversassem com ambos os pais.

Mas como o ideal nem sempre corresponde ao real, digamos que já é muito bom quando eles mantêm um canal de comunicação com pelo menos um dos pais.

Em geral, os filhos sentem mais afinidade com um dos dois em função da personalidade ou do jeito pessoal. O importante é que um, pelo menos, esteja orientando o filho. Se é o pai ou a mãe, não importa.

Pais que não conseguem conversar devem refletir para ver se não é a própria forma de conversar que acaba com o diálogo. Alguns pais não podem ouvir uma confidência dos filhos sem começar logo a fazer uma grave e longa preleção (que, aliás, os jovens odeiam). Isso às vezes ocorre por ansiedade, por medo de que algo lhes aconteça. Na próxima vez, talvez ele procure outra pessoa para se abrir. É muito importante saber ouvir, ouvir bastante, ouvir muito. Deixe que eles falem primeiro: é importante que não sintam sempre no ar um clima de críticas ou de reprovação. Ou de falta de confiança. Depois de ouvir, de preferência em silêncio, apenas mostrando seu interesse por meio de expressões simples como "foi mesmo?", "e depois, o que aconteceu?" ou "imagino como você deve ter se sentido", é o momento de aprofundar o diálogo. A melhor forma de fazer isso é compreendendo o enfoque do seu filho, como ele vê e pensa o problema. Não é bom sair logo falando, falando, apontando caminhos e soluções como se sempre soubéssemos tudo. De certa forma, é mais importante descobrir o que eles pensam, como pretendem encaminhar o problema e suas soluções. É surpreendente como eles podem resolver sozinhos — e bem — muitas coisas. Tem muito jovem que é até mais equilibrado que alguns adultos que encontramos por aí.

O melhor é fazer perguntas do tipo "e o que você está pensando em fazer a respeito?" ou "você já tem alguma idéia do que pretende fazer?", e depois ouvir — de peito e coração abertos — o que eles têm a dizer. Nem sempre a solução que eles apresentam coincide com a que nós daríamos. Quando agimos assim, sem preconceitos, sem achar sempre que a nossa é a solução melhor e a mais correta, podemos perceber que, por vezes, o "jeito" deles encaminharem as coisas também pode funcionar. Aí é só dar aquela força, apoiar, mostrar sua admiração pela forma de agir do seu filho. Isto é tão importante para eles! Sentir que o pai e a mãe apóiam suas iniciativas e até concordam com elas pode ser um elemento de grande influência no amadurecimento do jovem, abreviando, assim, a insegurança da adolescência. E pode também servir para que, nos momentos de discordância, haja mais confiança mútua apesar das diferenças.

Às vezes, não há clima de liberdade e diálogo com os dois (pai e mãe), portanto, se os filhos conversam com pelo menos um dos dois, já é muito bom. Se um não consegue conversar, mas dá apoio e concorda com o que tem diálogo, ótimo. Pelo menos, não atrapalha o que está orientando o filho. É muito mais grave quando há orientação diversa por parte de cada um dos pais.

Quem consegue conversar com o filho pode, para ajudar, tentar descobrir o porquê do não entendimento com o outro progenitor. Assim, poderá ser veículo para a melhoria das relações entre eles.

Se há bom entendimento com a mãe, não considero positivo que ela se afaste para forçar o diálogo com o pai (ou vice-versa). Além de correr o risco de essa estratégia não ter sucesso, porque em geral se não há diálogo alguma causa existe, esse afastamento repentino pode ser interpretado como um corte no relacionamento, gerando mal-estar, insegurança ou outras possíveis interpretações negativas. Sempre é melhor conversar francamente do que usar de subterfúgios.

Carlos E. Climent, em seu livro *Como proteger seu filho das drogas*, coloca alguns aspectos muito úteis para quem deseja alcançar um diálogo verdadeiro com os filhos:

1) "...*a verdadeira comunicação é de dupla direção:* com freqüência os pais esquecem esta verdade fundamental e cometem o erro de enviar mensagens quando o adolescente se nega a escutá-las e só deseja que o deixem em paz;
2) *há uma mensagem especialmente importante:* a que expressa os sentimentos — é fundamental que os pais aprendam a escutar e a compreender os sentimentos dos filhos e a expressar os seus próprios;

3) *o diálogo no plano emocional só pode ocorrer quando* os interlocutores se situam no plano afetivo, isto é, quando um compartilha as emoções do outro;
4) *é indispensável criar um ambiente propício para a comunicação*, deixando de lado as atividades que estão sendo realizadas quando o filho procura os pais para conversar... É preciso adotar um comportamento que produza a certeza de estar centrada nele toda a atenção e o interesse em escutá-lo;
5) *o coração abre-se com um pouco de ajuda*: muitas vezes o filho não consegue encontrar as palavras adequadas para manifestar as emoções e necessita da ajuda dos pais para fazê-lo. Nestes casos, eles devem responder com perguntas que sugestionem possíveis descrições dos sentimentos que seus filhos estão tendo. 'Filho, você está feliz?' ou 'Filho, você está bravo?'
6) *existe uma linguagem sem palavras...* quando se bloqueiam as palavras, os sentimentos afloram de todas as maneiras através de uma linguagem muda, porém muito eloqüente: a do silêncio, dos gestos, dos olhares e dos movimentos do corpo;
7) *para fazer o filho sentir que o compreendem*, os pais devem utilizar sempre uma linguagem condicional que elimine o risco de julgá-lo: '...entendo que'; 'acho que'; 'seu olhar parece dizer' relativizam a mensagem, reconhecendo a possibilidade de um erro e manifestam o desejo franco de compreendê-lo. Ao contrário, as afirmações categóricas como: 'isso demonstra que'; 'já sei que' formulam e impõem uma interpretação dos sentimentos que bem pode não corresponder aos verdadeiros, anulando toda possibilidade de compreensão e empatia..."

TEMA 16

Tratando os filhos com igualdade

- *O temperamento individual deve ser observado ou devemos tratar os filhos igualmente?*
- *Tenho 2 filhos, um de 13 e outro de 9 anos. Essa diferença de idade tem dificultado o convívio dos dois e os atritos são constantes. Como agir para satisfazer a ambos sem provocar ciúmes? O de 9 anos compete muito com o mais velho.*
- *Como uma mãe (que é pai e mãe ao mesmo tempo) deve proceder com um filho de 14 anos e outro de 22? O problema maior é o de 14.*
- *Há uma tendência de os pais oferecerem o mesmo tipo de lazer para os filhos de faixas etárias diferentes. Isto faz os menores amadurecerem precocemente?*

Devemos sim tratar os filhos com igualdade, isto é, os mesmos critérios devem ser usados com todos. As regras que valem para um têm que valer para todos.

> "...Os pais nunca deveriam demonstrar a sua preferência por um de seus filhos em prejuízo dos demais. Poucas jardas de tecido de várias cores reduziram os filhos de Israel a escravos do Egito."
>
> (Gênese, XXXVII:3)

É preciso, porém, fazer uma distinção importante: tratar com igualdade não significa ignorar, por exemplo, que cada idade tem características próprias e possibilidades específicas também. Portanto, não se pode deixar uma criança de 5 anos acordada até as 10 horas da noite, porque o irmão de 13 vai para a cama a esta hora. Também não se pode proibir um filho de 22 anos de chegar de madrugada, mas um de 14 tem que ter o horário compatível com a fase que está vivendo. Fazendo tais distinções, não estamos tratando os filhos de forma diferente, mas sim reconhecendo que cada idade tem as suas possibilidades, necessidades e também limites diversos. Do mesmo modo, seria ridículo incentivar uma criança de 7 anos a usar chupeta porque tem uma irmãzinha de 1 ano que dela se utiliza. Quer dizer, tratar com igualdade não significa igualar, uniformizar tudo.

Igualdade significa ter regras que valem para todos — justiça para todos, direitos e deveres para todos também, embora, por vezes, em épocas distintas.

Tratar com igualdade também não significa comprar um presente para cada filho no dia do aniversário do caçula. Significa que cada um saberá esperar o seu próprio aniversário, quando, então, só ele ganhará seu presente. Neste simples fato você estará ensinando várias coisas importantes. A primeira: não existem privilégios, todos têm o *seu próprio* dia de aniversário. Segunda: é preciso saber esperar, adiar a satisfação de ganhar o presente no dia do seu próprio aniversário e, terceira, além de tudo, ou acima de tudo, estaremos ensinando nossos filhos a vibrar com a felicidade do outro. Aos poucos, eles aprenderão uma lição importante — a generosidade, isto é, não pensar apenas em si, egocentricamente.

E como é importante esta aprendizagem para o equilíbrio emocional... Por toda a vida o reflexo deste aprendizado fundamental se fará presente: se um colega de turma for elogiado pela professora, isto não significará uma rejeição a ele, visto que já terá aprendido que cada um tem seu momento de ser elogiado. Se, pelo contrário, seu filho estiver acostumado a ser "paparicado", mimado sempre, sem dividir as atenções nunca, então será muito mais difícil aceitar que um elogio, uma distinção, uma atenção especial seja dada a outro que não ele. Em suma: muitas vezes os pais, com medo de frustrar os filhos, acabam levando-os a frustrações muito maiores no futuro.

Outro exemplo: no trabalho, já adulto, seu filho não estará preparado para ser preterido num caso de promoção ou se um colega for designado para uma tarefa que ele desejava fazer. Na verdade, ao aprender a tolerar as pequenas frustrações da infância, estaremos desenvolvendo em nossos filhos a capacidade de aceitar as derrotas que a vida fatalmente impõe a todos, sem que isto os leve a disfunções emocionais, tais como depressão, agressividade, inadaptação ao trabalho e às relações interpessoais. Dentro de um ambiente justo, amoroso, equilibrado e sem violência ou agressões, a igualdade de tratamento tornar-se-á a base sobre a qual nossos filhos erigirão seus modelos de análise e julgamento em suas vidas.

Quanto mais equilíbrio tiverem os pais no trato igualitário com os filhos, mais equilibrados eles serão e mais tranqüilidade terão para enfrentar as dificuldades da vida diária.

Muitos pais hoje, com medo de causar frustrações nos filhos, agem por excesso de amor e por uma interpretação equivocada sobre a capacidade de enfrentar dificuldades do ser humano, superprotegendo os filhos, fazendo-lhes todas as vontades e mimando-os excessivamente. Toda criança é capaz de compreender e aceitar, se for tratada com muito amor e segurança, uma explicação do tipo "eu sei que você está triste porque não ganhou nada hoje, mas é aniversário do seu irmãozinho. Hoje é dia dele, nós o amamos e queremos que ele seja feliz. No seu aniversário, será o seu dia e todos nós lhe daremos presentes".

Dizendo coisas desse tipo, estamos trabalhando as emoções, mostrando que entendemos e aceitamos suas dificuldades, que lhe damos apoio, mas sem que isso signifique ceder e dar também a ele presentes agora e no seu aniversário.

Uma aprendizagem, ainda que gere um pouco de sofrimento hoje, pode significar alta resistência a problemas no futuro, enquanto o excesso de mimos diminui a capacidade de entender, aceitar e controlar as próprias emoções.

Antecipar as atividades de lazer dos filhos para que os mais jovens possam compartilhá-las com os mais velhos pode parecer prático, mas não é nada educativo. Pode conduzir à precocidade em vários aspectos indesejáveis e talvez mesmo ao cansaço e fastio precoces. Por que queimar etapas? Cada coisa tem seu tempo certo de acontecer.

Por exemplo, por que levar um menino de 7 anos a uma sessão de cinema proibida para menores de 12, porque o irmão de 13 vai? Muitos pais justificam essa atitude dizendo "ah, mas ele já vê tanta 'coisa violenta' na TV...". Então tome mais violência, mais e mais precocemente. Se algumas coisas são inevitáveis, outras não o são. E quanto mais expostos nossos filhos estiverem à violência, pior. Em qualquer hipótese. Portanto, se os programas da mídia eletrônica não são recomendáveis, nada nos obriga a levá-los a filmes impróprios também, deixando que mais uma vez sofram os impactos de tanta carnificina e sangue.

É uma questão de organização também. Por vezes, se as idades são muito distanciadas e, em conseqüência, as atividades são diferenciadas e específicas, faz-se necessário que pai e mãe se dividam para atender às necessidades diferentes, permitindo, assim, que cada coisa seja aproveitada e curtida na hora apropriada. Às vezes é tentador "simplificar" as coisas. Mas essa simplificação de hoje pode gerar complicações bem mais difíceis de resolver no futuro...

TEMA 17

Más companhias

- *Quando os pais têm certeza de que o filho anda em má companhia, devem proibir o convívio? E qual o caminho a se tomar, se a simples proibição não adiantar?*

Os pais devem ser autênticos nas relações com os filhos. Portanto, quando se tem certeza de que alguns dos amigos dos nossos filhos adolescentes são ou podem vir a ser má influência, deve-se falar sobre o assunto com franqueza e de forma direta.

Proibir de forma taxativa e unilateral nesta idade é uma atitude que tende a desmoralizar, mais que a funcionar. A não ser, pois, em certas situações mais perigosas, deve-se evitar a proibição pura e simples. O ideal é estabelecer um diálogo franco, em que todas as suas dúvidas, informações e medos sejam colocados de maneira direta e objetiva. Também devem ser explicados os nossos sentimentos e receios. Falar das nossas emoções e sentimentos é positivo, porque explicita o cuidado e revela o amor.

É muito importante reservar espaço para que o jovem possa fazer suas colocações. Por exemplo: certa ocasião, uma amiga ficou sabendo que um dos colegas de seu filho fazia uso regular de maconha. A primeira reação que teve — claro — foi de medo. Sabendo como os jovens são influenciáveis pelo grupo, ficou insegura. Mas é preciso que confiemos no trabalho de formação que desenvolvemos até a adolescência. É necessário que acreditemos que os princípios éticos e de formação moral que passamos aos nossos filhos desde o nascimento até a juventude darão frutos. Então se sua casa é uma casa onde a justiça, a ética, o amor e o equilíbrio são os elementos preponderantes, uma boa conversa, um alerta e o pedido para que evite esta amizade deve ser suficiente na maioria dos casos. Foi o que sucedeu. Como tinha uma boa relação com o filho, os dois conversaram sobre o fato e ela obteve a afirmativa de que não existia a menor possibilidade de ele vir a se envolver com este tipo de problema, não havendo, portanto, motivos para preocupação. Apenas acertaram que o rapaz não deveria vir à casa deles e vice-versa. Não foi necessário um rompimento, nem a exclusão total, mas um esfriamento nas relações, após a conversa em que mãe e filho tiveram a possibilidade de fazer suas colocações, falar de seus medos e preocupações com franqueza e confiança mútua. É possível vencer dificuldades em conjunto, desde que se fale com o coração.

    Quanto mais fizermos nossos filhos participarem e discutirem as decisões sobre suas vidas, mostrando nossa confiança no seu tirocínio, mais rapidamente eles assumirão o papel de adultos, capazes de gerir adequadamente seu próprio destino.

TEMA 18

Com vergonha dos pais

- *Por que os filhos têm vergonha dos pais quando estão em grupo?*
- *Tenho muita dificuldade de abraçar ou beijar meu filho, porque sempre que tento fazê-lo sinto que sou rejeitada.*

Na adolescência, os jovens tornam-se os maiores e mais severos críticos dos pais. Mas não precisamos ficar tristes (embora muitas vezes doa bastante), nem encarar este fato como uma coisa pessoal (embora sempre pareça pessoal).

Na verdade, esse tipo de julgamento faz parte da caminhada do jovem em direção à independência e à idade adulta. Libertar-se da dependência que têm dos pais torna-se, neste momento, uma necessidade imperiosa, que se consubstancia, entre outras coisas, pela crítica, pelo julgamento severo, pela visão acentuada dos nossos defeitos, das nossas imperfeições e inseguranças.

Esta forma de ver os pais, que acontece pela primeira vez nesta fase do desenvolvimento, é que faz com que, de certa forma e em maior ou menor grau, eles sintam "vergonha" dos pais. Além disso, como dão muita importância à opinião do grupo, também se sentem temerosos de que seus amigos não nos aprovem. Deste receio surge a "vergonha". Fugir de beijos, carinhos e abraços está dentro da mesma perspectiva. Afinal, o que vão pensar dele? Que é uma criancinha carente?

O que fazer? Nada. Simplesmente, ignorar. Fingir que não vê, mesmo que seja difícil. Continuar sendo nós mesmos, tratando os amigos com naturalidade, brincando, conversando com eles. Apenas temos que ter sensibilidade para perceber em que momentos "somos demais" e, então, nos retirarmos para que eles possam ficar entre eles próprios, com suas brincadeiras, suas conversas sem-fim, seu mundo, enfim. Este sentimento passa. Não devemos impor demais nossa presença, ficando, por exemplo, horas no quarto com eles, quando estão querendo fofocar. Dar uma olhada, um "oi" geral, uma conversada para que saibam que você está em casa, que há um responsável por perto, é bom. Mas saber a hora de se retirar também é importante. Da mesma forma, devemos evitar excesso de carinho com eles na presença de amigos. Deixemos para beijá-los quando estiverem a sós. Mas, se mesmo então eles resistirem, devemos diminuir a nossa efusividade. Nossos filhos agradecerão. E também darão mais valor, se sentirem um pouquinho de falta. Lembrem sempre: eles não nos odeiam, embora pareça, e precisam muito de nós.

Só a título de lembrança, retirar-se não significa aceitar certas imposições que tenho visto com freqüência: ao organizar uma festa de aniversário para o filho ou filha, os pais são intimados a "sumir" ou a "não aparecer em hipótese nenhuma". E muitos obedecem direitinho... Não é a isto que me refiro. De modo algum. Se há uma festa e, portanto, muitos jovens (menores de idade) juntos, aí mesmo é que algum adulto — um responsável — tem que estar presente. Aceitar este tipo de imposição é uma forma de demonstrar insegurança. Os jovens testam seus limites, mas, ao mesmo tempo, precisam deles.

TEMA 19

As "trocas"

- *Até que ponto é válido fazer trocas com o adolescente como "se você tirar nota ruim, não joga futebol esta semana"?*

As "trocas" são válidas até certo ponto e dependendo da maneira como são feitas. Exemplos do que não se deve fazer: "Se você tirar nota boa na prova, ganha R$ 5,00." Ou então: "Se for à festa na casa da titia, ganha um CD novo." Nestas duas modalidades há uma conotação que deve ser evitada: a do prêmio material por coisas que, embora sejam obrigações dos pais (dar estudo), também constituem dever dos jovens e das crianças (estudar). Agindo como nos exemplos, não estaremos ensinando o "porquê" de determinada atitude (dar valor à titia, estudar). Quando "compramos" o comportamento adequado, não ensinamos o seu valor real. Para ter importância na vida das pessoas, os valores têm que ser compreendidos, assimilados, aprovados, para então, sim, serem incorporados verdadeiramente e passarem a integrar o caráter pelo resto da vida. Não se podem impor valores, muito menos comprá-los.

O que queremos que nossos filhos aprendam? Que estudar é importante para a vida deles ou que uma nota boa na escola significa um novo joguinho ou uma nova bicicleta?

Desejamos que nossos filhos saibam retribuir o carinho e as atenções recebidas de uma pessoa querida ou queremos apenas que eles finjam bom comportamento, enquanto esperam o novo CD?

Por outro lado, o que ocorrerá se um belo dia não pudermos mais lhes dar tantas coisas? Agindo deste modo, estaremos valorizando apenas bens materiais, estaremos estabelecendo regras de conduta materialistas e atitudes interesseiras, em detrimento das humanas, espirituais, que conduzem à verdadeira e duradoura felicidade.

Responsabilizar o jovem pelos resultados de seus estudos é um processo longo que, aliás, deve começar na infância. Principalmente se não queremos perpetuar a adolescência. Desde cedo, temos que mostrar aos nossos filhos que eles não devem desperdiçar as boas oportunidades, e o estudo é uma delas, além de ser fundamental na nossa sociedade. Por vezes é necessário mostrar que essa responsabilidade vai além — é, de certa forma, uma exigência: se nosso filho não estudou a semana toda e nos traz uma nota muito baixa em determinada matéria, o que pode ser feito é dizer, por exemplo: "Que pena que você não foi bem na prova, meu filho! Sei que você deve estar muito chateado. É provável que seja porque estudou pouco esta semana. Neste sábado e domingo, portanto, em vez de ir ao cinema e jogar futebol, você vai colocar a matéria em dia."

Talvez alguns ponderem: "Mas e se ele não obedecer? Ele pode ficar em casa, de livro aberto e não estudar nada." Realmente isto pode ocorrer e é até provável que aconteça nas primeiras vezes. Mesmo que não estude, porém, ficará sem o futebol e o cinema. Perdendo os programas de fim de semana, duas ou três vezes (ou até mais, se necessário), acabará compreendendo que é mais fácil e mais produtivo estudar, cumprir suas obrigações e depois ter direito ao lazer. O que importa é fazê-lo entender que dependerá dele próprio a forma pela qual ele viverá a vida, o dia a dia, e também as horas de lazer. Se tiver se esforçado, poderá ter um belo fim de semana. Caso contrário...

Esta atitude é bem diferente — embora possa não parecer à primeira vista — das anteriores, porque você não estará "dando bronca" nem fazendo intermináveis sermões. Você estará mostrando qual a hierarquia de valores da sua família. E não tenha dúvidas — atitudes funcionam mil vezes mais que palavras. Agindo assim, estará formando seu filho em termos éticos, e quanto mais cedo for iniciado o processo de torná-lo responsável, mais cedo, também, ele se tornará adulto.

Apoiar, ajudar, oferecer alternativas, incentivar — tudo isto deve ser feito, menos desenvolver o interesse equivocado por coisas materiais, em vez de se trabalhar a compreensão dos reais valores que devem orientar nossos jovens.

Pode até parecer que é a mesma coisa — mas não é. Se eu digo "Você não vai jogar futebol, porque tirou nota baixa", estou castigando. Mas se digo *"que pena, você não vai poder jogar futebol, porque precisa estudar para melhorar as notas"*, não estou castigando; estou mostrando o que deve ser priorizado. Por vezes, a forma pela qual se dizem as coisas faz a maior diferença.

TEMA 20

Meus filhos dormem durante o dia

- *O que faço se meus filhos, que estudam no horário da manhã, dormem após o almoço?*

Apenas deixe-os dormir em paz! Qual o problema de eles tirarem uma sonequinha gostosa depois do almoço? Ainda mais se acordam muito cedo pela manhã...
    Se eles dormem uma hora ou duas, mas quando acordam estão bem-dispostos, fazem suas tarefas escolares, estudam, enfim, executam todas as suas atividades, não há problema algum.
    Se, no entanto, eles dormem a tarde toda, de modo que isto esteja prejudicando as demais atividades, aí é diferente.
    A primeira providência será verificar se eles não estão indo para a cama muito tarde, na véspera. Hoje, é bem comum os pais não estabelecerem a hora de dormir, e então muitos jovens ficam acordados até de madrugada, entretidos na Internet, TV ou em joguinhos de computador. E aí, claro, no dia seguinte, estão com o sono atrasado, dificuldade de concentração na escola, irritados, com menos produtividade. É preciso organizar melhor as coisas. O lazer é muito saudável e importante, mas nunca deve chegar ao ponto de prejudicar as necessidades de sono ou o rendimento escolar (um jovem precisa de pelo menos oito horas de sono por dia; dormir ajuda até a crescer — o hormônio do crescimento é secretado principalmente à noite). Além disso, um pouco de organização na vida, sem exageros nem compulsão, é fundamental para o futuro.

Estabeleça, portanto, um horário plausível — tanto para a soneca da tarde quanto para se recolher à noite, em especial nos dias de semana e nos domingos. Estes horários deverão, de preferência, ser definidos em conjunto com o adolescente.

Outra possibilidade que não deve ser descartada é seus filhos estarem com excessivas atividades extracurriculares. Aulas de natação, jiu-jítsu, música, dança, inglês... Tem gente que pensa que as crianças têm que fazer tudo ao mesmo tempo. Atividades esportivas e o ensino de línguas estrangeiras são muito importantes, mas também é fundamental que haja tempo livre para que fiquem simplesmente fazendo... nada. Se for este o caso — atividades em excesso —, talvez seja conveniente eliminar uma ou duas delas, de modo que eles tenham mais tempo livre para descansar, sem que isto prejudique o rendimento e o tempo dedicado aos estudos.

TEMA 21

Castigo na adolescência

- Quando a falta de respeito chegou ao limite, o castigo é importante (castigo, não agressão física)? Qual o risco que os pais podem ter em relação a isso? Há algum perigo de mudança de rumo de vida devido ao castigo?
- E quando o limite já não existe, o que fazer? Tenho um filho de 15 anos, sou separada, o pai mora no Rio. Estou cansada de ser pai, mãe, empregada e trabalhar fora.
- Qual a medida do castigo? É procurar onde "dói" mais? E quando existe divergência sobre o assunto entre os pais?
- Como tratar a desobediência na adolescência?
- O que fazer quando percebemos que o filho adolescente não tem limites e nos damos conta de que precisamos reverter esse quadro?
- É necessário a quem está entrando na puberdade a ajuda de um psicólogo, já que está rebelde, não respeita ninguém, não quer nada com o estudo e briga demais com o irmão? Tais comportamentos constituem características da nova fase ou caso de tratamento, uma vez que meu filho era uma criança ótima de se lidar?
- O que fazer se repito sempre as mesmas coisas e não sou obedecida? a) arrumar a cama; b) não ver TV quando houver afazeres escolares ou provas; c) não colocar as coisas fora do lugar, principalmente as de uso escolar; d) dormir tarde e acordar com dificuldade?
- Onde começa e termina a liberdade em família — por exemplo: arrumação de quarto x limpeza; banho x família convivendo com a falta de higiene?

O castigo (ou sanção) deve ocorrer sempre que necessário e não apenas quando as coisas já passaram dos limites. Aliás, este é o grande problema dos pais de hoje: deixar passar momentos importantes e agir apenas quando as coisas já estão bastante complicadas e, portanto, quando se demora muito mais para alcançar resultados, uma vez que hábitos inadequados já se instalaram.

Nunca se deve deixar a falta de respeito "chegar ao limite". Pelo contrário, quanto mais cedo os pais agem, mais facilmente os filhos aprendem. No entanto, se isto não foi feito, lembre-se de que nunca é tarde demais para educar. Mas é necessário que a mudança comece pelas atitudes dos próprios pais. Se você mudar, nunca aceitando a falta de respeito — e não apenas quando ela já está no limite máximo —, *aos poucos* seu filho mudará também. Lembre-se, porém, de que isto não acontecerá de uma hora para a outra. Afinal, também não foi de uma hora para outra que ele chegou ao limite da falta de respeito. Você terá que recomeçar tudo. Novas bases de relacionamento terão que ser construídas, novas atitudes terão que ser tomadas, com firmeza e segurança.

Por outro lado, castigo nunca deve ser bater. A agressão física, como já tratei no livro *Educar sem culpa*, embora produza alguns efeitos imediatos que podem à primeira vista parecer solução, na verdade, não educam. O que se deve fazer é mostrar que, em função de um comportamento incivilizado ou do não cumprimento de seus deveres, ele terá uma sanção. E esta, para surtir efeito, terá que ser, evidentemente, a supressão de alguma coisa de que ele goste, caso contrário, não haverá perdas. É necessário que os jovens compreendam que, esgotadas as tentativas de diálogo, os pais não têm outra alternativa a não ser utilizar este recurso.

Algumas coisas importantes sobre o castigo:

- nunca deve ser tão leve que não surta efeito, nem tão violento que provoque sentimentos de se ter sido injustiçado;
- deve ser aplicado logo que se perceba que todas as outras alternativas foram esgotadas, nunca semanas ou dias mais tarde;
- deve ser apresentado com pesar pelos pais — não como vingança. O jovem deve saber que é penoso para os pais adotarem tal postura, mas que eles tentaram outras formas de entendimento e não houve resposta;
- não deve ser de longa duração, porque induz a que se esqueça o motivo que o gerou, diminuindo seu efeito; deve, portanto, ser imediato e de rápida consecução;
- uma vez estabelecida a sanção, ela deverá ser aplicada e cumprida, mesmo que o jovem admita que errou. Perdoar deve ser opção apenas para os casos em que se perceba uma real mudança de atitude. Só se deve relevar uma falta quando a pessoa demonstrar ter percebido o erro e, mais ainda, que não pretende tornar a cometê-lo. Se os pais relevam uma falta apenas porque o filho chorou, beijou, gemeu e seduziu com muito carinho e jeito, quando for necessário novo castigo haverá novas resistências — e cada vez mais fortes;
- se você perceber que errou ao castigar, deve, com toda franqueza, voltar atrás e liberar, sempre justificando e explicando que percebeu seu engano; mas justiça não deve ser confundida com fraqueza, e isso deve ficar claro para os filhos. Eles precisam saber que quando percebe que cometeu um erro, a pessoa justa não teme voltar atrás, o que é bem diferente de ser fraco ou indeciso.

Se os pais divergem com relação ao castigo, é bom adiar. Nada pior que um aplicar uma sanção e o outro a retirar. Isto só provoca insegurança nos filhos, desautorizando completamente aquele que castigou. O jovem aprende rapidinho a recorrer àquele que é mais fácil de ser convencido. Só que esta atitude prolonga a imaturidade, fazendo com que mais lentamente se instale a capacidade de julgar com isenção as próprias atitudes, passo importante em direção à idade adulta.

A desobediência excessiva, na maioria das vezes, salvo casos patológicos, está ligada, como vimos, à falta de segurança e de diretrizes educacionais claras por parte dos pais. Pais inseguros e contraditórios levam os filhos a achar que podem fazer o que quiserem, pois não sentem limites nem definição nas suas atitudes. Portanto, para resolver a desobediência excessiva, é necessário que, em primeiro lugar, mudem os pais.

De modo geral, quando os pais conseguem mudar de postura, depois de algum tempo o adolescente acaba percebendo que as coisas de fato mudaram e aí inicia-se também o seu processo de mudança. É preciso saber, porém, que é um procedimento lento, tanto mais lento quanto mais sem limites tenham sido as relações anteriores.

A ajuda profissional de psicólogos ou psicoterapeutas pode ser necessária caso os pais não consigam mudar de atitude ou as coisas já estejam num nível importante de agressões, físicas e/ou psicológicas, tornando impossível uma convivência saudável.

Finalmente, é também preciso levar em conta que uma parte da rebeldia e do antagonismo são próprios da idade. Cabe aos pais, portanto, julgar com calma cada situação, para que possam estabelecer quando devem relevar e quando é necessário intervir.

TEMA 22

Tento conversar, mas meu filho não aceita

- *Muitas vezes, os pais se dispõem a dialogar, discutir assuntos como sexo, drogas, más companhias etc., mas os filhos se tornam monossilábicos, "fechados", não aceitando a conversa. Como proceder nestes casos?*

Parece que as coisas que chegam fáceis, mesmo o amor, não são tão valorizadas quanto aquelas pelas quais temos que lutar... É uma pena, mas muitas pessoas são assim. Não dão valor ao que têm, só ao que não têm. Se têm possibilidade de conversar, não conversam. Se são tratadas com respeito e carinho, respondem com impaciência e desamor. Se têm o amor de João, querem o de Pedro. Claro, isso vai depender muito da personalidade de cada um e da visão de mundo. Não que por isso se deva dar pouco amor aos filhos, de modo algum. Talvez seja a natureza humana, talvez característica pessoal de alguns — não sei. Mas, de fato, quando nos antecipamos muito aos desejos das pessoas, elas, de modo geral, não valorizam o que estão recebendo. Isto pode ocorrer em relação a roupas, brinquedos, presentes como também em relação à solicitude ou interesse com que as tratamos.

Hoje, não raro, pais afirmam que querem e tentam dialogar, conversar com os filhos, mas não são bem recebidos. Há quatro décadas, os jovens lutavam para poder abordar certos temas com os pais, como sexo, por exemplo. Na maior parte das vezes, isto era considerado falta de respeito.

A geração dos anos 1970 lutou pelo direito de falar, discutir, se pronunciar sobre todos os assuntos, rejeitando os preconceitos e a hipocrisia do que foi chamado à época "moral burguesa". E alcançou uma grande mudança na maneira de enfocar a relação pais e filhos. Hoje, o diálogo já é uma realidade em muitas famílias.

Em alguns casos, porém, ocorre o oposto: são os filhos que não aceitam conversar. E, o que é pior, em geral, consideram que já sabem tudo exatamente em relação aos temas que mais preocupam os pais. Drogas e sexo, por exemplo. O que fazer, então?

Primeiro, é preciso saber se de fato existe diálogo entre você e seu filho. Porque se não há e nunca houve, não será de uma hora para outra que você vai conseguir. Em especial, na adolescência. O clima propício a confidências tem que ser criado desde cedo. Mesmo quando existe clima propício, ainda assim, o jovem — dependendo da personalidade de cada um — pode sentir-se pouco à vontade para tratar de certos assuntos com os pais. É preciso entender e respeitar estas características pessoais. Alguns adoram trocar idéias, conversar, seja sobre que assunto for. Moda, namorados, estudos, fofoquinhas, tudo é tema de conversa. Nem todos, porém, têm este jeito de ser. Alguns são fechados e introspectivos, outros, tímidos e reservados. O que funciona com um filho, nem sempre funciona com outro. As coisas têm que acontecer naturalmente. Como a tendência hoje é culpar os pais por tudo que ocorre, se um filho não quer conversar sobre determinados assuntos, logo aparece alguém para dizer que, com certeza, os pais não favorecem um clima propício. Pode até ser verdade às vezes. Mas não sempre. Existem jovens que são reservados; tanto assim que se pode por vezes conseguir conversar com um filho e com outro não.

Caso seu filho, tendo oportunidade e clima para diálogo, não goste ou se negue a conversar, não desanime. Nem sempre é problema dos pais. O importante é mostrar disponibilidade. Ou seja, o fundamental é que os filhos tenham certeza e segurança de que, se precisarem conversar, seja sobre o que for, terão, da nossa parte, abertura e apoio.

É difícil para muitos de nós percebermos o quanto nossos filhos cresceram e amadureceram. É especialmente complicado entender que em muitos assuntos eles de fato não precisam mais de nós. O nosso amor e a necessidade que temos de protegê-los faz com que tenhamos medo de admitir que eles já podem pensar por si sós — e adequadamente. Em tempos como os que vivemos, torna-se ainda mais difícil aceitar com calma esse processo. Só quando ouvimos com real intenção de ouvir é que descobrimos do que eles já são capazes.

Também é preciso ter maturidade e equilíbrio para compreender e aceitar posições diferentes ou novas. De geração para geração conceitos mudam, outras formas de ver o mundo surgem. É preciso ter uma capacidade especial para compreender e aceitar essas mudanças sem recair naquelas frases "quando eu tinha a sua idade, as coisas eram diferentes...". Aceitação é condição essencial para que o diálogo seja mantido. É preciso ter compreensão e empatia por posturas diversas das nossas, evidentemente, desde que elas não sejam contrárias aos princípios éticos que devem reger a vida de cada cidadão honesto e saudável. Quando nossos filhos percebem que de fato os ouvimos, passam também a nos ouvir.

TEMA 23

Lidando com dinheiro

- *Dinheiro, sem prestação de conta, pode levar ao uso de drogas?*
- *Como estabelecer o valor da mesada de um jovem de 16 anos, por exemplo?*
- *O trabalho remunerado na adolescência para suprir gastos pessoais é uma opção válida?*

Dar dinheiro em excesso pode ser contraproducente. Dar pouco demais, também não é adequado. A primeira coisa é determinar, de preferência em conjunto com o jovem ou a criança, como a mesada será utilizada. O ideal é começar por volta dos 7, 8 anos usando a semanada, que permite mais fácil controle. Deve-se definir a finalidade do dinheiro que nossos filhos estão recebendo. Se é somente para comprar o lanche na escola, ou se inclui programas de fim de semana, revistinhas, CDs etc. Tudo deve ficar bem claro para que o jovem possa programar seus gastos e, assim, aprender alguma coisa verdadeiramente importante. Por exemplo, que dinheiro acaba, se não for utilizado de maneira adequada.

Aos pais cabe calcular — com equilíbrio — a quantia a ser dada a cada mês, com base nos gastos a que se destina. Feitos os cálculos, pode-se acrescentar 10 a 20%, para que o jovem tenha uma certa folga que lhe permita, inclusive, economizar para comprar um presente que queira dar a um irmão, ao papai ou à vovó. Aprender a economizar para um agrado a alguém querido é um desdobramento interessante do uso da mesada, porque leva a pensar um pouquinho nos outros também. Aprender tudo isto, porém, demanda orientação. Às vezes eles não fazem determinadas coisas, como comprar uma lembrança para o papai no Dia dos Pais ou um presente de Natal para a madrinha, simplesmente porque não lhes ocorreu. Os jovens de classe média e alta estão acostumados a receber mais do que a dar. Uma sugestão bemfeita, de forma discreta, no momento apropriado, pode ser muito importante para despertar uma percepção que antes não existia.

Importante é ensinar que, se gastar tudo numa mesma semana ou em duas, não terá mais dinheiro aquele mês. A finalidade da mesada é dar noções básicas do valor do dinheiro aos que ainda não tiveram que se preocupar com isso. É normal surgirem algumas dificuldades no início, como gastar mais do que devia. Nas primeiras vezes em que ocorrer pode-se até dar um reforço, mas sempre orientando sobre as várias formas de equilibrar o orçamento. Se, no entanto, o comportamento começar a se repetir, é bom ir descontando aos pouquinhos o que se repôs nas mesadas seguintes. Assim, o jovem começa a dar valor ao dinheiro e, principalmente, aprende a viver dentro de limites financeiros, habilidade muito importante para o equilíbrio e saúde econômicos futuros.

Se cada vez que "estoura" o orçamento novas verbas aparecem como que por milagre, a mesada perde sua razão de ser. E, como dissemos no início, o que desejamos é desenvolver em nossos filhos, o mais cedo possível, habilidades que lhes permitam amadurecer e assumir sua vida adulta. Saber utilizar de forma adequada uma mesada justa é uma forma de amadurecer. Tendo demais e sem dar valor ao dinheiro, já que não participou do trabalho de ganhá-lo, o adolescente poderá ser conduzido a ter sempre mais e maiores gastos.

Uma verba inadequada para os gastos que se pretenda dar a ela também não é positivo, porque pode gerar a idéia de incompetência pessoal, quando, na verdade, é um problema causado pelo cálculo inadequado do valor necessário às despesas estabelecidas. De forma que é importante calcular adequadamente o tamanho da mesada. Nem muito nem pouco. O suficiente para aprender a lidar de forma adequada com o dinheiro.

Se estiver em companhias desaconselháveis, com muito dinheiro no bolso e pouca orientação, o problema da droga pode surgir de fato. Nem sempre, porém, o uso de drogas tem a ver com "muito dinheiro". Uma coisa favorece a outra, mas não há relação de causa e efeito. Sobre isso há uma série de outros fatores que analisaremos na parte que trata do tema.

O trabalho é, sem dúvida, a melhor forma de transformar um adolescente num adulto jovem. De forma que, se for possível conciliar os estudos com o trabalho, isto só será positivo. Às vezes, no entanto, não é possível aliar uma boa formação com o trabalho, que hoje significa não apenas o curso regular, mas também, pelo menos, a aprendizagem de uma língua estrangeira e o manejo adequado do computador. E, claro, os pais que têm recursos financeiros não vão querer prejudicar a formação dos filhos, fazendo com que trabalhem cedo,* caso não necessitem.

---

*No Brasil, o trabalho infantil e de adolescentes só é permitido a partir dos 14 anos. (*N. da A.*)

Neste caso, o trabalho sistemático, de segunda a sexta, pode, por exemplo, ser substituído por trabalhar numa butique no mês de dezembro, para garantir uma viagem ou um guarda-roupa mais sortido. Especialmente quando se trata de jovens muito exigentes, com o nível de expectativa muito alto e que nunca ficam satisfeitos com o que têm, o trabalho pode ser uma excelente forma de terapia, talvez mesmo a mais eficiente que há. Gerar seus próprios recursos leva o jovem à percepção não só das dificuldades que existem para conseguir as coisas, como também ensina a valorizar cada tostão ganho.

O que se consegue com o suor do próprio rosto tem não só o poder de aumentar a auto-estima, como amadurece e independentiza mais do que mil discursos e conversas sobre o valor do dinheiro.

TEMA 24

Brigas, brigas, brigas...

- *Tenho um casal de gêmeos, que sempre se deu bem. Agora, na adolescência, vivem brigando o tempo todo. Não sei mais o que fazer. Eles estão com 12 anos.*
- *Que atitude se deve tomar quando dois filhos adolescentes se agridem fisicamente com freqüência dentro de casa? Deve-se tentar separar? Chorar? Ter um ataque cardíaco?*

Não, não precisa ter um "ataque cardíaco", nem chorar (embora dê muita vontade). Precisa ter o que é mais difícil — *calma*. Aliás, por que será que todos nos pedem o que é mais difícil? Ter calma, quando dois marmanjões se engalfinham bem na sua frente, por uma besteira qualquer como um pedaço a mais de bolo que o outro comeu ou uma música que um queria ouvir e o outro não? Nada mais difícil do que manter a calma em tal situação. Mas é preciso.

Filhos brigando, se atracando... e você com mil coisas importantes para resolver — nada mais desesperador. Essas cenas fazem os pais se sentirem incapazes. "Será que não conseguimos ensinar nada aos nossos filhos, será que não lhes passamos conceitos básicos, como, por exemplo, que haja amor e entendimento na família?", perguntam-se os pais atônitos, frente a mais uma daquelas brigas incompreensíveis sobre quem deveria sentar na poltrona que reclina ou sobre a camisa pólo que um usou e o outro quer agora mas está suja. Esta é a sensação que temos, principalmente se eles já são adolescentes. Esperamos que se amem, como nós os ensinamos a amar os irmãos. Então, por que as coisas acontecem desse jeito?

Porque o ideal que nós criamos em nossas mentes não existe a não ser na nossa mente. Não existem esses irmãos que idealizamos — que nunca brigam, que se respeitam sempre, que nunca se desentendem. Por melhor que se dêem, em algum momento brigam e se desentendem. O importante não é que nunca briguem. É que saibam brigar. Estranho, não? Mas é isso mesmo: é preciso que saibam brigar. E o que é saber brigar? É nunca passar do limite que os conserve bem longe de situações ofensivas — morais ou físicas. Assim, feitas as pazes, não restarão os pequenos ressentimentos, que, ao longo dos anos, se tornam caminhos sem retorno. Quando duas pessoas se desentendem mas se respeitam, isto é, quando, mesmo numa briga, não se perde a consideração um pelo outro, quer dizer, quando se mantém um grau mínimo de civilidade, é possível não arranhar a amizade, o amor. Caso contrário, vai sobrando, de cada discussão ou briga, um amargor não revelado, que aos poucos pode crescer e chegar ao ponto de impossibilitar qualquer entendimento no futuro. E isso vale para qualquer relação: entre irmãos, entre marido e mulher, pais e filhos, amigos.

Cabe aos pais lutar pelo possível, pelo viável, e não desejar o impossível. Quando seus filhos estiverem brigando — sempre, sempre, sempre que eles estiverem brigando —, acompanhe apenas se os limites estabelecidos estão sendo respeitados. Cada família deverá decidir que limites são esses. Para alguns, até um palavrão é indesejável entre irmãos. Para outros, nem tanto assim. De modo que é importante ficar claro para nossos filhos quais são os limites dentro de nosso lar. Por exemplo: brigar pode; agredir fisicamente, não. Ficar "de mal" pode;

xingar, não. Proibir um de entrar no quarto do outro pode, até que se façam as pazes. Jogar coisas um no outro não pode. Ofender a moral não pode. Danificar o que é do outro não pode. Proibir o outro de usar o que é seu pode. E assim por diante.

De preferência, evite tomar partido. Eles se entendem melhor se não estivermos no meio. Trabalhe estas regrinhas desde a infância, todo dia, todo minuto, sempre que ocorrer um desentendimento. Deixe que briguem, que botem para fora a raiva, que fiquem sem se falar por um tempo. Não assuma isto como culpa sua (claro, estou partindo do pressuposto de que você é um pai equilibrado, justo e amoroso). Rivalidade entre irmãos existe desde Abel e Caim. Afinal, todos os filhos têm no íntimo o desejo e a fantasia de serem únicos na relação de afeto e amor com os pais. Só não podemos deixar que se tratem de forma destrutiva. A rivalidade pode existir, mas se sua família, o mais das vezes, se respeita, se ama e é equilibrada, será este o modelo que seus filhos terão predominantemente. Portanto, antes de se desesperar, ter um infarto ou chorar, analise o que ocorre na maioria das vezes, qual é a tônica do relacionamento deles. A nossa tendência, quando se trata de problemas com os filhos, é ver tudo de forma apocalíptica. Se os desentendimentos ocorrem eventualmente e as regras são respeitadas, tudo bem. Se, ao contrário, a tônica é de rixa e brigas constantes, então sim, será necessário verificar o que está ocorrendo.

Dois rapazes trocando tapas e socos não é um espetáculo agradável. E significa que a rotina acima não foi estabelecida. Quando eles estiverem calmos e apaziguados, aja de forma a que esta seja a última briga com agressão física entre os dois.

Lembre-se, antes de sair correndo à procura de um terapeuta de família:

- *Chame seus filhos para conversar*, claro, quando a raiva — sua e deles — tiver passado. Não adianta tentar acalmar o fogo quando há ainda muita lenha para queimar. Espere passar um tempo, suficiente para que se acalmem.
- *Tente primeiro conversar em conjunto*, deixe que falem à vontade, mas não deixe que a conversa se transforme em outra briga.
- *Faça cada um falar na sua vez*. Se for impossível, tente conversar separadamente.
- *Antes de se posicionar*, junte os pedacinhos do quebra-cabeça e procure descobrir o que faz as coisas esquentarem.
- *Aja como um intermediário equilibrado*, mostre-lhes que está tentando promover o entendimento.
- *Não tome partido, deixe que as soluções partam deles próprios.*

Agora, cuidado! Você pode descobrir, assombrado, que é o pivô das brigas. Ciúme é uma das grandes causas de briga entre irmãos. Quem sabe você não demonstra uma certa preferência? Ou quem sabe, sem perceber, não toma sempre o partido de um deles? Se descobrir que, mesmo que involuntariamente, ocorreu algo deste tipo, sempre é tempo de consertar as coisas. Por isso é tão importante ouvir. Às vezes, nós, pais, falamos tanto, que não ouvimos outras vozes. Quem sabe não está na hora de começar a ouvir e ver mais?

TEMA 25

Preparando filhos para um mundo violento

- *Como preparar o adolescente para enfrentar a violência que há hoje em dia na sociedade?*

Para isso não há receita mágica. Até porque nem nós — nem ninguém — pode enfrentar a violência de assaltos, estupros, assassinatos, drogados. Somos todos, afinal, pacatos cidadãos que queremos apenas a dignidade de poder ir e vir em paz, do trabalho para nossas casas, de nossas casas para o lazer, enfim, queremos apenas viver. Entretanto, por pior que o mundo esteja, é bom lembrar que as coisas já foram muito piores do que estão hoje. Dirão vocês: "A gente vê tanta violência, tanta coisa horrível acontecendo e aí vem você, Tania, e diz que as coisas já foram piores?" Digo, sim. Porque é assim que vejo. Se quisermos ver tudo de forma negativa, assim veremos, mas se preferirmos uma filosofia de esperança e de fé no mundo e no homem, será assim que enxergaremos: na Idade Média, por exemplo, não havia lei que protegesse o cidadão comum, só havia a lei e o poder dos nobres. Na Antiguidade, então, as coisas eram muito piores. Mesmo com tudo de horrível que ocorre hoje em dia, mal ou bem temos a quem recorrer — há lei e proteção (ainda que precária) para os cidadãos. Mas já pensou o que foi viver na época da escravidão? Ou em plena Inquisição? O homem já fez coisas bárbaras, terríveis. Pode até não parecer, mas se pensarmos de maneira global, mesmo que ainda falte muito para se chegar a uma sociedade de fato justa e digna, poderemos verificar que as coisas já evoluíram bastante.

E para que melhore ainda mais, cada um de nós tem que fazer a sua parte. Começando pela formação de nossos filhos. Em vez de ficarmos apenas reclamando e temendo tudo de ruim que existe — violência, criminalidade, políticas econômicas equivocadas, recessão, desemprego, drogas, AIDS, impunidade, injustiças, preconceito —, que tal, uma vez que seja, pararmos para pensar no que nós podemos fazer para melhorar a sociedade e o Brasil?

Preparar o jovem para o mundo (e não ficar paralisado diante de um mundo violento) — é a melhor contribuição que podemos dar a nossos filhos. *Preparar nossos jovens para melhorar o que existe e não para se apoderar do melhor que existe.* Diminuir a competitividade e o consumismo. Aumentar a tolerância e a capacidade de empatia. Trabalhar a solidariedade.

Já pensou que beleza se em cada lar, em cada casa brasileira, cada pai e cada mãe se preocuparem com isto em vez de ficarem considerando o fato de que o vizinho é desonesto mas se deu bem e, portanto, como educar nosso filho, num mundo onde campeia a impunidade? Vamos lutar para mudar o que está errado na nossa sociedade, sim. Mas, por favor, não vamos usar o que está errado nela como desculpa ou justificativa para deixarmos de lado a formação de nossos filhos. São duas lutas paralelas, mas não opostas. Tentar mudar o que de mal existe na nossa sociedade, sim. Do jeito que cada um de nós puder e encontrar. Nunca, porém, deixando-nos contaminar por um sentimento de impotência e, numa atitude defensiva, começar a passar para os filhos conceitos que apenas irão acirrar o que de errado existe.

Não podemos entregar os pontos. Devemos, pelo contrário, lutar contra este sentimento negativo, que, com razão, muitas vezes nos persegue, porque, infelizmente, o que tiver que acontecer de ruim no futuro, acontecerá. Proteger nossos filhos sim, devemos fazer isso. Deixar de passar-lhes porém fé e esperança numa sociedade melhor, nunca. Porque se não educarmos nossos filhos de forma que eles sejam verdadeiros cidadãos, se, por medo e desesperança, lhes passarmos idéias do tipo "cada um por si", "dar um jeitinho às vezes vale", "o importante é vencer, não importa se você está certo ou errado", aí sim, terão muito mais chances de que lhes aconteçam coisas ruins.

Quanto aos demais perigos — assaltos, roubos, brigas, seqüestros, agressões —, só o que podemos fazer é orientar e tentar fazer com que evitem situações que envolvam maiores riscos, como locais mal freqüentados, retorno noturno desacompanhados etc. Enfim alertar e tentar convencer. O que não é muito fácil em se tratando de jovens. Mas é o que podemos fazer.

TEMA 26

Trabalhando a auto-estima na adolescência

- *Que fatores interferem na baixa auto-estima do adolescente?*
- *Como trabalhar com um adolescente que tem a auto-estima muito baixa, acha-se feio e enxerga muitos defeitos nas pessoas da sua idade, a ponto de nunca se dar com ninguém?*
- *Como desenvolver a auto-estima na criança? Você acha um bom método de educação elogiar os atos certos dos filhos e criticar os errados?*

A formação da auto-estima depende da ação conjunta de vários elementos. Um deles é inato: a forma pela qual a pessoa percebe o mundo e a si própria. Algumas, por exemplo, *sentem-se* lindas, embora possam não o ser. Tem gente que encara os fatos que lhes acontecem e as pessoas que as cercam sempre ou quase sempre favoravelmente, enquanto outras, ao contrário, sempre vêem as coisas de forma negativa. É um componente da personalidade.

Se a esta percepção negativa aliarem-se outros fatores também negativos, então é bem provável que haja baixa auto-estima. Se, por outro lado, a uma personalidade positiva somarem-se fatores afirmativos, então a auto-estima será alta. Portanto, além do fator personalidade (inato), muito importante é a ação do meio.

Uma criança que, desde a mais tenra idade, é amada (e se este amor fica evidenciado para ela) tem muita chance de ter auto-estima alta. Além disso, é necessário também que suas iniciativas e atitudes positivas tenham boa aceitação e incentivo por parte da família, mais ainda por parte de pai e mãe.

Dando um exemplo concreto: sempre que seu filho se propõe a ajudá-lo a arrumar o quarto, você — eternamente escravizado aos seus horários, como a maioria dos adultos na sociedade moderna — acaba desprezando a ajuda, porque, afinal, ela atrapalha mais do que auxilia. Há nesta situação um reforço negativo. A criança, vendo que não acreditam na sua capacidade, vai também desacreditando dela. Se isto ocorre apenas uma vez ou outra, não haverá, necessariamente, queda na auto-estima. Só quando estas atitudes predominam é que podem determinar algum tipo de problema, especialmente se já existe um traço de personalidade predisponente.

Pais que fazem comparações entre o rendimento ou a *performance* dos filhos em determinadas atividades — notas mais elevadas, resultados melhores nos esportes, por exemplo — podem também, mesmo que de forma involuntária, contribuir para isto, porque estarão ressaltando o fato de que um filho é "melhor" do que outro.

A influência dos pais e da família em geral no sentido de mostrar que reconhecem os esforços de cada filho — mesmo que os resultados nem sempre sejam os melhores ou os desejados —, o incentivo constante ao progresso de cada um, a consideração das diferenças e aptidões individuais são algumas das atitudes saudáveis e produtivas que contribuem decisivamente para a autopercepção positiva.

Isto não significa que os pais não possam e não devam criticar os filhos quando necessário. Uma crítica, desde que construtiva, feita na hora certa e de forma não agressiva nem humilhante, diante de um fato ou atitude negativa dos filhos, não leva à perda da auto-estima e é necessária para o aprimoramento e o crescimento. Não podemos passar o tempo todo com medo de que nossos filhos fiquem com este ou aquele trauma, senão perderemos boa parte da capacidade de agir e educá-los. Os pais não são psicólogos nem terapeutas dos filhos. Devem sempre agir com equilíbrio e bom senso, evitando reprovar ou criticar demasiadamente, mas quando for necessário podem e devem dizer o que está errado ou que atitudes devem ser mudadas.

O medo de causar danos emocionais é uma boa forma de causá-los, porque limita a relação, levando à perda de autenticidade.

Os pais que agem de forma carinhosa com os filhos, orientando-os e participando de suas vidas, mesmo que os critiquem, não levam à perda da auto-estima. É a forma e a freqüência com que se faz a coisa que poderá determinar um problema. Se você é agressivo, debochado, faz comparações desagradáveis, diminui seu filho na frente de amigos e parentes, ressalta sempre as qualidades de outras crianças e jovens, quase nunca o elogia e o critica muito, nunca ressaltando seus acertos e qualidades, aí sim poderá causar problemas.

Em geral, prevalece a tônica da atitude da família. Se a tônica é destrutiva, severa e crítica demais, poderá contribuir para o surgimento de uma personalidade tímida, insegura, que não acredita em si ou, ao contrário, poderá gerar atitudes defensivas e agressivas. Mas, ainda assim, vai depender de como cada pessoa reage aos estímulos (ou desestímulos) do meio.

Os pais devem procurar conhecer bem seus filhos, porque o que pode ser motivo de sofrimento ou revolta para um, pode não representar nada para outro. Essa sensibilidade, essa percepção da forma de ser de cada filho, nos ajuda muito a agir adequadamente. Se olharmos nossos filhos com "olhos de ver", descobriremos o caminho certo para o coração de cada um.

Muito embora os jovens apresentem atitudes desafiadoras e às vezes até agressivas, são, em geral, apenas formas de encobrir, de disfarçar a insegurança. É comum o jovem tornar-se mais crítico consigo próprio, com os amigos e com os familiares. Neste momento, mais do que nunca, é necessário ressaltar antes o que de bom o jovem produz, do que as falhas que comete. Isto não invalida, como já colocamos, a necessidade de orientar. É uma questão de forma: a maneira pela qual fazemos nossas observações críticas determina maior ou menor grau de resistência. Se somente criticamos, somos rejeitados e não somos ouvidos. Se colocamos doçura no falar, além de firmeza e argumentação justa, encontramos interlocutores inteligentes e capazes.

Criticar só diminui a auto-estima quando existe apenas a crítica pela crítica, sem razão. Se, ao contrário, é feita num contexto em que o elogio e o incentivo são a tônica, então não haverá problemas. É claro que toda pessoa prefere ser elogiada a ser criticada, mas quando você elogia sempre, uma crítica será mais bem aceita do que se você vive criticando.

Um exemplo concreto: uma época houve necessidade de receber uma pessoa da família e deslocar um de meus filhos do seu quarto para o do irmão. Sem dúvida, isso não é nada do outro mundo, mas, de qualquer maneira, eu estava tirando o conforto que ele habitualmente tinha, acrescendo alguns inconvenientes como ter que prever a cada noite a roupa que seria utilizada no dia seguinte, lembrar de todo material que seria necessário para a escola, agasalhos, inclusive, enfim, uma série de providências que ele teve que assumir para não acordar o hóspede cedo no dia seguinte. Também para fazer seus estudos ou ouvir um som, ficou mais complicado. Em suma, de uma hora para outra, ele foi desalojado do seu cantinho, coisa que o adolescente preza muito. E não era por um tempo muito curto não. Embora eu não tivesse dúvidas de que ele colaboraria com muito boa vontade, como realmente ocorreu, foi muito compensador o fato de eu ter dito, com todas as letras, o quanto nós todos da família havíamos apreciado a atitude compreensiva, cordata e afetuosa que ele teve. Poderíamos não ter falado nada, se considerássemos que era uma situação de emergência e de real necessidade, em que não havia outra opção. Mas o importante para o fortalecimento da auto-estima é ressaltar atitudes positivas. Isso pode fazer muita diferença para um jovem em formação.

TEMA 27

Convivendo com as diferenças sociais

- *O que fazer quando no grupo existem colegas de nível social mais alto e isso faz com que a criança se sinta inferior? Como auxiliá-la?*

Ninguém pode dar mais do que tem. Nem material, nem espiritualmente. É importante que os filhos saibam qual a real situação econômica da família. É bom mantê-los informados também sobre a realidade que os cerca. Sempre haverá, entre os amigos de nossos filhos, alguns que têm maior poder econômico e outros, menor. Em geral, a tendência na nossa sociedade, que supervaloriza os bens materiais, especialmente em se tratando de um jovem, é ver e comparar-se apenas com os que têm mais, sentindo-se, portanto, inferiorizado. Muitos são os que só percebem o que não têm, raramente observando quantos têm menos que eles. Conversar com os filhos sobre as diferenças sociais entre pessoas de uma mesma família, do clube, da escola é salutar e oportuno sempre que as crianças façam observações a este respeito.

Nunca prometa o que você não pode comprar, mais ainda em se tratando de coisas como roupas, viagens, brinquedos. Mostre sempre que você gostaria de lhes dar tudo isso, mas que dá prioridade a coisas fundamentais como estudo, por exemplo, comida, segurança, conforto em casa.

Também não é nada mau desejar coisas. Sonhar. E lutar pelo seu sonho. De modo que aquilo que os pais não podem dar, pode bem ficar como uma importante e desafiadora conquista para o futuro. É bom que o jovem queira realizar coisas, produzir e trabalhar para alcançar o que não ganhou de mão beijada. Assim, terá objetivos na vida, desejo de progredir, estudar, crescer. Isso é fundamental para o equilíbrio emocional e para o amadurecimento.

É preciso corrigir a idéia torta que alguns adolescentes e crianças têm — e muitos pais também, especialmente nas camadas A e B — de que os pais têm obrigação de dar-lhes tudo: viagens ao exterior, roupas de *griffe*, carro quando entram para a faculdade, festas apoteóticas, casa de veraneio. Do ponto de vista educacional não é nada salutar a convicção de que nunca precisarão lutar, eles próprios, para conquistar alguma coisa. Os desejos não concretizados conduzem à necessidade de produzir: quando se é bem orientado do ponto de vista ético, estes desejos e sonhos transformam-se em produtividade. Essa é a forma madura de desejar alguma coisa. Pensando e atuando para consegui-la e não esperando que o papai ou a mamãe providenciem tudo. Se seu filho vive reclamando do tanto que o vizinho tem, diga-lhe, com todo o carinho e suavidade, que você dá tudo o que pode, mas se quer ainda mais, que você confia na sua capacidade de realização: diga que sabe que ele vai lutar, trabalhar muito (e honestamente) para conseguir ter o que deseja. Assim, sem criticar ou gerar brigas e ressentimentos, a mensagem estará sendo clara: quando uma pessoa quer uma coisa, trabalha, luta, para consegui-la. Quem é imaturo fica criticando a vida, a sociedade ou o papai e a mamãe porque não lhe deram tudo.

Ter tudo fácil, rápido e muito cedo na vida pode levar ao fastio, ao desencanto, à falta de perspectivas e daí à busca de experiências novas, de mais e mais excitantes sensações, que podem incluir, por exemplo, o uso de drogas.

Quem consome todas as coisas que o dinheiro pode oferecer desde muito cedo, ainda mais se não lutou para consegui-las e tudo lhe veio às mãos como mágica, quem não desenvolve um projeto de vida que inclua o trabalho e a produtividade pessoal, aos poucos acaba achando as coisas sem graça, naturais, obrigatórias. É o grande problema do consumismo. De acordo com o que consta no dicionário Aurélio, consumir significa: "gastar ou corroer até a destruição, devorar, destruir, extinguir, enfraquecer, abater".

Lembra da primeira vez em que você almoçou ou jantou num restaurante? Que sensação maravilhosa, que coisa divina! Hoje, depois de dezenas de almoços e jantares em restaurantes os mais diversos, isto tornou-se uma coisa normal e não excitante. Lembra da primeira vez que você se preparou para viajar, mesmo que tenha sido uma pequena e despretensiosa viagem? Que alegria, quanta ansiedade! E hoje? Nem mesmo uma viagem ao exterior provoca tanta sensação, se você faz isso todo ano. Há alguns anos, dois irmãos na faixa de 15 anos, morreram no Chile, onde estavam esquiando, sozinhos. Já tinham feito tanta coisa na sua curta vida, que, agora, apenas os esportes mais radicais e arriscados os podiam satisfazer. Nada contra os esportes, pelo contrário. No entanto, neste caso específico, a pouca idade e o excesso de facilidades decerto favoreceram a imprudência, que culminou na morte dos dois. Por isso, não se sinta culpado se não puder realizar todos os sonhos de consumo de seus filhos. Se você se sentir assim, eles perceberão e cobrarão, achando que é direito deles. Pelo contrário, mostre-se favorável aos seus sonhos, mas caso não possa realizá-los (ou decida que não quer fazê-lo), informe-os, coloque-os a par da situação financeira real da família, se for o caso, sem esquecer de dizer que você acredita e confia que eles, com trabalho e dedicação, conseguirão realizar, no futuro, o que almejam.

O que temos obrigação de dar é um conjunto de coisas muito mais importantes. Dediquemo-nos, de corpo e alma, a lhes dar o que é essencial — estudo, formação moral e ética, princípios e objetivos de vida.

O resto é secundário e como tal deve ser encarado. Se for possível dar, tudo bem, mas não lhes dê tudo muito rapidamente — deixe que eles próprios tenham que se esforçar para conseguir algumas dessas coisas. Se, por outro lado, você não tem condições de dar o que eles querem, lembre-se: eles próprios terão toda a vida para conseguir o que acham que faltou. E como é importante ter objetivos na vida...

TEMA 28

O "fantasma" do vestibular

- *Como os pais devem se comportar com relação ao problema do vestibular?*

A melhor coisa que podemos fazer é não encarar o vestibular como um "fantasma" e a pior é entrar no clima de ansiedade geral.

Entrar para a universidade é difícil e, infelizmente, não é ainda possível para todos. Mas se nossos filhos vão tentar, vamos apoiá-los, dando o máximo possível de colaboração, apoio emocional e intelectual.

Há uma "indústria" do vestibular, que tem todo o interesse em manter o estresse, o medo, a neurose. É bem verdade que no Brasil a oferta de vagas no ensino superior é ainda muito inferior à demanda, tornando bastante disputados alguns dos concursos vestibulares. No entanto, mesmo assim, não podemos e não devemos nos deixar levar pelo clima histérico que se instala em muitos lares. Nossos filhos vão ficar nervosos e estressados? Sem dúvida, mas isso não mata ninguém. Devemos colaborar com eles, acalmando-os, dando-lhes tranqüilidade. Se não passarem na primeira tentativa, passarão na segunda. Ou na terceira. Ou irão trabalhar. Desmistificar é o que deve ser feito, ao mesmo tempo que providenciamos, caso seja possível, um bom curso pré-vestibular, condições de estudo em casa, apoio na medida do possível. Aprovar os esforços que fazem é importante também.

Mas se a realidade que vocês estão vivendo é outra, então o que deve ser feito é mostrar que vocês têm consciência de que eles não estão fazendo o suficiente, em função do objetivo que pretendem. Mas não entrem naquela insuportável situação em que os pais ficam falando, falando, persecutória e incansavelmente repetindo "vá estudar, vá estudar", porque não adianta. Num clima calmo, conversem, e demonstrem que têm plena consciência de que eles não estão estudando o bastante para passar e que, desta forma, caso sejam reprovados, terão que repensar o futuro, incluindo aí o trabalho como alternativa.

O jovem, para amadurecer, precisa compreender que o que acontece na sua vida é fruto de suas próprias ações e atitudes. Não vivam por eles — às vezes, é necessário que vivenciem, eles próprios, desafios, sucessos e até mesmo algumas derrotas, para que encarem a vida de outra forma.

O vestibular talvez seja o primeiro grande desafio que nossos filhos têm que enfrentar em suas vidas. Os quem têm a oportunidade de fazer o vestibular depois de cursar um bom colégio no ensino médio e um bom curso pré-vestibular, são, no Brasil, um grupo minoritário. Portanto, não dramatizemos o vestibular, nem façamos de nossos filhos "coitadinhos" porque têm que estudar muito. Puxa, é tão bom que eles tenham que estudar, que tenham objetivos e desafios a vencer. Como já afirmei, ter um projeto de vida é das coisas mais importantes para os adolescentes, porque os ocupa de forma produtiva, afastando-os do ócio e do vazio, estes sim, extremamente perigosos na adolescência e na juventude.

...*"Se aprendeste muita coisa, não fiques orgulhoso por isto, pois só fizeste o teu dever."*

(DO TALMUD)

TEMA 29

Dirigir quando ainda não é permitido

- *Por que um jovem de 16 anos tem maturidade suficiente para eleger seus representantes no governo e não tem maturidade para dirigir, por exemplo? Será que para ele não é muito difícil entender e aceitar isso?*

Aos 16 anos, um jovem já está de posse total de sua capacidade intelectual e abstrata. Ele pode compreender tudo o que lhe for convenientemente explicado.

Basta ter uma conversa com seus filhos, mostrando-lhes que, em primeiro lugar, existe uma lei que estabelece que ele pode votar, se quiser, aos 16 anos e que existe uma outra que proíbe que dirija antes dos 18.

Pode-se discutir se tais leis são justas ou não, pode-se analisar até mesmo os propósitos que guiaram o legislador a adotar e aprovar tais ou quais medidas. Podemos mesmo chegar a discutir se o Legislativo é ou não justo e equilibrado. O que tem que ficar bem claro, no entanto, para os nossos filhos, é que sob a nossa orientação, enquanto uma lei estiver em vigor, seja ou não justa, ela será cumprida por todos os membros da família.

A luta pela modificação de uma lei injusta — se é que é este o caso com relação a guiar antes dos 18 anos — tem que ocorrer dentro dos trâmites legais, ou seja, um vereador, um deputado, um senador tem que abraçar a causa para tentar derrubá-la no âmbito legislativo.

Além do mais, pergunte-se e pergunte ao seu filho: que mal vai lhe fazer esperar para dirigir dentro de mais dois anos ou três? É importante que se dê a cada coisa a importância que ela tem de fato. Este tipo de preocupação é inteiramente excessiva e despropositada. Votar ele pode sim — se quiser. Dirigir, não. E ponto final. Porque, por enquanto, é assim que a lei é. Justa ou injusta vamos cumpri-la e, se desejarmos, agir em outras instâncias até derrubá-la ou modificá-la. Porque somos cidadãos coerentes e atuantes e não marginais.

A maturidade exige que sejamos capazes de ouvir e aceitar os limites que a sociedade estabelece. Também faz parte da maturidade saber a forma adequada de lutar por uma causa, e, sem dúvida, não será burlando a lei que estaremos lutando de forma adequada...

TEMA 30

Internet, computador, jogos eletrônicos: sonho ou pesadelo?

- *Como controlar a utilização excessiva — e por muitas vezes incontrolável — do acesso à tecnologia de informação?*
- *Onde fica o equilíbrio entre tecnologia e valores?*
- *O brinquedo tamagoshi é bom ou pode prejudicar o adolescente? Devo deixar que o leve à escola?*

A cada dia, uma novidade: joguinhos eletrônicos, brinquedinhos virtuais, computador, Internet... A todo momento somos surpreendidos por inovações, que levam à necessidade de novas decisões. E cada inovação parece trazer, para desespero dos pais, novas ameaças...

As coisas não são boas nem más, por si sós. É o uso que delas se faz que pode ser positivo ou negativo. Quarenta anos atrás, o que tirava o sono dos pais era a televisão — o veículo que, segundo os alarmistas de plantão da época, faria com que as crianças não mais estudassem, não lessem e não mais se relacionassem com outras... Mas as previsões apocalípticas não se tornaram realidade: nossos filhos continuam estudando, os que gostam de ler, lêem e, sendo saudáveis emocionalmente, continuam brincando, e muito, com os amiguinhos. Exageros podem ocorrer em alguns casos. Mas, não por culpa propriamente do veículo e sim do seu uso excessivo.

Vitamina é importante para a saúde do homem? Sem dúvida. Mas também ela, se ingerida em excesso, pode provocar graves intoxicações e problemas orgânicos. Uma cervejinha no final da tarde, à beira da praia, com amigos simpáticos, faz bem à alma? Claro que sim. Mas se o chope só dá prazer se for tomado aos litros, aí o prazer deixa de ser prazer para tornar-se vício desastroso, podendo levar a um simples "porre", alguns vexames e inconveniências, ou até à dependência alcoólica...

Os pais devem ter a mesma atitude em relação a tudo o que surge de novo: parar, pensar e analisar, procurando, sem preconceitos, verificar se o uso poderá ser positivo e de que forma.

No caso da Internet, por exemplo: ela pode ser um meio auxiliar fabuloso para nossas crianças tornarem-se mais interessadas e motivadas para o estudo, a pesquisa, a atualização de informações. Porém, se a criança ou jovem só navega em *sites* eróticos, se fica a noite inteira acordado em chats, escrevendo e recebendo mensagens grosseiras ou degradantes, e, no dia seguinte, não consegue manter os olhos abertos nas aulas, então estamos simplesmente colhendo os frutos da má orientação no uso do instrumento.

Ter um telefone celular pode ser um "must" para a criança de hoje. Levar para as aulas e criar um problema para os professores e para sua própria aprendizagem, porém, já é uma distorção que surge do exagero do uso. Quem tem um cachorrinho em casa não sabe que não o pode levar para as aulas? Então qual o problema com o celular do exemplo? O procedimento tem que ser o mesmo. Só teremos problemas se quisermos.

Estabeleça com seus filhos, desde o início, regras para a utilização da Internet, e do que mais surgir. Internet tem que ter limite de horas de uso e de horário, tanto para crianças quanto para adolescentes. É inadmissível achar que uma menina de 12, 13 anos pode ficar até as quatro ou cinco horas da madrugada "batendo papo" pela Internet, perdendo preciosas horas de repouso ou até de estudo, simplesmente porque os pais acreditam quando ela afirma que "todos os amigos fazem assim". Acolher esse tipo de pressão é sinal apenas de que estamos inseguros, sem diretrizes educacionais claras, ou talvez não tenhamos realmente percepção do quanto estamos deixando a competitividade da sociedade nos controlar. Não queremos ficar "atrás" de nada nem de ninguém. Talvez isto explique por que funciona tão bem a afirmativa de nossas crianças de que "todos fazem", "todos deixam"... Encontra eco, encontra ressonância nos nossos próprios medos. Se temos certeza de que uma ou duas horas por dia são suficientes para a Internet, então façamos um acordo desde o início: antes de contratar um provedor, avise logo a seus filhos de quanto tempo eles disporão para utilizá-lo. Assim, estaremos dando o que eles querem, deixando que se familiarizem e utilizem um meio de comunicação que lhes será útil profissionalmente no futuro, mas sem os exageros que podem conduzir a problemas.

Outro cuidado importante que se deve ter sempre é alertá-los sobre os perigos. Informe a seus filhos o que eles poderão encontrar de distorções ou de problemas. Conversar é sempre muito bom, porque previne e evita que eles sejam pegos de surpresa e não saibam como se defender de certas coisas. Assim como os alertamos, por exemplo, quando são pequenos e não têm ainda discernimento, para que não conversem nem aceitem nada de estranhos, não provem bebidas oferecidas por quem não conhecem, também devemos alertá-los para o fato de que existem pessoas que se utilizam da *web* para divulgar idéias preconceituosas, racistas, outras que divulgam idéias distorcidas sobre sexo; que existem pessoas com desequilíbrios emocionais ou sexuais, que poderão tentar conseguir informações, marcar encontros; enfim, tudo o que você sabe e do que está informado, transmita a eles, alerte-os, informe-os, porque, em se tratando de filhos adolescentes, já compreendem e podem, a partir daí, se defender melhor. Em se tratando de crianças, supervisione o uso, estabelecendo um controle ainda maior sobre os horários e os sites, links e homepages que eles visitam. E, se for o caso, use as ferramentas que vêm com os próprios softwares, para delimitação de uso.

O mesmo deve ser feito em relação aos jogos eletrônicos. Orientar para a boa utilização, com algumas regras e limites preestabelecidos, significa evitar muitos problemas.

Não devemos vedar o acesso às novidades da vida moderna e da tecnologia; ao contrário. Devemos apenas estabelecer as formas aceitáveis e adequadas para sua utilização.

TEMA 31

Falando sobre os problemas da família

- *Até que ponto devemos falar abertamente sobre os problemas familiares de ordem financeira, de saúde ou outros, sem prejudicar o lado emocional do jovem?*

Não alienar o jovem dos problemas e dificuldades do mundo que o cerca, da família em especial, é uma boa forma de colaborar para que, compreendendo melhor a vida, ele amadureça e chegue à idade adulta mais cedo.

O medo de prejudicar o jovem do ponto de vista emocional faz parte de uma visão equivocada, que ignora a possibilidade de tolerar frustrações e a incrível capacidade do homem de vencer dificuldades e se superar a cada dia. Por outro lado, faz com que o adolescente custe muito mais a amadurecer e a assumir uma postura adulta, porque os próprios pais colaboram para fragilizá-lo, mantendo-o numa espécie de redoma, aparentemente a salvo de quaisquer problemas, intocável.

Saber a verdade só prejudica se as coisas forem feitas de forma inadequada, exagerada e catastrófica, transmitindo insegurança, desesperança, pânico. Cada problema que tenhamos que comunicar aos nossos filhos deve vir sempre acompanhado de alternativas de solução, de luz no fim do túnel. Poderão se preocupar, mas não de forma desestabilizadora.

Muitos pais preferem não contar dificuldades aos filhos, achando que, desta forma, os estarão protegendo. Se por um lado isto pode ser verdade, por outro, a superproteção não ajuda nada a desenvolver o equilíbrio emocional. E aí, quando um problema se agravar e não tiver mais solução e eles forçosamente tiverem que saber, já o saberão quando as coisas estiverem graves e, portanto, poderão ter muito mais dificuldades em aceitar a realidade. Por exemplo, o aluguel subiu muito e vocês talvez tenham que se mudar para um apartamento menor ou para outro bairro. Pensando em proteger os filhos, vocês não contam para eles, para que não sofram desnecessariamente. Afinal, raciocinam, tudo pode acabar bem. A promoção esperada pelo pai pode sair, ou outra solução qualquer que evite a mudança. Mas e quando não sai tudo como desejamos? Se vocês os fazem saber a tempo, eles podem se preparar do ponto de vista emocional para esse futuro. Podem também ter a chance de participar das decisões, de colaborar com idéias ou até ações. Mas se só são comunicados quando tudo já é um fato consumado, podem reagir mal. Contando mais cedo, eles podem elaborar melhor a possibilidade de ter que mudar de escola, de amigos, no caso de uma mudança para um bairro muito distante. Além disso, terão a oportunidade de conversar com vocês sobre suas dúvidas, temores e também sobre como sentem e vêem o problema e, desta forma, irem se acostumando com a idéia. Se a mudança não for necessária, vocês terão um ótimo pretexto para comemorar — JUNTOS!

Outro exemplo: você e seu marido brigam, não se entendem e estão pensando em separação. Mesmo se não ocorrer, é bom que os filhos saibam que as coisas não estão correndo muito bem entre vocês. Não significa transformar uma criança de 12 anos em sua confidente, mas de dar tempo a ela para se acostumar com uma idéia que pode desestabilizá-la. Tudo deve ser feito de forma a não despertar ansiedades desnecessárias, quer dizer, não é à primeira discussão que você vai falar sobre separação com seu filho. Só se, na realidade, vocês estiverem pensando seriamente no assunto.

À medida que cresce, o adolescente pode e deve participar e ser informado das dificuldades, problemas bem como dos sucessos e progressos que ocorrem com os pais, irmãos e outros membros da família.

Também é saudável que eles fiquem cientes do que ocorre na sociedade, não apenas em casa. Se o governo está aconselhando que se poupe energia, engaje seus filhos neste objetivo. É saudável e já vai alicerçando uma postura cidadã.

Não é aconselhável criar nossos filhos desligados dos problemas, porque eles existem; fazem parte da vida. O que não se deve é sobrecarregá-los. Devem ser informados, mas dentro do que for apropriado e compreensível em cada idade.

Se o pai está ameaçado de perder o emprego, é bom os filhos adolescentes saberem, até para que possam colaborar, na medida do possível, economizando ou evitando solicitações descabidas para aquele contexto. Se você não informa, eles continuam a viver como se nada estivesse ocorrendo, porque, para eles, realmente nada está ocorrendo. Como saber, se ninguém conta nada? E como ajudar ou se solidarizar? E mais ainda, como amadurecer, se sempre são tratados como crianças?

Dividir com os filhos as horas boas e as más — adequando e dosando o que pode e deve ser relatado — faz com que os preparemos para as conseqüências decorrentes.

É importante que dividamos com eles também as conquistas, os sucessos: uma tia que vai casar, uma avó que vai fazer uma viagem, um tio que passou num concurso difícil. Vamos fazer nossos filhos se interessarem não apenas pelas suas próprias vidas, mas também pela vida dos que os cercam. É bom que aprendam a torcer e vibrar não apenas com as suas vitórias, mas com as de seus amigos e parentes também. Se não lhes contamos nada, se não os habituamos a compartilhar, como desejar que nos apóiem, que apóiem os irmãos, que aprendam a se relacionar, a trocar, a dividir?

Esta é outra forma de ensinar solidariedade e empatia: incorporando-os integralmente ao dia a dia da família e da sociedade.

..."Dois podem carregar três vezes mais que um só."

(DO TALMUD)

TEMA 32

Vencendo a timidez

- *Como ajudar o jovem a vencer a timidez, de forma a torná-lo um adulto seguro e extrovertido?*

A melhor forma de ajudar os filhos é respeitando e compreendendo que cada pessoa tem um modo de ser. As expectativas, os sonhos, que temos com relação aos filhos podem, por vezes, não corresponder à realidade. Ninguém pode determinar o que o outro vai ser, mesmo que este outro seja nosso filho. Cada pessoa nasce com características próprias, que vão determinar, em grande parte, o comportamento da pessoa. Umas são alegres, faladoras, lideram sempre, em todas as ocasiões. Outras são tímidas, sobressaem menos no grupo. O que não representa nenhum defeito. É só um jeito de ser. O bonito no ser humano é isso mesmo. Por mais que procuremos, nunca encontraremos duas pessoas iguais. Pode até ser que duas pessoas tenham muitas coisas em comum, muitos aspectos da personalidade parecidos, mas nunca serão iguais em tudo.

O mais lindo, porém, é que cada pai ou mãe sempre tem uma capacidade incrível de descobrir em seus filhos coisas maravilhosas, capacidades insuspeitadas, qualidades nunca antes percebidas por ninguém. Aliás, eu sempre digo aos meus próprios filhos, que volta e meia me acusam de "coruja", que felizes são os que têm um pai e uma mãe para lhes acariciarem o ego. Já pensou a tristeza que deve ser para uma pessoa não ouvir elogios nem dos próprios pais?

Portanto, importante é não querer que um jovem se transforme em outra pessoa, alguém que ele não pode e não quer ser. Ter expectativas desse gênero é muito contraproducente. Ele pode sentir ou interpretar esse desejo como não-aceitação, como crítica à sua pessoa. E isso não é nada positivo.

O que se pode fazer é um trabalho no sentido de superar dificuldades. E nisso pai e mãe podem ajudar mais do que ninguém. Dar incentivo, mostrar o quanto apreciam suas qualidades, ressaltá-las muito mais do que os defeitos, dizer que percebem seus esforços para melhorar são atitudes que ajudam os mais frágeis a se fortalecerem. No entanto, não se deve esperar — talvez nem desejar — que uma pessoa tímida de repente, num passe de mágica, se torne extrovertida, aquele tipo de pessoa que quando chega numa festa ocupa todo o espaço, traz alegria, piadas sempre novas, casos engraçados. O tímido jamais fará isso simplesmente porque não é assim. Com certeza, porém, tem outras capacidades tão ou mais importantes, que devem ser convenientemente apreciadas e valorizadas (começando pelos pais).

Ser tímido não significa nenhuma condenação ao fracasso, assim como ser extrovertido não garante sucesso nem na profissão, no amor, ou na vida social. Por outro lado, às vezes a pessoa é tímida, mas é muito segura, sabe o que quer, tem objetivos e, o mais importante, é muito feliz do jeito que é.

...*"Quem se envergonha com facilidade, não peca facilmente."*

(DO TALMUD)

TEMA 33

Quando termina o trabalho dos pais?

- A educação continua com os filhos que já chegaram aos 21, 22 anos? Como agir? Será que nós, pais, estamos sempre errados?
- Um filho que já tem independência financeira, mas continua morando com os pais, deve continuar também sob a orientação deles?

Com 18 anos o homem conquista sua maioridade perante a sociedade e a lei. Para alguns pais, no entanto, a maioridade dos filhos parece que custa muito mais a chegar. Talvez isto se deva ao sentimento de proteção e ao desejo de que nada de mau lhes aconteça.

Milhares e milhares de jovens no Brasil tornam-se adultos em todos os sentidos, muito antes de completarem 21 anos. São os que começam a trabalhar cedo por necessidade econômica e, em decorrência deste processo, amadurecem mais rápido. E por que amadurecem mais cedo? Porque têm que produzir, têm que obedecer ao patrão para não perder o emprego, têm que suportar o cansaço, têm que aprender, por vezes, a relevar desaforos e injustiças, a superar sua capacidade, a crescer, a enfrentar a vida, enfim.

Os adolescentes das classes A e B, por terem mais conforto material, muitas atenções e, de uma maneira geral, pouca responsabilidade e participação nos problemas familiares (a família tende a poupá-los de tudo), tendem a entrar na batalha pela sobrevivência bem mais tarde.

Em outros extratos sociais, a ausência de um ou de ambos os pais, em luta pela vida, leva o filho mais velho a ter que cuidar dos irmãos mais moços e, assim, por necessidade, ele acaba amadurecendo mais cedo. Claro que não é desejável que se amadureça em circunstâncias tão dramáticas, mas o fato é que, quando a realidade exige, o jovem tem toda condição de assumir responsabilidades e as assume com sucesso. Em contrapartida, se tudo é muito fácil e protegido, há uma natural aceitação dessa situação cômoda e o amadurecimento, em geral, ocorrerá mais tarde.

Por outro lado, algumas pessoas têm, por si sós, tal nível de percepção e sensibilidade que, em decorrência, mais cedo adotam atitudes e posturas adultas. Já outros, aos 21, 25 e mesmo aos 30 anos, ainda não chegaram à maturidade.

As diferenças individuais existem. Cabe a nós, pais, ajudarmos a natureza, aperfeiçoando e apurando os pontos necessários.

Cada caso é um caso e como tal deve ser considerado.

Para uma pessoa ser adulta, é necessário que ela se encontre em condições de tomar decisões sobre a própria vida, com total responsabilidade sobre seus atos, seja do ponto de vista emocional, afetivo, profissional e financeiro.

Pai e mãe precisam ter a grande sabedoria de ir se retirando paulatinamente das decisões da vida dos filhos, para que eles possam independentizar-se. Quanto menos acreditarmos na sua capacidade, mais tempo eles levarão para assumir essas capacidades. Quanto mais adiarmos esse processo, mais tempo eles permanecerão na adolescência.

O conhecimento que temos sobre nossos filhos, a forma como agem e reagem, as atitudes que tomam perante problemas e situações do cotidiano são os fatores que nos indicam se estão eles aptos a decidir sobre seu destino e sua vida.

Não é uma data estipulada num calendário que vai trazer amadurecimento. É o dia a dia e todo o trabalho que foi desenvolvido ao longo dos anos.

Na idade adulta, pais e filhos tornam-se parceiros, trocam idéias, são amigos. Não é mais uma relação em que um decide pelo outro, como na infância e em alguns momentos da adolescência. Os pais precisam ter cuidado para não invadir a vida dos filhos. Se eles já são independentes, trabalham, podem se sustentar, estão formados, namorando, enfim, já são adultos — têm que ser tratados como tal. Não tem nada mais irritante para um jovem independente do que ouvir "para mim, você será sempre o meu menininho". Se a mãe ou o pai acham que alguma coisa não vai bem, podem conversar a respeito, mas são, agora, adultos trocando idéias e pontos de vista.

> ..."Um sábio que não ensina aos outros é como um pé de mirra* no deserto."
>
> (DO TALMUD)

---

*Mirra — Árvore originária da África, cuja resina dimana por incisão e é utilizada como incenso, perfume ou ungüento. (N. da A.)

TEMA 34

Fazendo brotar a empatia

- *Como lidar com a falta de empatia dos jovens em relação ao sofrimento e sentimentos alheios?*

Despertar nos jovens a empatia — talvez o mais nobre dos sentimentos — é uma tarefa que os pais não podem deixar de incluir como meta na educação. Ter empatia leva as pessoas a se tornarem mais produtivas, menos problemáticas, menos egoístas, mais satisfeitas com o que têm, consigo próprias e, é provável, mais bem integradas socialmente.

Quanto mais a pessoa pensa apenas em si, mais insatisfeita ela se torna, porque o egoísmo apequena a alma e embora de início possa parecer que assim se é feliz, com o tempo, um persistente e crescente vazio interior se estabelece.

A verdadeira felicidade é sentir que fizemos algo que ficará quando não mais estivermos aqui, alguma coisa, por menor que seja, que tenha trazido prazer ou feito bem a alguém mais. É poder dar alguma coisa de si para a melhoria da sociedade, do mundo, do outro. Mas isso nem todos percebem logo. Numa sociedade consumista como a que vivemos, pode ser bem difícil para muitas pessoas aprenderem quanto prazer pessoal proporciona o trabalho bem-feito, a ajuda a um amigo, uma palavra carinhosa para quem está triste, um olhar compreensivo para aqueles que estão precisando falar... Qualquer coisa que façamos e que ajude o outro faz com que nos sintamos pessoas melhores, mais úteis, mais completas.

Dá sentido à vida. Aqueles que vivem única e exclusivamente para satisfazer suas próprias necessidades e desejos, embora de início possam sentir-se muito felizes, com o tempo sentem um vazio, uma insatisfação, alguma coisa que parece não preencher a alma. O que é esse sentimento? É a própria convicção de que se é pequeno, mesquinho. O homem tem necessidade de sentir-se verdadeiramente humano, quer dizer, precisa sentir-se mais que um animal, que é puro instinto de sobrevivência. O homem tem intelecto, tem sensibilidade, tem razão. E isso faz com que ele almeje mais do que acumular bens, riquezas e benesses pessoais. Quando uma pessoa realiza alguma coisa, qualquer coisa, por menor que seja, mas que resulte em bem-estar e felicidade para outros que não apenas para ele próprio, a sensação é maravilhosa. A pessoa se vê maior, engrandecida pela sua generosidade, pela capacidade de dar, de contribuir para o mundo, para a sociedade, para o seu semelhante.

É preciso, no entanto, compreender que este tipo de sentimento se desenvolve aos poucos. Alguns já nascem com essa capacidade especial de sentir o que o outro está sentindo, a necessidade, o sofrimento, a alegria, o ponto de vista, a maneira de viver, mesmo que seja diversa da sua própria. E de aceitar este modo de ser diferente (desde que, evidente, não cause danos a nada e a ninguém). Muitos, porém, precisam ser despertados para a empatia.

A criança pequena é naturalmente egocêntrica. É uma característica que só começa a diminuir lá pelos 7, 8 anos. Podemos ajudar muito, começando, desde cedo, a mostrar a nossos filhos que, se eles gostam de brincar com os atraentes brinquedos dos coleguinhas, precisam, para ter esse direito, compartilhar também os seus. Ou quando, numa festa de aniversário, não deixamos nossas crianças pegarem mais de um brinde e um enfeite da mesa, ou se querem comer todos os deliciosos pastéis do almoço, os orientamos a deixarem alguns para os outros membros da família. É esse trabalho simples que desencadeia o processo de compreensão e percepção do outro não como alguém que existe para nos servir e atender aos nossos desejos, mas como pessoas que têm os mesmos desejos, necessidades e direitos que nós próprios.

Qual a criança que, em algum momento da vida, não arrancou as patinhas de uma aranha, afogou formigas, riu de um deficiente físico que passava ao seu lado, trôpego, ou participou do coro que, entre risadas, gritava o apelido "quatrolhos" para o colega de óculos? A criança não age desta forma por ser má. Apenas ela ainda não aprendeu que determinadas atitudes causam dor, seja física ou moral. Ela só conhece a sua própria dor, os seus próprios desejos. Ela ainda não sabe o que é empatia, ela ainda não sente o sentimento do outro, ainda não se coloca no lugar do outro. Bem orientadas, logo, logo aprenderão.

Os cinco rapazes de Brasília que incendiaram e mataram o índio pataxó e que, segundo eles, queriam apenas fazer uma brincadeira, preocupados só consigo próprios, com a sua diversão, não desenvolveram essa habilidade — de "sentir com" o outro. Sentindo apenas o seu prazer por toda a vida, sem nunca desenvolverem sentimentos mais nobres — que obrigatoriamente incluem o outro —, acabaram matando um ser humano e destruindo suas próprias vidas. E é isso que precisamos evitar. Que o egocentrismo natural da infância se eternize, transformando-se num egoísmo que, no seu paroxismo, pode descambar para a marginalidade e a destrutibilidade.

Se tivermos paciência e perseverança vamos transformar nossas crianças e jovens, em geral muito voltados para si, em cidadãos, pessoas participativas e generosas.

Na adolescência, há um recrudescimento deste egocentrismo. Os pais podem ajudar muito mas, para tanto, é necessário que eles próprios vivam de forma não egocêntrica, com empatia e solidariedade. Ninguém pode ensinar empatia, se não é empático, se vive só pensando em si próprio, no seu prazer e no dos seus, nunca lembrando de colaborar de alguma forma com o outro; então fica difícil ensinar o que não se é, o que não se faz na prática do dia a dia.

Ensinem seus filhos a dedicar algumas horas a uma visita à vovó ou a uma velha tia, incentivem os jovens a levar roupas ou alimentos que vocês arrecadaram para uma campanha contra a fome, façam com que doem alguns brinquedos, livros e até parte da mesada a cada final de ano para algum orfanato que eles mesmos escolham.

Ensinem-lhes o prazer de dar, não somente o de receber. Essas atitudes, incentivadas e aplaudidas pelos pais, ajudam muito a desenvolver a empatia.

O *exemplo* é, no entanto, ainda o que mais funciona. Se somos egoístas e incapazes de pensar em formas de aliviar o sofrimento alheio, será muito difícil convencer nossos filhos a fazê-lo apenas com retórica. *Mostrem* sua compaixão ao assistirem juntos a um noticiário sobre fome ou guerra no mundo. *Soltem* seus sentimentos, não os enclausurem, nem reprimam. *Comentem* sua indignação, mostrem-lhes pessoas dormindo no chão das ruas, embaixo de viadutos. Isso os fará ver a sociedade de outra forma, com solidariedade e humanidade. Também será muito útil para que compreendam o quanto são felizes e privilegiados, tornando-os menos propensos a exigir sempre mais da vida. Às vezes, tememos mostrar aos filhos as coisas tristes da vida e até concordo com isso, pelo menos enquanto são muito pequenos. Mas na adolescência e na pré-adolescência, não; eles precisam começar a enxergar a realidade como ela é. Pelo menos aos pouquinhos. Não deixem porém de lhes passar também a fé, a esperança num futuro melhor para todos, com mais igualdade e direitos. E, especialmente, façamnos crer que eles podem ter participação nessas mudanças...

PARTE II

Questões sobre sexualidade

Para a maioria das pessoas, a questão da sexualidade ainda é muito complicada. Prova disso é o crescente número de especialistas na área. Quem ouvia falar em sexólogos há pouco tempo? Hoje, muitos psicólogos e psicanalistas vêm se dedicando de forma exclusiva ao estudo e tratamento do tema, tal a sua complexidade. E, quanto mais estudam, parece que mais problemas encontram (mas, felizmente, soluções também).

À medida que as pessoas vão se liberando e perdendo muitos dos mitos e tabus que sempre cercaram o assunto "sexo", as dificuldades — antes represadas a ponto de não serem percebidas — começam a aflorar.

O fato de muitos pais de adolescentes terem eles próprios uma série de perplexidades, medos e dúvidas em relação ao assunto provavelmente explica, pelo menos em parte, por que a grande maioria das questões suscitadas nos debates após as nossas palestras foram sobre este tema. Ensinar nunca é fácil, mais ainda quando se trata de algo que não dominamos com segurança.

A realização sexual bem como a afetiva continuam sendo fontes constantes de preocupação para o homem. A falta de harmonia e realização sexual ou a existência de problemas nessa área originam graves inquietações, chegando, em muitos casos, a obliterar todos os demais interesses.

Além disso, em tempos de mudanças aceleradas, a cada dia novos estudos, constatações e posturas surgem, o que traz a necessidade de estarmos refletindo sobre o assunto com freqüência.

As pessoas dedicam-se com entusiasmo a vivenciar sua própria sexualidade — nem sempre, porém, com sucesso — e, em seguida, defrontam-se com a necessidade de orientar seus filhos sobre algo em que não se sentem confortáveis... Talvez por isso tenha havido tantas questões e dúvidas a respeito nas palestras. Foi o tema que de longe acumulou mais perguntas, seguido de perto pela temática das drogas.

Quem é pai hoje e há algumas décadas estava lutando por liberdade sexual, igualdade entre os sexos e pelos direitos da mulher, se vê agora frente a outras questões, trazidas pelos filhos, muitas das quais seguramente não fizeram parte do ideário de suas lutas. E estas atitudes novas freqüentemente lhe chegam não através de questionamentos ou perguntas, e sim na prática.

E então, quem sempre se percebeu como vanguarda, de repente se sente inadequado frente a esta realidade dos filhos que, arrebatando-lhes cetro e coroa, lançam-se destemida e arrojadamente muito mais à frente, talvez mais do que gostariam que se lançassem. É aí que o passado lhes cobra posturas avançadas, liberais, modernas e que, muitas vezes, em se tratando dos próprios filhos, não se os quer *tão* modernos! É uma contradição, um conflito que se instala entre a mente — acostumada a aceitar a diversidade, o crescimento, a modernidade — e o coração — que quer proteger, amparar, evitar dissabores, doenças, problemas para os filhos.

Nesta segunda parte do livro, agrupamos perguntas relacionadas à sexualidade. Aqui não serão abordados problemas, desvios, nem o tratamento de doenças relacionados ao sexo, e sim a forma de os pais trabalharem — preventivamente — o assunto, do ponto de vista da orientação educacional de seus filhos.

..."A boca não deve dizer nada que o coração não sinta..."

(DO TALMUD)

1. Sexualidade do pré-adolescente

- *Como trabalhar a sexualidade com nossas filhas, que estão se tornando pré-adolescentes tão cedo?*
- *Como explicar a um menino de 11 anos a sua primeira ejaculação?*

Filhas ou filhos, não faz diferença. A melhor maneira de tratar o tema é com honestidade e franqueza. E, na medida do possível, começar logo que nos fizerem a primeira pergunta. Não disfarçar, não mudar de assunto, não fugir. Se, desde cedo, as crianças perceberem que é um tema como outro qualquer, terão segurança para tratar de suas dúvidas com os pais. Se não houver esta naturalidade e franqueza, logo procurarão novas fontes de informação mais convincentes.

Quando as modificações corporais indicativas da proximidade da puberdade começam, as crianças devem ser informadas sobre o que está por acontecer. Provavelmente elas já saberão muito sobre o assunto, bem mais do que nós na idade delas. Por outro lado, às vezes elas conhecem os fatos, mas não os compreendem em sua essência e significado real. Criar e manter esse espaço de troca entre pais e filhos é importantíssimo. Mesmo que a criança diga que "já sabe tudo", vale a pena instruí-la, conversar, dando a sua abordagem, certamente diversa da que ela teve através de amigos ou dos meios de comunicação.

À medida que nossos filhos forem amadurecendo, devemos tratar de outros assuntos, como namoro, "ficar", casamento, contracepção, aborto, prazer sexual.

Hoje em dia, meninos e meninas começam a saber tudo mais cedo, o que é praticamente inevitável com a presença da televisão, as novelas a que assistem, os filmes, as conversas que ouvem. Então, só temos duas opções: fingir que nada está acontecendo (e talvez depois enfrentar as conseqüências) ou olhar a realidade de frente e abordar o tema logo que a criança demonstre interesse ou faça alguma pergunta.

Alguns cuidados importantes:

- esclarecer apenas os aspectos relativos à pergunta;
- não transformar uma resposta simples numa aula longa, expositiva e cansativa;
- evitar atitudes que demonstrem ansiedade e receios (mesmo que seja verdade);
- responder sempre de forma simples e direta, sem rodeios ou enfeites — eles percebem;
- caso os pais queiram dar alguma orientação ou regra a ser seguida, apresentem-na com clareza, mostrando qual é a postura da família. É importante que os filhos saibam o que os pais pensam e quais as normas que valem naquele contexto. Deixem claro também que eles encontrarão quem pense e aja de forma diferente, que cada um tem direito a viver de acordo com o que acredita, mas que vocês, em sua casa, agem e pensam do jeitinho que explicaram. Isso funciona muito bem com os adolescentes. Eles estão em busca de compreender a diversidade. Não apresentem a sua posição como a única possível. Vocês poderão perder credibilidade quando eles encontrarem outras formas de viver. Entretanto, não deixem de apresentar a sua visão *fundamentada* e os princípios que vocês consideram que não devem ser esquecidos; por exemplo, se vocês temem que ocorra uma gravidez precoce, deixem isso bem definido: tanto a

desaprovação, como os cuidados que as meninas e rapazes precisam ter e a atitude que seria adotada pelos pais nessas circunstâncias. Se vocês não vão criar nenhum netinho, se eles terão que assumir total responsabilidade sobre seus atos, deixem isso claro como água. A certeza da não aprovação pesa muito, mas muito mesmo, na hora "H". Alertados sobre as conseqüências muitos deles pensarão duas vezes antes de agir. Se, ao contrário, acharem que "dobram" facilmente os pais, o risco aumenta muito. É a superproteção agindo no sentido de prolongar a adolescência e a irresponsabilidade. Adulto é aquele que assume seus atos — mais que tudo —, quem pensa antes de agir;

- é melhor mostrar quem você é e o que pensa realmente (mesmo que eles achem "caretice") do que deixar uma mensagem dúbia que confunda os filhos sobre como são seus pais, e o que pensam a respeito de cada coisa. Pior ainda é fingir ser algo que não se é. Saber o que os pais pensam ajuda os filhos a tomar decisões e agir sobre bases mais realistas...

2. A influência dos meios de comunicação

■ *Como abordar temas que surgem nos meios de comunicação, quando temos posturas contrárias ao que é mostrado no vídeo, passando-lhes uma mensagem correta sobre o que assistem?*

Quando assistirem a uma cena que julguem envolver conceitos errados, seja sobre sexo ou outro assunto qualquer, a melhor atitude é aproveitar a deixa e falar sobre ela. A televisão pode trazer muitos problemas, mas pode também servir como disparador de temas que talvez não se tivesse oportunidade de abordar de outro jeito.

Um aspecto interessante a ressaltar, porém, refere-se ao que se entende por uma mensagem "correta" ou "incorreta". Em se tratando de adolescentes, convém mostrar sempre que vocês estão conscientes de que existem posturas e posições diversas daquelas que vocês estão apresentando como "a certa". É produtivo discutir essas outras formas de encarar a vida. Os jovens apreciam essa abertura.

Deixem que pensem com independência sobre o que foi discutido. Entretanto, não se omitam: *coloquem sua visão de mundo para seus filhos, mas não deixem de fundamentá-la com argumentos.*

Por exemplo: vocês assistem juntos a um filme ou a um capítulo da novela que mostra infidelidade num casal. É importante discutir o que isto significa do ponto de vista ético, mas também seria prudente fazê-los pensar quais os fatores que poderiam levar uma pessoa a agir desta forma. Afinal, a infidelidade existe. Assim, eles desenvolverão o hábito de pensar com mais profundidade sobre as motivações humanas, compreendendo melhor a complexidade do homem, em vez de se tornarem meros juízes, rígidos e inflexíveis. E isso só é possível quando se discute uma questão sob vários ângulos.

Se o adolescente não refletir sobre a diversidade, talvez não esteja preparado para enfrentá-la. E o que é diferente, novo, desconhecido atrai o jovem — mais do que o que é conhecido. Ele quer experimentar, viver tudo. Estar preparado para o que pode surgir fortalece a capacidade de se opor, ajuda a criar formas de rejeitar, e dizer "não", se for o caso. Criar um conjunto de valores morais é muito importante, mas ninguém interioriza valores nos quais não acredita. Por isso nossas posições têm que ter uma base lógica convincente.

Em suma, aproveitemos o que a televisão nos traz de diverso, de estranho, de novo, de certo e de errado, criando, em nossa família, o hábito salutar de discutir e pensar sobre o que se vê, ouve e vivencia.

3. Como abordar o assunto sexo

- *Como abordar o assunto sexo sem estimular a prática precoce?*

Não são poucas as pessoas que acham que o saber leva obrigatoriamente à prática. Tanto no que diz respeito ao sexo como às drogas, tendem, portanto, a fugir do assunto com os filhos, achando assim que estarão evitando problemas.

Existem vários estudos que provam que esta tese não é verdadeira. Na Inglaterra, por exemplo, foi feita uma pesquisa comparativa entre escolas que incluíam e outras que não incluíam em seus currículos aulas sobre sexualidade. Ficou demonstrado que os adolescentes que tinham aulas sobre reprodução humana *não* iniciavam sua vida sexual mais cedo que os outros. Este estudo vem provar, entre outras coisas, que muitas vezes o jovem inicia sua vida sexual por curiosidade, influência do grupo ou desconhecimento das verdadeiras implicações dessa decisão.

Se não queremos que nossos filhos comecem a fazer sexo muito cedo, devemos lhes dizer isso com clareza e não tentando esconder deles o que saberão por outros meios, talvez inadequados ou contrários àquilo que pretendemos lhes ensinar. O que devemos fazer, isso sim, é tratar o assunto de forma clara e franca. E incluir as recomendações que julgarmos necessárias.

Não devemos esconder nossos pontos de vista por medo de parecermos antiquados, mas também não podemos esperar que eles façam exatamente o que julgamos adequado. Afinal, eles estão crescendo. Achar que, porque explicamos, tudo correrá de acordo com o que desejamos é uma expectativa ingênua e desligada da realidade. É ignorar o significado da adolescência — amadurecer, crescer, criar independência. No entanto, é bom lembrar que o peso do que colocamos para eles, e a forma pela qual agimos e vivemos, são muito significativos. Portanto, não nos omitamos, por mais difícil que nos pareça o assunto.

Assim, se vocês acham que seus filhos (ou filhas) não devem iniciar a vida sexual antes de uma determinada idade, *digam isso a eles*. Se, no entanto, não vêem problema nenhum nisso, *digam isso a eles*. Muito embora não signifique que eles seguirão seus padrões, seguramente vocês os farão pensar sobre o assunto. Pode até não parecer, mas o que fazemos e dizemos pesa muito na cabecinha e no coração de nossos filhos. Além disso, a clareza da mensagem é importante para o jovem. Falar sobre sexo e não se posicionar pode ser compreendido como consentimento e aprovação para que façam o que quiserem, quando bem quiserem. Digam o que pensam. Respeitem as opiniões deles, mas quando não concordarem com alguma coisa, digam. Em especial, quando significar responsabilidades adicionais para vocês. Como uma gravidez na adolescência, por exemplo. Se uma jovem de 13, 14 anos engravida, o bebê acaba sendo criado pelos avós. Quando não se pode assumir as conseqüências dos próprios atos integralmente, não se é adulto. E, portanto, depende-se de alguém, que, por isso mesmo, tem direito de participar das decisões. Afinal, elas não irão afetar também a sua vida?

Dar orientação sexual inclui fazer os filhos cientes de suas responsabilidades. Para que o jovem não se torne um eterno adolescente, é necessário que ele compreenda as conseqüências de cada passo que dá em direção ao futuro. Portanto, não se esqueçam de incluir nas orientações a hora certa para cada coisa na vida. Não deixem também de falar sobre o amor, sobre prazer físico, nem de abordar o problema da promiscuidade e das doenças dela decorrentes.

4. Conversando sobre sexo sem invadir a privacidade dos filhos

- *Conversar sobre a vida sexual dos filhos não é uma "invasão de privacidade"?*
- *Quando os filhos já têm vida sexual ativa, qual é a atitude adequada dos pais?*

Para se conversar DE FATO sobre um assunto, é necessário que as duas partes estejam interessadas. Onde existe diálogo verdadeiro, não está havendo "invasão de privacidade". Ninguém conta o que não quer. Se há confidências ou troca de idéias é porque existe um clima de confiança e amizade. Nada que permita pensar em "invasão".

Por outro lado, é preciso diferenciar orientação sobre a vida sexual e o que é privativo de cada indivíduo. Se o pai ou a mãe ficam fazendo mil perguntas, querendo saber detalhes íntimos sobre o namoro dos filhos, aí sim, poderá se caracterizar "invasão de privacidade". Quando se trata, portanto, de orientação, posturas, hábitos, e informações, não há invasão, fica preservada a intimidade de cada um. Assim como vocês não têm que ficar fazendo confidências sobre sua vida sexual aos filhos, eles também têm o direito de manter discrição e reserva sobre esses aspectos. Tudo que é relatado voluntariamente não constitui invasão. Que invasão é essa em que o "invadido" se dirige ao invasor por livre e espontânea vontade? Se, ao contrário, os pais, muito ansiosos em relação ao assunto, ficam o tempo todo querendo saber como foi o beijo, que carinhos o namorado fez, o que o filho sentiu, aí é diferente. Não faz parte da orientação, da troca entre pais e filhos, relatar sensações. Se o seu filho, um dia porém, lhe fizer uma pergunta sobre orgasmo, sobre prazer sexual ou qualquer outra na tentativa de buscar melhor se compreender, aí é outro caso e cabe aos pais responder e orientar.

Uma mãe, certa vez, contou-me que conversava muito com a filha. Ela estava feliz com isso, mas também preocupada, porque a jovem queria que a mãe definisse o que ela podia ou não fazer com o namorado. "Até onde deixar?" "Pode beijo de língua?" "Pegar no seio pode?", perguntou-me, aflita. "Ela só tem 15 anos." Neste caso, sente-se que, embora não tenha havido invasão, o que precisaria ser trabalhado é o problema que fica visível: a insegurança da menina. Um jovem, seja rapaz ou moça, só deve fazer aquilo para o que se sinta preparado. Deveria ser esta a tônica da conversa: se você está em dúvida, não faça. Sempre haverá tempo para começar. Só não dá para voltar atrás depois de feito. Deixemos claro que eles jamais devem fazer coisas só porque os amigos já fizeram — ou disseram que fizeram. Mostremos a eles que é muito mais fácil se arrepender daquilo que se fez, porque o que não foi feito sempre se poderá fazer depois, quando se estiver seguro do que se quer. O mundo não se fez em um dia.

O que nós precisamos dar aos filhos é segurança, uma postura geral que lhes sirva de referência ao se depararem com situações novas ou para as quais se sintam despreparados.

Não devemos estimular atitudes de dependência, nem esperar que eles nos perguntem sobre cada pequeno passo que começam a dar na vida de relação, mas devemos prepará-los para que possam tomar suas decisões com segurança e sabendo o que estão fazendo.

5. Pais "apavorados" com sexo precoce

- *Como fazer para não nos transformarmos naqueles pais apavorados, que ficam "torturando" os filhos, querendo que eles contem tudo o que fazem, que examinam tudo às escondidas, o quarto, as coisas mais particulares, para descobrir se já não são virgens ou se usam drogas?*
- *Há como saber se nossos filhos já estão "transando"? Existe alguma característica ou indício de que eles já não são virgens?*

Seria cômica, se não fosse trágica, a angústia contida na primeira pergunta. Ela reflete, de forma real o que está ocorrendo hoje com muitos pais. As expressões "torturando" e "confessem", por exemplo, dão a medida exata do quanto de sofrimento pode haver na relação, quando não existe confiança.

Denota também o medo irreprimível que envolve os pais numa sociedade em que os perigos aumentam a cada dia. Drogas, traficantes, aliciadores, vidas arruinadas são pesadelos que povoam a mente de todos os que têm filhos nesta idade tão vulnerável. A sexualidade também preocupa: nos EUA, as doenças sexualmente transmissíveis, bem como a contaminação pelo HIV, aumentaram muito entre jovens na faixa de 12 a 19 anos recentemente. O Centro de Controle de Doenças de Nova York revelou que 54% dos adolescentes americanos são sexualmente ativos e muitos não tomam os cuidados necessários para evitar a contaminação. E o mais terrível: os estudos mostram que mais da metade de todos os jovens do país (56%) estavam infectados por alguma doença sexualmente transmissível, em meados da década de 1990.

No Brasil, os jovens também vêm iniciando sua vida sexual mais cedo. No estudo que fiz sobre o adolescente brasileiro,* verifiquei que cerca de 20% tinham iniciado vida sexual ativa aos 14 anos ou menos, enquanto 7,3% das meninas entre 14 e 18 anos já haviam praticado *pelo menos* um aborto! O que os pais sentem não é nem um pouco injustificado, portanto.

Apesar da gravidade da situação, é preciso manter o equilíbrio. Não se pode sair por aí vasculhando armários, mochilas, diários, gavetas. Ainda mais se não há indícios que justifiquem a desconfiança.

Devemos encarar a realidade com a tranqüilidade que for possível. Para saber se seu filho é ou não virgem, se fuma, se bebe, o melhor é perguntar diretamente. Não existe nenhuma modificação exterior visível que caracterize "vida sexual ativa". O uso de drogas é mais facilmente detectável, embora os jovens saibam muito bem evitar indícios quando querem esconder alguma coisa, especialmente quando o uso é esporádico. Por isso, o melhor a fazer é conversar abertamente.

A melhor maneira de saber a verdade sobre nossos filhos que estão crescendo é estabelecer — quanto mais cedo melhor — canais de diálogo verdadeiros, num ambiente descontraído em que assuntos como sexualidade não seja tabu, e — fundamental — onde haja um clima de confiança mútua. Sem isso, não há jovem que queira conversar. Também não é razoável esperar que eles nos contem tudo com detalhes. E nem é necessário.

O adolescente por ele mesmo (1996).

Você não quer que seus filhos fumem. Então diga isso a eles. De forma objetiva. Sem medo de parecer antigo. A pior coisa que pode existir para um jovem é a dubiedade. Se você não concorda com certas atitudes, deixe clara a sua posição. Eles poderão se irritar, dizer que você "é o único que ainda pensa assim" e outras coisas do gênero. Mas se sua filha resolver fumar, saberá que você não concorda e saberá também os riscos que corre. E isso pesa na decisão deles.

Ao expressar suas idéias, procure sempre fundamentá-las com argumentos que tenham alguma chance de serem ouvidos. "No meu tempo não era assim"; "se eu fizesse isso, teu avô me matava" são afirmativas sem possibilidade de encontrar eco entre os jovens. Por isso use argumentos sólidos, palpáveis e racionais para apresentar quando tomar uma posição. Você é contra o uso da maconha? Seu filho diz que maconha não faz mal? Traga artigos científicos que fundamentem sua posição, leia junto com seu filho, discuta com ele. Mostre a diferença entre uma declaração feita por um cientista, um estudioso, um pesquisador e uma afirmativa feita por um colega ou um usuário, que, evidentemente, deseja aliciá-lo. Assim há chance de funcionar. Não deixe dúvidas sobre qual é a sua posição. Os filhos costumam interpretar o silêncio dos pais da forma que lhes é conveniente no momento.

Mais importante é confiarmos em nossos filhos — *e demonstrarmos a eles essa nossa confiança sempre*. Também é essencial que saibam quais as expectativas que temos em relação a eles.

Se você criou seus filhos segundo princípios éticos que eles discutiram, aceitaram e, especialmente, que perceberam como norteadores da vida de toda a família, de modo geral, não há por que ficar tão desesperado, quase como se fosse inevitável o início da vida sexual aos 13 anos ou o uso de drogas em algum momento da adolescência. É bem verdade que muitos jovens dão uma "experimentadinha" num cigarro, tomam um uísque numa festa ou um chopinho numa ida a uma boate — só por curiosidade. Mas se estiverem bem esclarecidos, se você já conversou com eles a respeito de limites e equilíbrio, certamente irão pesar suas atitudes.

É fundamental acreditarmos na nossa força; é importante confiarmos neles e mostrarmos, com palavras e atos, nossa fé no seu comportamento. Se um filho surpreender os pais revirando suas coisas pessoais, haverá uma quebra de confiança muito prejudicial. Todo o trabalho de anos poderá ficar abalado.

Se você tiver dúvidas, será muito mais produtivo falar diretamente com ele sobre esses temores (ou desconfianças) do que procurar provas de alguma coisa que pode, inclusive, ser fruto apenas da imaginação.

Por outro lado, se você possui indícios ou fatos concretos, fale de forma que ele perceba que você está falando de coisas concretas e não de desconfianças ou medos sem fundamento. Cite os fatos.

Jamais faça coisas que você próprio ensinou seu filho a não fazer. Ainda mais se nada há que indique a existência de algum problema.

Por fim, se diante de fatos concretos, o jovem continuar negando e, se você já tem quase certeza do que está ocorrendo, aí sim, nesse caso, é compreensível e aceitável *achar as provas*.

6. Filha grávida na adolescência

- *Como se comportar frente a uma gravidez aos 16 anos, sabendo que os dois jovens não se gostam profundamente?*
- *Qual o caminho a seguir se ocorre uma gravidez na adolescência: casar ou esperar o futuro?*

Frente ao fato consumado, poucas opções restam. O ideal é agir ANTES, de forma que nunca tenhamos o dissabor de ver uma filha adolescente grávida por descuido. Não se concebe que hoje, com tanta informação, um milhão de jovens adolescentes dêem à luz por ano, só no Brasil. Isso sem referir o número de abortos. Mas, infelizmente, a gravidez na adolescência acontece, como se vê pelos dados do IBGE — e nessa altíssima proporção.

É muito difícil conversar com os jovens sobre determinados assuntos. Quando os pais procuram conversar, os filhos se sentem ameaçados — soa um sinal de alerta que os coloca de sobreaviso, "pé atrás". Pensam: "Será que vem proibição?" Ou "Ih, lá vem bronca." De modo que o diálogo com os filhos nem sempre flui com facilidade. Por mais que os pais se esforcem, os filhos preferem conversar com amigos, porque a empatia é maior, eles se sentem entre "iguais" e, em conseqüência, desarmam-se, abrem-se com uma intensidade e espontaneidade que dificilmente têm com os pais.

O diálogo sempre flui melhor quando é informal, sem aquele "vamos ter uma conversinha..." No meio de um lanche alegre e descompromissado, assistindo juntos a um programa de TV ou passeando de carro; enfim, quando o clima estiver ameno e as pessoas com um espírito franco e favorável — esses são os momentos ideais para uma reflexão conjunta ou para deixarmos claras nossas opiniões e idéias.

Sua filha, sua querida e linda menininha, um belo dia chega e anuncia candidamente que vocês vão ser vovós!!!???... Ela só tem 16 anos e já deixou claro que o pai do bebê não é o grande amor de sua vida. O que fazer? Tem-se poucas opções: 1) a interrupção da gravidez (ilegal, mas praticada por milhares de mulheres a cada ano, inclusive adolescentes sem o conhecimentos dos pais); 2) aceitar e dar condições para que o neto possa nascer e crescer num ambiente propício e 3) estimular a que os jovens se casem e assumam a paternidade e suas responsabilidades. As três envolvem sérios problemas.

Aborto

O aborto é proibido no Brasil, a não ser em casos de estupro ou risco de vida para a gestante ou para o bebê. É um tema delicado e polêmico. Existem hoje milhares de pessoas a favor e outras tantas, contra. Os argumentos a favor e contra são inúmeros. Nos EUA, o aborto é um assunto que gera discussões acaloradas e até atos terroristas contra médicos e clínicas que o praticam. Não é nosso propósito atacar, defender, nem analisar este ato do ponto de vista moral, religioso ou ético. O que desejo é fazer os pais compreenderem que é um procedimento praticado por milhares de jovens a cada ano, e que, portanto, não pode ser ignorado. Até porque todo pai ou mãe de uma jovem que tem vida sexual ativa pode descobrir que a filha já praticou um aborto — ou até mais de um. O alto número de abortos torna inevitável discutir o assunto. Se os jovens decidem acabar com uma gravidez indesejada, eles o fazem. E sabe-se lá em que lugar, com que profissionais e riscos. Muitas vezes, sem que os pais tenham a menor noção do que está ocorrendo.

Todo aborto tem conseqüências. Mesmo que tudo corra bem do ponto de vista físico, é muito comum a mulher — adolescente ou não — apresentar depois algum nível de depressão ou sentimento de culpa. Sem citar as complicações que podem surgir se for feito por pessoas não qualificadas.

Segundo estimativas do Ministério da Saúde, em 1996, 25% das mulheres que ficaram grávidas fizeram aborto. Dados da USP avaliam em cerca de 9.000 o número anual de mulheres que morrem nessas circunstâncias ou em conseqüência delas. Segundo matéria publicada na revista *Isto É*, mais de 2/3 das jovens adolescentes de classe A, B e C que ficaram grávidas em 1991 fizeram aborto. Do citado um milhão de bebês que nasce por ano, a grande maioria pertence, portanto, ao grupo que vive em condições financeiras muito desfavoráveis (classes D e E). São jovens que não sabem fazer anticoncepção, não têm também condições financeiras para fazer um aborto com profissionais bem preparados e, portanto, quando tentam, o fazem em condições precárias e adversas.

Abortar é uma decisão muito difícil, e implica enfrentar também os riscos decorrentes de um ato considerado criminoso. Por outro lado, ter um filho "sem querer", por descuido, também não é nada positivo. Os pais não devem induzir nem forçar a tomada de decisão; arriscam-se a acusações e recriminações posteriores irremediáveis. Mesmo sabendo disso, alguns ainda acham que vale a pena correr o risco, levando em conta a consciência de que uma gravidez tão prematura pode comprometer toda a vida da filha.

Em resumo, a melhor coisa que os pais têm a fazer a esse respeito é prevenir, orientar, e alertar os filhos no sentido da contracepção. É preciso que quem inicia uma vida sexual saiba o que isso realmente significa, bem como todas as possíveis conseqüências.

Assumir o neto

Essa decisão tem que levar em conta os sentimentos de todos os que estão envolvidos na questão. Se o avô e a avó sentem que devem (e podem) criar ou ajudar diretamente na criação do neto — com o coração leve e feliz —, devem fazê-lo. Se sentem que poderão amar e se dedicar ao bebê, do ponto de vista emocional e financeiro, se sabem que darão amor e não ficarão recriminando a filha diariamente ou repassando ressentimento ao bebê, então devem fazê-lo. Há grandes chances de não se criar um ambiente neurótico e prejudicial ao bebê, que culpa alguma tem da situação. É preciso porém agir de forma a que o ocorrido não volte a acontecer, que a acolhida não pareça aprovação. É muito comum, em especial nas camadas menos favorecidas economicamente, as jovens engravidarem uma segunda e até uma terceira vez. É essencial deixar muito claro que não se está aprovando a atitude irresponsável e inconseqüente — o que se está fazendo é enfrentar um fato concreto dando o apoio que a situação (e, por vezes, a lei) exige. Mas deve ficar definido que uma outra vez não poderá ocorrer.

Se desejamos que nossos filhos se tornem adultos confiáveis, devemos fazer com que compreendam que cada ação tem conseqüências. E quem age é responsável pelas conseqüências, boas e más. Só se torna adulta a pessoa que compreende suas ações e motivações e responde por elas, sem atribuir a outros razões ou desculpas para atos que são exclusivamente produto de sua vontade e decisão.

Em resumo, mesmo que os avós dêem ampla cobertura, a responsabilidade final de cuidar, de educar, de zelar pelo bebê tem que ser dos pais, que, além disso, assim que possível, deverão ir assumindo a responsabilidade financeira e a criação integral de seu filho. Caso contrário, os vovós verão, ano a ano, a casa enchendo-se de netinhos não só da primeira filha, mas também de outras, que sentir-se-ão com os mesmos direitos. De modo que é muito importante que fique claro para todos que o "acidente" que ocorreu não poderá se repetir em hipótese alguma. O apoio não pode ser compreendido nem como aprovação, nem como permissão para que o fato se repita.

Casamento

Na década de 1980, a taxa de divórcio era de cerca de 50%. Hoje 2/3 dos casais se separam pelo menos uma vez.

O casamento costuma ocorrer entre pessoas apaixonadas, que estão naquele clima especial de romance e embriaguez dos sentidos, que leva a idealizar o relacionamento. Todos, ou pelo menos a grande maioria, deseja "casar e ser feliz por todo o sempre...", como nas histórias de fada. E, mesmo assim, atualmente a maioria dura em torno de cinco anos... O que esperar então de um casamento que se destina a "salvar as aparências" ou a "consertar um erro"? Casar porque a menina está grávida, mas nem sabe se gosta realmente do namorado, resulta quase com certeza, em fracasso a curto prazo.

Grande parte dos adolescentes que se casou nessas circunstâncias separou-se ao final de um ou dois anos. Se em casamentos com muito amor já há tanto desentendimento, imaginem naqueles em que, imaturos e sem convicção, dois adolescentes se casam forçados pelas circunstâncias... Será que há algum futuro, alguma vantagem nessa decisão? É preciso pensar muito bem.

Essencial é o rapaz assumir a paternidade da criança, dividir responsabilidades, estar presente e participar da educação, do crescimento, das alegrias e dos problemas decorrentes do fato de ser pai. Temos que colaborar para mudar essa realidade ainda muito injusta com as mulheres — os filhos são, quase sempre, responsabilidade delas. Sejam adultas ou adolescentes, todo o trabalho e cuidados acabam ficando com elas — e agora também com a família delas — exceto talvez, em alguns casos, no que se refere à parte financeira. Só que ter filhos não implica unicamente pagar contas. É um aspecto fundamental não resta dúvida, mas não pode ser a única obrigação dos homens. E, ainda hoje, é o que vem acontecendo na maior parte dos casos. Por outro lado, o pai que assume responsavelmente essa parte essencial também não é maioria; daí que muita gente acha até muito bom, porque em geral, especialmente nas camadas menos favorecidas economicamente, é à mulher que vem cabendo todo o ônus, financeiro e afetivo, da criação dos filhos (sejam casadas ou não). Vinte e oito por cento das mulheres que trabalham são arrimo de família.

7. Como agir no "namoro sério"

- *Como os pais devem comportar-se frente ao "namoro sério"?*
- *Nossa filha de 13 anos, cabeça legal, está namorando o filho de 18 anos de amigos nossos. Ele é um ótimo rapaz e, embora tenhamos estabelecido alguns limites, acabamos "adotando" o garoto. Não há, assim, o risco de tornar o namoro muito sério?*

Não é nada incomum hoje jovens de 16, 17 anos, ou até menos, começarem a namorar, ficando juntos por dois ou três anos. É assim que a maioria — 45,8% — se inicia sexualmente. E, como consideram muito importante a confiança e a fidelidade quando estão namorando, são fiéis e costumam permanecer juntos por um bom tempo. Esses dados fazem parte do estudo que realizei com cerca de 1.000 adolescentes em todo o Brasil (o resultado completo da pesquisa encontra-se no livro *O adolescente por ele mesmo*. No entanto, de modo geral, essa união se desfaz ao cabo de alguns anos. Por quê? Porque o adolescente está em franco processo de formação. Então, um ou dois anos mais tarde, aqueles dois jovens que antes eram de um jeito, estarão de outro. Muitos namoros terminam por isso. Portanto, isso que a nós, adultos de outra geração, parece sério — o amor de toda a vida — pode não ser. Décadas atrás trazer um namorado para casa significava quase um noivado, um projeto de união que se faria realizar em curto espaço de tempo, um ou dois anos. Hoje não é mais assim. Quem namorava "em casa", estava comprometido a casar.

A revolução sexual dos anos 1970 mudou essa realidade. Virgindade deixou de ser pré-requisito para o casamento. As mulheres experimentam o sexo sem compromisso, tal e qual os homens faziam num passado recente. O que antes era "namoro sério" hoje já não é tão sério assim. Por outro lado, namoro agora é quase um "casamento". Os jovens ficam juntos horas a fio, depois se falam ao telefone — também horas a fio (para desespero dos pais e alegria das telefônicas da vida, que têm nos nossos filhos seus melhores e mais fiéis clientes) — e também conferem se chegaram em casa direitinho com mais um "breve" telefonema de meia hora, este último, antes de dormir. Isso, nos dias de semana. É mais ou menos assim: acordam, vão juntos à escola, voltam juntos para a casa de um ou de outro, deitam-se e dormem tranqüilamente — fazem a "sesta", para espanto e indecisão dos pais sobre o que fazer —, depois, ainda sonolentos, olhos vermelhos, amassados e despenteados, levantam-se sorridentes, e candidamente vão à cozinha e assaltam, com total felicidade e espontaneidade, a geladeira. Voltam para o quarto, trancam a porta — agora vão ouvir música, falar ao celular, zapear nos chats na Internet. Podem também acontecer uns "amassos" ou até uma transada, depende. Fim de semana, então, são quarenta e oito horas de convivência quase, se considerarmos que, logo ao acordar (o que em geral significa meio dia ou uma hora da tarde) eles se encontram e, então, ficam juntos até as 3 ou 4 da madrugada. Quando não dormem juntos!

De modo que um ano de namoro na verdade, pode representar muito mais, se comparado ao nível de convivência que as gerações passadas tinham. Eles praticamente vivem juntos, uma parte deles transa, saem quase todos os dias, enfim, esgotam a relação, consomem-na muito mais rápido. Além disso, as mudanças normais da idade fazem com que a maioria desses namoros acabe ao final de três a quatro anos.

É frente a essa realidade que os pais devem se posicionar. Sabendo que, muito embora pareçam estar apaixonados para todo o sempre, *provavelmente* esta ainda não será a ligação derradeira de suas vidas. Em função disso, e em função dos seus próprios princípios e valores, os pais devem definir quais serão os limites desse namoro em suas casas.

Não aceitem coisas que não queiram, porque "todo mundo faz ou deixa". Fazer concessões é bom, rever posições que podem estar arcaicas ou anacrônicas também. Apenas definam para si e para seus filhos o que acham certo e o que não acham. Se vocês são pais liberais e acham que tudo pode acontecer sob o seu teto, tudo bem. Se não acham, coloquem os limites que consideram plausíveis. De preferência, conversando, informando com segurança, mas sem agressões (se for possível, é claro). Também é bom estabelecer o tempo que ficarão juntos, para que o namoro não impeça atividades como estudo e práticas esportivas. É que, nesta idade, a sexualidade e as paixões explodem com tal intensidade que a vontade deles é namorar, namorar, namorar... e não fazer mais nada. Cabe aos pais, interferir de forma a mostrar a necessidade de o relacionamento deles não prejudicar as demais atividades. Cabe também falar diretamente sobre a necessidade dos cuidados anticonceptivos, da proteção contra doenças sexualmente transmissíveis, do problema da promiscuidade, enfim, é importante alertá-los porque, entusiasmados, esquecem tudo em função desses momentos felizes que vivem de forma tão intensa.

Em síntese, só concordem com o que pensam verdadeiramente. Como vimos, "namoros sérios" podem mudar em pouco tempo e, se vocês fizerem concessões pensando que "afinal eles vão se casar mesmo", poderão ter sérios problemas. Sejam verdadeiros, autênticos, e vivam de acordo com seus princípios. Não se obriguem a fazer coisas com as quais não concordam. Na adolescência eles vivem como se o mundo fosse acabar amanhã. Mas não vai. É preciso, portanto, que alguém mais experiente e menos impulsivo os guie e oriente. E, lógico, ninguém melhor que os pais para essa tarefa.

8. Com ciúme da irmã adolescente grávida

■ *O que fazer se a filha adolescente está grávida e a outra, de 22 anos, começa a demonstrar ciúmes da relação da mãe com a irmã grávida?*

Se sua filha está sentindo ciúmes talvez seja porque no afã de proteger a que está grávida, você esteja esquecendo de ressaltar o comportamento correto (da outra filha, que não pôs um filho no mundo antes de ter condições reais para fazê-lo).

Se a relação da mãe com a filha grávida se torna tão protetora a ponto de a outra sentir ciúmes, pode ocorrer de ela pensar que melhor seria fazer como a irmã, para ter a mesma atenção dos pais.

Isso pode acontecer em outras situações também. Por exemplo: um filho difícil, teimoso ou problemático acaba atraindo muito mais atenção do que os que são carinhosos, atenciosos, obedientes e cordatos. Por isso temos que fazer um esforço para tratá-los com igualdade, dando a todos a mesma atenção. Especialmente importante é ressaltar atitudes adequadas, as quais devem ser recompensadas com o sorriso, o carinho, o amor e a atenção dos pais. Não podemos esquecer que se nos concentrarmos demais nos que nos trazem mais dores de cabeça (o que é humano e natural — sermos absorvidos pelos problemas e esquecermos das coisas boas), poderemos estar comprando novas dores de cabeça e problemas: afinal, é doloroso perceber que quem mais esperneia e chora açambarca mais atenção e cuidados do que quem age de maneira adequada.

Devemos dar amor e atenção a todos os filhos, mas, sempre que possível, comportamentos adequados devem ser incentivados e aprovados de forma clara. Nunca podemos deixar um filho pensar que não valeu a pena ser correto. Ele pode se sentir tentado a adotar atitudes que lhe pareçam afetivamente mais compensadoras.

Se a filha grávida está tendo tanta atenção a ponto de despertar ciúmes, a outra não poderia engravidar também? É só aparecer um namorado que a oportunidade surge... Portanto, apoio sim, superproteção não. É preciso não deixar mensagens dúbias, para não incentivar, inadvertidamente, comportamentos que resultarão em novos problemas.

9. Minha filha quer "transar" com o namorado

- *Minha filha de 13 anos me disse que quer ter relações sexuais com o namorado. Argumentei que é muito cedo e alertei sobre as complicações que podem surgir. Ela trocou de namorado e fiquei aliviada, pensando que fosse abandonar essa idéia. Mas agora, já com outro, ela insiste e me pede ajuda. Que devo fazer para evitar isto?*

- *Se a adolescente, ainda muito jovem, vem perguntar se já pode transar, alegando que está com a pessoa certa, a mãe deve consentir ou ficar na defensiva, para pelo menos dar a impressão de que precisa "frear" a filha?*

Nos dois casos as filhas estão pedindo às mães que decidam o que elas próprias não sabem se querem. O que se deve fazer em casos assim é dizer "não". Parece que é o que elas querem ouvir. O pedido de autorização denota insegurança. E, numa questão como esta, não se pode, em hipótese alguma, agir sem total consciência e responsabilidade pelo que se está fazendo.

No passado vivemos a ditadura da virgindade. Estaremos começando a viver a ditadura do sexo precoce? Para algumas meninas, tão ingênuas e inexperientes quanto à importância e implicações dessa decisão, é quase como aderir à "última moda". Compro saia curta ou comprida? Durmo com o meu namorado ou não? Corto o cabelo ou deixo comprido? É preciso mostrar às nossas filhas que não é a mesma coisa decidir se devem fazer mais um furo na orelha para usar três brincos de uma só vez, se compram ou não um biquíni maior no próximo verão, já que é a moda, ou se devem transar com o namorado hoje ou daqui alguns anos. Alguns adolescentes, pressionados pelo grupo e pelo que a mídia vem mostrando (sem qualquer responsabilidade social pelo que apresentam), acabam achando que *precisam* transar, porque supõem que todos os jovens o fazem, mal entram na puberdade. O que é uma inverdade. No estudo que fiz sobre adolescentes, citado anteriormente, constatei que somente 20,6% dos jovens iniciam sua vida sexual com 14 anos ou menos. Portanto, se a sua opinião é que ainda é cedo, diga isto a ela. Muitas vezes, nossos filhos imploram por limites, ainda que de forma indireta. É preciso ser liberal e moderno sim, mas nunca à custa daquilo em que acreditamos.

Só o fato de pedir consentimento já demonstra que ainda não é chegada a hora. É fundamental aproveitar essas conversas e discutir a diferença entre liberdade sexual e promiscuidade. É importante viver a sexualidade, mas antes é necessário ter formado alguns conceitos. Ajude seus filhos, faça com que reflitam sobre:

- Toda relação sexual é um ato de amor?
- Então, por que seria indiferente com um namorado ou com o outro? Não será porque acha que TEM que transar apenas porque começou a namorar?
- Sexo é bom, importante demais, mas tudo tem seu tempo na vida e, por isso, tem que acontecer com a pessoa certa, alguém que se ame de verdade. Ou, pelo menos, quando se tem mais maturidade, alguma certeza do que se deseja e, principalmente, quando se pode assumir as conseqüências dos próprios atos.

- Pergunte se mudando de namorado, mudaria também de parceiro sexual. Até os 20, 25 anos, com quantos parceiros terá tido relações? Uma coisa é ter relações aos 18, 19 anos, outra, bem diferente, é fazê-lo aos 13, mal tendo entrado na adolescência, fase de tanta insegurança.
- Será que elas pensam que PRECISAM ter relações sexuais? Obrigatoriamente? Só por que viram na televisão? Ou só porque alguma amiga já transa?

Foi muito bom ultrapassar a época em que mulher só tinha valor pela existência do hímen. Hoje se luta pelo prazer, pelo homem que se deseja, para ser feliz em todos os campos. Maravilhoso. O que não pode ocorrer, porém, é uma menininha que ainda nem sabe direito o que significa menstruar, se sentir pressionada a iniciar sua vida sexual. Todo exagero, todo radicalismo é prejudicial e deve ser evitado.

Não se trata, de forma alguma, de frear, reprimir ou ficar na defensiva, mas sim de orientar no sentido de que decisões importantes só podem ser tomadas por quem já pode assumir total responsabilidade por suas atitudes e pelos efeitos delas resultantes.

10. Sexo e prevenção

- *Será certo os pais darem pílula e/ou camisinha para os filhos?*

Quanto se mudou em quatro décadas! Quem iria sequer supor que algum dia esse tipo de dúvida estaria atormentando a cabeça dos pais... Não estaremos, porém, facilitando demais as coisas? Também não será essa uma das razões por que os jovens não mais desejam sair de suas casas, trabalhar, enfim crescer, tornar-se adultos, donos do próprio nariz? Para que assumir responsabilidades se o papai e a mamãe pagam tudo, fazem tudo por eles — até financiam camisinha e pílula, além de estudos, casa, comida?

Não existe, evidentemente, nenhuma regra a respeito, mas esta providência compete a quem vai ter relações (e não a seus pais). Espera-se de um casal que decide iniciar sua vida sexual consciência e responsabilidade. Um velho ditado popular diz: "Quem não tem competência não se estabelece." No caso, é de se esperar que um rapaz ou uma moça do terceiro milênio tenha informações e juízo para providenciar o sexo seguro.

A compreensível preocupação demonstra que esses pais não têm segurança quanto ao grau de responsabilidade dos filhos em evitar a concepção e/ou as doenças sexualmente transmissíveis. E essa insegurança só pode ser superada pela orientação intensiva. Até que tenham condições para sustentar e dar a uma criança tudo de que ela precisa, rapazes e moças têm a obrigação de se proteger da gravidez precoce. E de providenciar recursos para poder concretizar a proteção.

Da mesma forma que precisam também saber adotar atitudes relativas à preservação da saúde física.

Iniciar a vida sexual tem que, obrigatoriamente, implicar a consciência e os cuidados que a decisão impõe. Não raro jovens das classes A e B têm mesadas maiores que o salário de muito trabalhador brasileiro que dá duro 40 horas por semana. Têm, portanto, condições para providenciar pílula, camisinha e tudo o que necessitam. Se não são capazes nem de pensar nisso, como irão lidar com a tremenda responsabilidade que é ter vida sexual saudável, segura e responsável? Uma prova de maturidade é justamente demonstrar que são capazes de pensar no assunto, se programar e assumir as responsabilidades inerentes. Caso contrário, será melhor adiar o projeto... Deixem claro para os filhos que a cada direito corresponde um dever. Sejam pais modernos, liberais, isso é ótimo. Mas não assumam as responsabilidades que cabem aos seus filhos a cada avanço que fazem na vida. Caso contrário, eles jamais sairão da adolescência.

11. Meus filhos querem transar em casa

- *Como os pais devem agir com os filhos que já transam aos 13, 14 anos. Abrir espaço na própria casa?*
- *O que você acha de pais que permitem aos filhos transarem na própria casa?*
- *É correto permitir que os filhos usem o próprio lar, a sua casa, para sua iniciação sexual? Às vezes eles trazem as namoradas e se trancam no quarto. O que fazer?*

Ninguém é obrigado a providenciar o motel dos filhos, nem a camisinha, nem a pílula. O que compete aos pais é orientar, ajudar a formar conceitos saudáveis sobre sexo, sem tabus ou mitos, de forma que eles possam se realizar e ser felizes neste aspecto tão importante da vida. O resto deve ficar por conta deles próprios. Faz parte do processo de crescimento e independentização resolver este tipo de situação com o parceiro ou a parceira, não com o pai e a mãe.

Alguns pais aceitam que os filhos transem em casa sem que isto lhes traga incômodo ou constrangimento. Outros, influenciados pela situação, começam a crer que *devem* fazê-lo. Numa relação positiva e íntegra, é necessário que haja autenticidade de ambas as partes. Portanto, antes de tudo, sejam honestos consigo próprios e somente depois decidam. Lembrem-se de que a vida de vocês deve ser vivida de acordo com o que acreditam. Seus filhos farão isso quando forem adultos. Eles não viverão de acordo com o que vocês gostam ou querem, nem de acordo com o que os filhos deles desejarão, mas do jeito deles. Portanto, só façam o que se sentirem bem fazendo. Só temos uma vida para viver.

Para pensar e ajudar a decidir:

Se vocês, pais,

- sabem que seu filho (ou filha) já tem vida sexual ativa e pretendem facilitar as coisas, diminuindo-lhe gastos e dificuldades nessa área;
- consideram que a presença de diferentes moças ou rapazes até desconhecidos transitando pela sua casa não os incomoda nem um pouco;
- acham que, agindo assim, poderão orientá-los(as) mais de perto;
- consideram fácil superar perguntas ou situações em que os seus outros filhos, mais jovens, questionem a "porta trancada" por várias horas do quarto do(a) irmão(ã), que costumam freqüentar sem nenhum impedimento em outras ocasiões;
- não se incomodarão se, por exemplo, os pais da namorada de seu filho souberem e, de alguma maneira, vierem a exigir explicações ou tomar satisfações;
- não se incomodarão caso vizinhos, parentes ou amigos venham a sua casa e percebam, comentem ou critiquem a situação;
- não acham que essas facilidades podem incentivar uma vida sexual promíscua

Então podem concordar. Se acharem importante, estabeleçam algumas regras básicas de convivência civilizada.

Se, pelo contrário, vocês:

- não toleram ver sua casa transformada numa espécie de motel;
- sentem que ter um filho trazendo diferentes moças para sua casa (ou, se for filha, vários namorados ao longo dos meses) os deixa constrangidos e preocupados;
- sentem-se incomodados com as explicações que serão forçados a dar aos seus outros filhos, menores, que, subitamente, em plena tarde de domingo, têm vedada sua entrada no quarto do irmão ou da irmã;
- acham constrangedor que os pais da namorada ou do namorado venham a saber do fato e possam acusá-los de conivência, de alguma forma;
- receiam que amigos, vizinhos ou parentes possam vir a saber e fazer comentários ou críticas a respeito;
- temem que, com tantas facilidades, seus filhos vivam trocando de parceiros

Nesse caso, sejam sinceros e digam que não concordam. E não se esqueçam de explicar o "porquê". Com toda franqueza.

12. "Ficar" = relação sexual?

- *O "ficar" atual envolve obrigatoriamente relacionamento sexual?*

O "ficar" é um fenômeno que os jovens de hoje acreditam ter inventado, mas, na verdade, é tão antigo quanto a humanidade. Só que, através dos tempos, vem adotando nomes diferentes. É o que se chamou há poucas décadas "tirar um sarro". "Ficar" envolve, sim, relacionamento sexual, embora não signifique obrigatoriamente ter *relações sexuais completas*, que parece ser a preocupação da pergunta. "Ficar" é um encontro entre duas pessoas que, sentindo atração física, decidem ficar juntas numa festa, boate ou em outro local qualquer. Tem, portanto, o objetivo de satisfazer o desejo físico imediato. Não tem nada a ver com namoro, com amor ou com qualquer compromisso. Depois os dois podem se encontrar de novo e não acontecer mais nada. Na adolescência, é uma forma de exercitar a recém-despertada sexualidade. Pode ajudar a desenvolver segurança em relação ao sexo fazendo com que se tornem mais hábeis nesta delicada aprendizagem da satisfação mútua. Quando "ficam" várias vezes com a mesma pessoa, costumam dizer que "estão de rolo".

"Ficar" pode significar alguns beijinhos ou muito mais, como toques e carícias nos genitais. Tudo vai depender do que ambos consentirem. A iniciativa de "ficar" pode partir tanto da menina quanto do rapaz, com plena igualdade de direitos. De modo geral, não significa ter relações sexuais completas, que eles diferenciam como "transar".

Vale aqui um lembrete:

A pergunta denuncia um engano bem comum. Achar que quando se fala em relação sexual está se falando de penetração, de coito. "Ficar", é claro, tem a ver com relacionamento sexual. Só que pode não se referir ao ato sexual *completo*, com penetração.

Modernamente, se consideram as premissas, (beijos, carinhos e toques nas regiões erógenas) parte do ato sexual. No "ficar" pode-se chegar até ao orgasmo, embora não se consume a penetração. Portanto, a resposta à pergunta é sim.

13. A idade ideal para namorar

- *Qual a idade ideal para começar a ter relações sexuais? E com quem, com um namorado fixo?*

Ter regras muito rígidas, não costuma dar certo em nada. No entanto, algumas coisas não precisam — nem devem — começar cedo demais. Meninas de 10 a 14 anos, por exemplo, ainda estão com o organismo em formação. O momento ideal. A imaturidade física é o primeiro ponto a ser considerado, mas não o único. Não é conveniente uma menina ainda em desenvolvimento (útero, ovários etc.) iniciar sua vida sexual. O segundo ponto — talvez mais importante — é que, seguramente, não tem também maturidade emocional. Além disso, quando bem orientados, os jovens não costumam sair por aí, transando a três por quatro, com qualquer um, mal entram na puberdade. Não é prudente começar a vida sexual antes de estar adequadamente seguro e informado a respeito. No início da adolescência (10-14 anos), seria uma atitude, no mínimo, precipitada. Já um namorico ou mesmo "ficar", de vez em quando, são formas de relacionamento mais compatíveis com a idade.

É importante que os pais saibam que nem todos os jovens iniciam sua vida sexual tão cedo quanto se divulga. Vendo certas novelas na TV e outros programas, a impressão que temos é que todo adolescente transa. Talvez até, dentro de algum tempo, isso se torne realidade (com tanto incentivo nos meios de comunicação), mas ainda não é assim. Compete a nós mostrar aos filhos que eles não são obrigados a adotar determinados comportamentos só porque outros adotaram. Cada um tem que viver de acordo com o que acredita e quer, de acordo com os seus sentimentos e crenças. Precisamos ajudá-los a enxergar suas próprias verdades. Não podemos deixar que sejam manipulados.

Hoje, mal a filha fica mocinha, os pais se sentem quase obrigados a providenciar pílula, cama de casal no quarto, ginecologista e, embora a contragosto, aguardar a chegada do "eleito". Na verdade, se formos verificar junto aos próprios jovens, encontraremos uma realidade bem diversa.

Em geral, os meninos de hoje se iniciam sexualmente mais tarde do que há algumas décadas. Muitos jovens de 16, 17 anos ainda não tiveram uma relação completa. Não existe mais aquela pressão "para provar que é homem", assim como as meninas não são mais *obrigadas* a preservarem-se virgens até o casamento, embora ainda exista um grupo que o faz, mas por decisão pessoal.

A primeira experiência das meninas costuma ocorrer em torno dos 16 anos, o que não significa que todas as moças de 16 já têm vida sexual ativa. Em geral o que ocorre é começarem a namorar "firme" e então se dar a iniciação sexual. Não há regras nem datas fixas a serem obedecidas. Vai depender da orientação de cada família e da cabecinha do jovem. Mas o que vai dentro da cabecinha deles tem muito a ver com o que nós colocamos lá. Mais até do que a mídia coloca, mesmo que não pareça.

De modo geral, os pais ainda hoje preferem que os filhos comecem sua vida sexual cedo — porque os alivia vê-los concretizar sua masculinidade. Com as filhas a expectativa é bem outra: gostariam de não ter que vê-las aos beijos e amassos com vários rapazes, que, ainda por cima, o chamam de "tio" com aquele vozeirão, músculos e tudo. Existem também aqueles que, embora realmente liberais em relação a sexo, não acham prudente nem adequado para seus filhos ter uma iniciação muito precoce, pelas implicações que traz.

Qualquer que seja a posição da família é importante que os filhos a conheçam — não com a obrigação de adotá-la, mas como um conjunto de idéias que têm por base elementos lógicos e ponderáveis, e que eles devem conhecer para refletir, julgar, e então incorporar ou não.

Importante mesmo é *conversar não só* sobre

- o que é sexo,
- como é,
- como se faz,
- quando se deve ou não fazer,
- contracepção,
- doenças sexualmente transmissíveis,

mas muito também sobre

- amor,
- respeito próprio,
- responsabilidade sobre o próprio corpo e o do parceiro,
- o momento certo de cada pessoa,
- perigos da promiscuidade.

É essencial ouvi-los e também destacar a importância de se sentirem livres, inclusive para dizer "*não*" ao que outros dizem "*sim*", se assim o desejarem. Explicar-lhes a importância de não se deixarem pressionar pelo grupo nem acreditarem em tudo que os amigos contam, especialmente nas "vantagens" que alardeiam. Mostrar que, se por um lado, vocês entendem as mudanças de comportamento de hoje, elas não implicam abandonar alguns valores que podem ser preservados como, por exemplo, a busca do parceiro adequado ou a importância da tolerância mútua e da compreensão num relacionamento.

A preocupação hoje com a iniciação sexual e com a liberdade é tanta, que muitas vezes se deixa de apresentar aos filhos estes aspectos — ligados à sexualidade, mas que a transcendem, dando aos jovens ideais, desejo de encontrar não apenas um parceiro sexual, mas alguém com quem dividir a vida, os sonhos e as ilusões.

Um tema pouco discutido é a diferença entre *prazer* e *felicidade*.

Os jovens têm muita dificuldade em esperar. Eles querem viver logo, rápido, testar sua sexualidade, botar em prática o que vêem no vídeo, no cinema e na TV. Mas é bom que se preserve um pouco de idealismo, é positivo que desejem não apenas prazer, mas que busquem a verdadeira felicidade.

Viver em função do prazer impede que persigam objetivos a longo prazo. Por exemplo: se está com vontade de transar então transa, com qualquer um, do jeito e na hora que der. Quando acaba, acabou. Não existe carinho, pode por vezes não haver respeito. Com o tempo — muitos e muitos encontros de prazer depois — vai ficando aquele vazio de quem não plantou, não cativou, não desenvolveu uma relação positiva.

A liberdade sexual é importante, mas deve ser pontuada também pelo equilíbrio. Discutir esse aspecto com os filhos desenvolve outros critérios, além dos da TV, dos amigos e do cinema. Importante é não se sentir pressionado por aquilo que parece ser "o comportamento de todo mundo". Essencial é saber o que se quer e por quê. E também com quem se quer fazer as coisas. Passem essas idéias para seus filhos. Ensinem-lhes o sentido da verdadeira felicidade, não apenas do prazer imediato e fortuito. O prazer se consome, a felicidade verdadeira perdura.

    E, quem sabe, não reside aí a resposta ao alto índice de separações? Se as pessoas só pensam no prazer imediato, não têm disposição nem capacidade para vencer as diferenças, dificuldades e contradições normais de um relacionamento a dois. E, aí, à menor contrariedade, já acham que o amor acabou e está na hora de separar as escovas de dentes. Construir uma relação não é fácil. Tem que haver disposição, alguma capacidade de renúncia, boa vontade de ambas as partes, enfim, tem que haver amor e não apenas prazer, para que uma relação cresça e solidifique.

14. Concordar para não perder o diálogo?

■ *Os pais que conversam sobre sexo, para se tornarem amigos dos filhos, devem concordar com eles, mesmo achando que estão errados, ou dar sua opinião verdadeira e correr o risco de ter problemas?*

Qual a tarefa básica dos pais? Orientar os filhos para que cresçam com equilíbrio, saúde e capacidade produtiva ou fazer tudo para que eles fiquem sempre contentes, felizes e sem nenhuma oposição?

Embora seja muito mais agradável e fácil, educar não é fazer tudo que nossos filhos desejam, muito menos dizer apenas o que eles querem ouvir. Nossos verdadeiros amigos não são os que sempre concordam conosco, pelo contrário, são aqueles que nos dizem o que pensam e sentem de verdade. E assim também deve ser a relação com nossos filhos. Aliás, é justo isso que torna a nossa tarefa tão complexa e árdua.

Poucas pessoas gostam de ouvir opiniões diversas das suas. Pior, poucas sequer toleram ser minimamente criticadas. Em geral, o mesmo costuma ocorrer com os filhos. Não serão poucas as vezes em que precisaremos lhes dizer que estão agindo de forma inadequada ou que não concordamos com eles. E, é quase certo, eles se aborrecerão conosco.

No entanto, com certeza, detestarão ainda mais saber que fizeram algo errado, principalmente se estiverem pagando por isso, e vocês — as pessoas responsáveis por eles — nem mesmo tentaram alertá-los, apenas para não criar um ambiente desagradável ou entrar em conflito.

> ..."*Ama aquele que te aponta tuas faltas mais que àquele que te elogia.*"
>
> (DO TALMUD)

O consumismo da sociedade capitalista vem fazendo as pessoas acreditarem que o prazer imediato é a coisa mais importante do mundo. Fazer apenas o que se quer e o que se gosta tem sido a tônica dominante. Poucas pessoas conseguem perceber a manipulação a que são submetidas e tornam-se incapazes de discernir prazer da verdadeira felicidade. Pais que vivem de acordo com esta premissa tendem a agir com seus filhos da mesma forma. Fazem tudo o que os filhos querem e deixam que façam apenas o que lhes dá prazer. Sentem medo de contrariá-los, por pensarem que isso vai torná-los infelizes ou porque também estão sob o domínio deste engano tão freqüente. Mas nossos filhos não se criam sós, não constroem um conjunto de valores éticos a partir do nada. Precisam da nossa orientação e, especialmente, do nosso exemplo. Assim, depois de algum tempo de aparente tranqüilidade, muitos dissabores — em geral bem mais graves do que simples discussões — poderão surgir. Quem pensa, portanto, que concordar sempre com os filhos é a melhor maneira de conseguir a amizade deles, está se enganando e provavelmente o descobrirá da forma mais triste.

Onde existe uma relação autêntica existe também a possibilidade de se expor pontos de vista com clareza e honestidade.

Caso contrário é um triste monólogo, disfarçado de amistosa troca. Nós não dialogamos com nossos filhos *para que* se tornem nossos amigos. Nós *somos amigos deles* e *por isso dialogamos*. Estabelecemos contato para lhes dar a oportunidade de ver uma questão de forma divergente da sua própria.

Concordar para evitar discussões e conflitos só é válido — em especial na adolescência — se estivermos tratando de coisas sem importância ou dos assuntos em que nossos filhos já podem prescindir da nossa orientação. Calar ou concordar por "política de boa vizinhança" quando vemos nossos filhos fazendo algo que vai contra nossos princípios é omissão. E a omissão é um risco que os pais não podem se dar ao luxo de correr. E isso vale para qualquer assunto — não apenas quando se fala de sexo.

Se quisermos que nos ouçam, ouçamos primeiro. Devemos tentar entender a lógica de uma geração que não é a nossa, que pensa e age como jovens que são, com o entusiasmo e a ânsia de vida que já foram nossos. Depois sim, será o momento de levá-los a nos ouvir e a refletir de um outro ângulo — o nosso, de adultos, em geral mais maduros e experientes.

Se demonstrarmos nossa compreensão e capacidade de entendimento, não teremos problemas para falar o que realmente pensamos.

15. Doenças sexualmente transmissíveis e gravidez na adolescência

- *Como explicar o aumento da gravidez na adolescência e de doenças sexualmente transmissíveis se há diálogo com os pais e as informações sobre métodos anticoncepcionais são tantas?*
- *Os jovens sabem tudo ou quase tudo sobre AIDS. Mas na hora de ter relações sexuais, eles se lembram disso?*

Os jovens hoje têm informações sobre sexo sim, mas nem sempre sabem tanto quanto parece. E o resultado é — gravidez precoce e o aumento assustador das doenças sexualmente transmissíveis, dentre elas a AIDS.

Os pais não devem se iludir: mesmo quando os filhos afirmam que sabem tudo, muitas vezes não sabem.

Outro fator é a crença que os jovens têm de que nada de ruim irá lhes acontecer, que só se perde com o passar dos anos. Na idade adulta se compreende que as coisas acontecem conosco sim, com os amigos, pais e até com nossos filhos. Mas os adolescentes não acreditam nisso. O mito de imortalidade mais a desinformação os levam a viver intensamente, arriscando-se bastante. Os jovens têm coragem para dar e vender; fazem coisas que anos depois não repetiriam. E, assim, os bebês vêm nascendo e as doenças vão engrossando estatísticas...

Não é por outra razão que os jovens riem e brincam tanto e os adultos, à medida que passa o tempo, riem e brincam cada dia menos... A idade da razão chega e, com ela, a consciência.

Até jovens bem informados arriscam uma "transadinha" porque a menina acabou de menstruar e, sabidos como pensam que são, utilizam a informação sobre período não fértil da forma mais agradável — "transando". E aí, semanas depois... Também são bem capazes de acreditar que "a primeira vez não engravida", que "tabelinha é infalível", que "esquecer a pílula só um ou dois dias não dá problemas"... E daí por diante...

O princípio do prazer os faz ignorar ou arriscar conseqüências por vezes penosas dos seus atos, apenas para não abrir mão daquilo que naquele momento estão "a fim" de fazer. Se não nos preocuparmos com o quanto de prazer nossos filhos querem da vida — muitas vezes em total contraposição ao dever, ao direito do outro e à responsabilidade social — certamente estaremos enfrentando problemas cada vez maiores e mais sérios. E bem trabalhados, os jovens costumam adotar posturas conseqüentes e maduras. Se são estimulados a viver só em função do presente, do momento e do hedonismo natural do homem, a adolescência se estenderá talvez por toda a vida e não apenas por um punhado de anos.

Contra o "mito da imortalidade" só há uma arma: a informação e a educação voltada para a formação do cidadão. Educação, diálogo e informação.

Embora pareça que atualmente os jovens têm muito diálogo com os pais, isso não é bem verdade. Pelo menos não em todos os níveis sociais, nem em todas as famílias. Apenas 19,8% dos jovens conversam com os pais sobre todos os assuntos.*

A falta de clareza e objetividade também podem contribuir para exacerbar o problema. Muitos pais temem definir posição em relação a uma série de assuntos com medo de

---

*Para mais detalhes leia *O adolescente por ele mesmo* (1996).

parecerem antiquados, de cortar a possibilidade de diálogo, porque os filhos estariam ouvindo coisas que não gostam ou não querem ouvir. Assim, alguns pais acreditam que é melhor calar ou não deixar bem clara sua posição. Temem que, ao se definirem, os filhos não lhes contem mais tudo o que fazem, especialmente aquilo que contraria suas idéias. É bem possível que isso ocorra mesmo mas, por outro lado, quando se definem com clareza e fundamentam com argumentos adequados, sem imposição ou agressividade, os filhos costumam levar em conta. Não significa que irão adotar todas as nossas idéias, mas que considerarão o que nós lhes dissermos.

Saber como se engravida é importante (e eles sabem!), mas hoje talvez seja mais importante ensinar como se evita engravidar e como se contrai cada doença sexualmente transmissível.

Também é preciso conscientizá-los de que não admitem irresponsabilidade, nem concordam que os filhos assumam uma vida sexual ativa sem os cuidados e as obrigações decorrentes. A certeza da impunidade e da superproteção constitui um alto estímulo para o agir inconseqüente. Marcar posição não garante cem por cento de certezas, mas pode diminuir em muito a chance de o problema ocorrer. A maior prova de que a impunidade incentiva atos irresponsáveis e antiéticos está na própria realidade que vivemos hoje.

Se nossos filhos julgarem que aos 15, 16 anos e sem qualquer possibilidade de assumirem a responsabilidade do fato, receberão parabéns, congratulações, casa, comida e cuidados para o neto, é bem provável que deixem de fato uma gravidez ocorrer. Se, pelo contrário, estiverem alertados de que toda a responsabilidade sobre esta nova vida e as decorrentes obrigações que daí advêm serão deles, tomarão mais cuidado. Não estou dizendo que devemos agir como se agia no passado (expulsando de casa, por exemplo), mas também não acho nada educativo deixar indefinida ou dúbia a posição da família em relação ao assunto. A maturidade e a responsabilidade de nossos filhos estão diretamente ligadas à nossa. E a nossa responsabilidade também consiste em informar as obrigações de cada um.

Quanto mais os jovens julguem estar isentos de responsabilidade, quanto mais acreditem que têm a superproteção dos pais, mais tenderão a cometer atos irrefletidos e irresponsáveis. E vice-versa.

16. Pôsteres de mulheres nuas no quarto?

■ *Como proceder se os filhos de 14, 15 anos decoram seu quarto com pôsteres de mulheres nuas? Como fica a nossa posição perante a irmã menor de 10 anos?*

Quando os filhos têm seu próprio quarto os pais devem lhes permitir utilizar o espaço de acordo com seu modo de ser e sua personalidade. No entanto, as normas e conceitos que vigoram na casa devem ser respeitadas por todos os membros. Alguns jovens entendem que "no seu quarto" podem fazer o que bem entenderem. É preciso, sim, por todos os membros da família. Por exemplo, se a porta está fechada, não devemos entrar sem bater. Mas a contrapartida deve ser exigida, quando nós estivermos com a porta fechada. De que forma arrumar, enfeitar, qual o tipo de iluminação e decoração — esses elementos podem ser deixados à decisão deles. Por outro lado, decorar o quarto não significa decidir nunca mais arrumar ou não permitir a entrada da arrumadeira para a limpeza. O que precisa ser estabelecido é que, assim como ele adquiriu o direito de ter seu próprio espaço, adquiriu também o dever de manter a ordem, de conservar um bem que lhe foi oferecido. Também por respeito ao trabalho dos pais (que lutaram muito para poder ter uma casa confortável a ponto de cada um ter seu próprio quarto), deverão ser instruídos quanto à responsabilidade que lhes cabe em relação ao seu espaço. Se queremos ter filhos adultos e não eternos adolescentes, devemos sempre mostrar que cada direito, por melhor e mais delicioso que seja, traz consigo responsabilidade. O que se deve evitar é o exagero, normas muito rígidas, como exigir que as coisas estejam escrupulosamente arrumadas, os armários sempre com as roupas perfeitamente ajeitadas, livros e papéis nos seus lugares, empilhados direitinho. Isso muito raramente corresponde ao que um jovem entende por arrumação. O que deve existir é um acordo sobre as responsabilidades e limites de cada um. Estabelecer que, ao saírem de casa, nossos filhos deixem, pelo menos, as portas dos armários fechadas, as roupas usadas no cesto de roupa suja, que se lembrem de fechar as janelas em caso de chuva, que apaguem a luz, desliguem o ventilador ou o ar-condicionado, que não esqueçam de desligar a TV e o som quando não estiverem sendo utilizados, que não estraguem as colchas colocando os pés calçados em cima e assim por diante.

Com os hormônios em total e alegre ebulição, nada mais natural do que desejar enfeitar o quarto com fotos de mulheres bem bonitas. Se, no entanto, você perceber que ele escolheu fotos tão reveladoras a ponto de inibir a vovó ou uma amiga que venha visitá-lo, fale claramente. Não se trata de proibir a colocação dos pôsteres, mas sim de mostrar que a escolha deve ser criteriosa, de bom gosto, nunca ofensiva a quem quer que seja. Essa delicadeza no agir por vezes não ocorre apenas porque nem passa pela cabeça dos jovens. Querem a menina linda e excitante na parede e pronto. Não precisamos *proibir* e *sim limitar* um pouquinho. O que devemos fazer é mostrar a eles como é bom quando se consegue harmonizar interesses, de forma que todos aqueles que convivem e se amam possam ficar felizes e atendidos.

Muitas vezes nossos filhos precisam ser alertados sobre os sentimentos dos outros. Eles agem movidos pelo seu prazer e desejo imediatos, sem considerar que podem, de alguma maneira, estar agredindo outras pessoas. Mostrar isso faz com que amadureçam, e, embora pensando no seu prazer, não se esqueçam também do conforto e da delicadeza que os outros merecem. São coisas que se aprende. Embora egocêntricos os jovens também são sensíveis, basta que alguém lhes indique o caminho. Afinal, é para isso mesmo que servem os pais, não é? Para ir moldando, aperfeiçoando, sensibilizando, fazendo com que floresça, pouco a pouco, o que de melhor existe nos nossos filhos. A falta de orientação e de apoio fazem com que deixem de desabrochar aspectos muito positivos da personalidade de cada um. Desenvolver certa delicadeza de gestos que parece estar desaparecendo depende disso. Afinal, como esperar sensibilidade de crianças que, desde pequenas, assistem a programas humorísticos, desenhos e filmes em que o deboche, o desrespeito ao outro e a grosseria são a tônica? É necessário que alguém lhes mostre que até um lindo corpo de mulher exige respeito ao ser exposto. O que era lindo, quando não existe nenhum tipo de pudor e de sensibilidade, acaba se tornando vulgar. Portanto, se você sente que a exposição dos pôsteres poderá trazer inconvenientes, fale francamente com seu filho. Tente entrar num acordo. Quem sabe os pôsteres mais "quentes" não poderão ser colocados na parte interna do armário? Encaminhe a conversa de forma que as soluções partam dele próprio. Mostre-lhe que você o entende, mas espera que ele também compreenda as suas preocupações (que devem ser explicitadas claramente) e, juntos, encontrem formas de atender às necessidades de todos.

 É nesse sentido mais amplo que devemos encaminhar as reflexões de nossos filhos.

17. *Playboy* e outras revistas eróticas

- *É aconselhável deixar um adolescente de 12, 13 anos ver revistas como a Playboy?*

Trata-se de um fato, não de ser aconselhável. Antes eram outros tipos de revistas que circulavam entre os rapazes. E, por vezes, a peso de ouro... Não foram poucos os que ganharam dinheiro "alugando" revistinhas para os colegas de escola, na hora do recreio. O que gerava uma movimentação intensa nos banheiros... Quem não lembra disso?

Portanto, se seu filho começa a se trancar no banheiro ou no quarto por várias horas, todos os dias, não se preocupe. Ele está apenas refazendo o ritual que tantos homens fizeram ao longo dos tempos!

Se você encontrar seu filho atracado com uma dessas revistas ao entrar no quarto dele, aja com naturalidade. Deixe que ele curta em paz essa grande descoberta — a sexualidade.

Evite ficar falando a respeito, brincando ou — muito pior — comentando o fato com a vovó, a tia ou uma amiga na frente dele. Comentar o assunto, só num papo espontâneo, em que se esteja falando de sexo e, acima de tudo, desde que ele demonstre não se incomodar. Como a insegurança é grande quando eles começam a se interessar por mulheres muitos preferem não tocar no assunto especialmente com as mães. E, afinal, um pouco de pudor e privacidade não fazem mal a ninguém, não é mesmo?

Proibir o filho de ver revistas eróticas é tão contraproducente quanto alguns pais que acham que devem, eles próprios, comprar ou dar dinheiro para os filhos comprarem. Deixem que eles destinem parte de sua mesada para isso, quando o desejarem.

Facilidade demais gera desinteresse; proibição desnecessária leva à burla.

18. Masturbação na adolescência

■ *Como tratar a masturbação?*

A masturbação deve ser tratada exatamente como todos os assuntos relativos a sexo: com naturalidade, verdade e objetividade.

O mais importante é derrubar mitos e culpas que cercam o tema. Já chega de acreditar que masturbação piora a acne, faz nascer pêlo nas mãos, é pecado ou vicia. O melhor é encará-la como ela é: uma necessidade natural, alívio para a tensão sexual não satisfeita e que nada tem de pecaminoso ou errado, especialmente na adolescência, quando o nível hormonal é muito elevado e as oportunidades de atender a essa necessidade são, ainda, raras. Essa é a melhor forma de tratar a questão. Sem culpas ou traumas.

A masturbação é um precursor do comportamento sexual relacionado ao objeto (a pessoa com quem se está relacionando). Todos os homens e três quartos das mulheres se masturbam em algum período da vida (embora a maioria não goste de admitir). É muito comum na infância por volta dos 15, 19 meses, e costuma ser acompanhada de demonstrações de grande interesse pela genitália dos pais, crianças e até dos animais. Quando não é bloqueada (em geral por indução dos adultos, que costumam reprimi-la), a masturbação contribui para a aprendizagem do prazer.

Na adolescência, o aumento da produção dos hormônios sexuais faz com que a masturbação se transforme numa forma de reduzir tensões. A diferença da masturbação na infância e na adolescência é que, nesta última, há também fantasias, essenciais ao desenvolvimento da identidade sexual (imaginando, o adolescente aprende a desempenhar o papel sexual adulto).

Na idade adulta pode continuar a existir, quando as relações são insatisfatórias ou quando não há disponibilidade para a efetivação do ato sexual.

Embora natural, há um aspecto que precisa ser tratado pelos pais. É a questão do respeito ao outro. Assim como não se deve reprimir a masturbação, também é preciso orientar a criança sobre a importância da privacidade. É preciso explicar que algumas coisas normais da vida são essencialmente individuais e não devem ser partilhadas. Portanto, se há algo que se deve exigir com relação à masturbação é a discrição. É necessário que eles a vejam como algo íntimo e individual. Liberdade e postura moderna nada têm a ver com falta de pudor e desrespeito.

A masturbação não deve, porém, substituir o prazer do verdadeiro relacionamento de um casal. Ou seja, se mesmo tendo vida sexual ativa, a pessoa só se satisfaz através da masturbação, é preciso investigar o que está ocorrendo. Em outras palavras, a masturbação não é um distúrbio do comportamento sexual, a não ser quando se torna compulsão, isto é, quando escapa ao controle voluntário ou quando começa a substituir oportunidades de encontros e relacionamentos com outras pessoas.

19. Sexualidade dos pais separados

- *Como tratar com os filhos a sexualidade dos pais separados?*
- *Como explicar a(o) namorada(o) do pai (da mãe)?*

Quando um casal se separa, especialmente se os dois são jovens, é natural que, depois de algum tempo, cada um encontre outro companheiro.

O que é preciso preservar é a segurança emocional dos filhos — e a pessoal também.

Isso significa que devemos ter bastante cuidado ao decidir trazer um(a) namorado(a) para dentro de casa. É preciso mais ainda: que tenhamos algum grau de certeza do nível de relação que estamos vivendo e de que chances existem de o namoro ir adiante.

Pode parecer coisa do passado ou moralismo — mas não é. É um passo sério, que, portanto, deve ser avaliado com sabedoria e maturidade.

Muito embora todos tenham o direito de refazer suas vidas e parcerias, é bom não ficar trazendo todos os namorados e namoradas que tivermos para conhecerem nossos filhos. Especialmente se a separação é recente, é preciso saber respeitar os sentimentos que os filhos têm pelo pai ou pela mãe ausentes. É preciso compreender a esperança que eles nutrem de unir de novo os pais. Só com o tempo, e quando se consegue demonstrar que, em relação ao amor pelos filhos, nada mudou, é que eles vão se reestruturando e aceitando a nova situação.

Quanto mais equilibrados e maduros os ex-cônjuges, isto é, quanto mais tranqüilas forem as relações pós-separação, quanto menos brigas houver, mais rapidamente as crianças aceitarão o fato.

Se logo depois de uma mudança tão grande ainda entra uma pessoa nova na relação, as coisas podem se complicar. Um adolescente tem mais condições intelectuais de entender o que ocorreu entre os pais do que uma criança de 4, 5 anos. Emocionalmente, porém, é preciso considerar que o adolescente está em uma fase conturbada da vida. Uma separação que ocorre na adolescência dos filhos pode ser difícil de aceitar. A entrada de uma outra pessoa na vida da mãe ou do pai pode agravar o quadro.

Até que se tenha certeza de que esta é A PESSOA com quem realmente se irá refazer a vida, é conveniente evitar trazê-la para casa.

E, quando ocorrer, os filhos devem estar assegurados de que essa pessoa não irá substituir o pai ou a mãe ausente, cujo lugar será sempre preservado. É importante fazer com que entendam que a separação foi entre o marido e a mulher, nunca entre pais e filhos. Também costuma funcionar bem a colocação de que esse novo encontro vai fazer a mamãe (ou o papai) ser feliz novamente, ou pelo menos tentar. Não se trata de pedir consentimento aos filhos, claro, mas de prepará-los para a entrada de um estranho na vida deles, o que nem sempre é fácil de aceitar.

Por isso, é vital que essa pessoa não seja outra a cada semana, dia ou mês. Além de os filhos ficarem abalados com tantas mudanças, é um péssimo exemplo para a vida afetiva deles no futuro. Pense: um dia você traz uma pessoa simpática, que tem jeito com as crianças e que de imediato as conquista. Elas ficam animadas e mais calmas, serenadas as dúvidas e incertezas quanto ao seu relacionamento. Some de cena a pessoa simpática de que gostaram tanto. Uma semana. Outra pessoa adentra a vida delas. Desta vez, uma pessoa que os ignora ou sem paciência com crianças. Aí elas ficam magoadas. Dois meses depois, já meio que resignadas, novo rompimento. "Quem será que vem agora?" é a dúvida que naturalmente se instala. Nada mais normal, portanto, que pais preocupados com o equilíbrio emocional dos filhos não os submetam a isso. Namorar, tudo bem. Experimentar novas relações, também. Porém a dois. Dentro de casa, só deveria entrar aquele(a) com quem houvesse um projeto a curto prazo de vida a dois.

Também é importante que, na presença das crianças, o par mantenha uma atitude comedida, evitando beijos, carinhos, abraços sensuais ou brincadeiras picantes. Arroubos amorosos excessivos na frente das crianças podem ser difíceis de entender, gerando ciúme ou mal-estar nos filhos. Então, mesmo que o casal esteja naqueles momentos de tórridas paixões que em geral caracterizam o início de toda relação, não se deve esquecer dos corações aflitos. A portas fechadas pode-se deixar a fogueira queimar e queimar... mas na presença dos filhos, reserva é bom e esforços para estabelecer contatos positivos são atitudes que, somadas, irão, certamente, auxiliar muito no bom encaminhamento das relações.

Por fim, se os filhos começarem a apresentar rejeição muito forte a algum parceiro novo, em hipótese alguma ignore ou minimize ("Ah, estão com ciúmes" ou "Aos poucos eles se acostumam"). Infelizmente, a maior parte de abusos sexuais ou maus-tratos a crianças e jovens são praticados, como estudos comprovam, por pessoa próxima (padrasto ou madrasta, muitas vezes). Não quero afirmar que sempre que as crianças rejeitam um novo companheiro dos pais seja por este motivo. Pode ser apenas ciúme, pode ser medo de o sonho de reatamento entre os pais ir por terra. Mas podem ser maus-tratos ou abuso sexual também! Quem abusa de crianças ou adolescentes tem uma atitude na presença do pai (ou mãe), e outra, bem diversa, quando estão a sós. O novo namorado da mamãe pode estar achando altamente atraente a menina de 13 anos, com seu corpinho desabrochando, cheia de timidez, ingenuidade, inexperiência e insegurança em relação ao sexo. É horrível, mas não é nem tão improvável. Portanto, se um de seus filhos rejeita muito seu (sua) novo(a) namorado(a), e com outros tal não ocorreu, não hesite. Mostre ao seu filho, com afeto, que você está procurando ser feliz de novo, mas que jamais o conseguirá se alguma coisa errada estiver ocorrendo. Insista neste ponto. Diga-lhe que não deixe de lhe dizer o que o está desagradando. Não sugira nada. Apenas mostre que a segurança e a felicidade dele é muito importante e que ele sempre poderá fazer suas colocações.

Infelizmente não são poucos os casos em que, apaixonados, os pais fecham os olhos à realidade com receio de perder um novo amor. Quando acordam, coisas terríveis podem ter acontecido. Portanto, todo cuidado é pouco. Pensem bem antes de levar uma relação tão a sério a ponto de deixar que entrem no seu convívio e de seus filhos pessoas que vocês ainda não conhecem muito bem.

Evidentemente, abuso sexual é muito grave e traumatizante. Mas coisas menos sérias também podem ser perigosas para o equilíbrio e o desenvolvimento harmônico de nossos filhos. Por exemplo, se quem você está namorando odeia crianças, não tem a mínima disposição para conviver com elas e você tem 2 ou 3 filhos, não deveria repensar este relacionamento? É muito mais fácil encontrar outro par do que expor seus filhos e depois ficar anos para consertar os estragos. Filho é para sempre. E a nossa responsabilidade inclui escolher com quem vamos dividir nosso teto, que, afinal, é dos nossos filhos também. Tente observar como age esse(a) novo(a) companheiro(a) quando você não está por perto. Dê umas "incertas". Pode parecer condenável mas não é, porque só assim poderá perceber se existe realmente empatia e boa vontade ou se é apenas encenação na sua presença.

20. Pais sexualmente "fogosos"

- *Um casal muito "fogoso" pode despertar a sexualidade dos filhos?*

É claro que a forma pela qual os pais conduzem sua vida sexual influencia a dos filhos. Um exemplo vale por mil palavras. Portanto, um casal que demonstra seu amor, que quando sai para passear fica de mãos dadas; que em casa, assistindo à televisão, troca beijos carinhosos e olhares cúmplices; cujo marido dá uma leve palmada no bumbum da mulher que passa pela sala; que massageia os pés do outro para aliviar-lhe as tensões do dia a dia; tudo isso, feito com muito carinho, só pode passar para os filhos uma idéia de harmonia e felicidade conjugal que os levará a desejar repetir o modelo ao longo da própria vida.

Já carinhos mais íntimos, relacionados ao ato sexual, devem ser evitados quando as crianças ou jovens estiverem presentes, porque, claro, são para serem feitos em particular. Assim como seria constrangedor ver o seu filho se agarrando e acariciando a namorada na sala de sua casa, também os pais devem evitar este tipo de situação. Pais devem dar o exemplo: guardar para momentos a dois aquilo que é privativo dos dois.

O mais não tem problema. Perceber indícios (indícios, não cenas explícitas...) de bom entendimento sexual entre os pais é também uma forma de ajudar os filhos a compreender a atividade sexual como algo sadio, sem pecado ou culpas.

Mais uma vez vale lembrar Aristóteles: "O equilíbrio está no meio." Ou a sabedoria popular: "Tudo que é demais, enjoa."

Sejamos sensatos: o ato sexual é para ser praticado na intimidade, ao passo que demonstrações de interesse, agrados e brincadeiras de parte a parte não ofendem ninguém. Pelo contrário, dão mostras importantes de harmonia. Um exemplo que os filhos gostarão de seguir.

21. Minha filha não liga para sexo

- *É normal que uma menina de 14 anos ainda não tenha despertado a curiosidade sobre sexo? Será por timidez ou por ainda ser meio infantil?*

Quando não temos com o que nos preocupar, buscamos! Tantos pais gostariam que suas filhas ainda brincassem de boneca em vez de já estarem, tão cedo, "ficando" com sabe-se lá quem! Não existe uma idade fixa, predeterminada, para o interesse sexual surgir. Se a menina já é púbere (que é o mais provável, no caso), deve ter curiosidade a respeito, sim — provavelmente satisfeita. Talvez ela apenas não externe *para os pais*, por timidez ou porque não se sente à vontade para conversar sobre isso com adultos, preferindo — como muitos adolescentes — fazê-lo com coleguinhas.

Também pode ser que realmente ainda não esteja interessada. Nada disso é problema. Cada pessoa tem o seu ritmo. Portanto, se ela é uma menina que tem amigos, que vai à escola, a festinhas, ouve música, conversa ao telefone, enfim, participa das atividades normais, como as amiguinhas, o mais provável é que tudo não passe de preocupação excessiva de pais amorosos.

Apenas por prevenção — como hoje é mesmo raro uma menina de 14 anos não demonstrar nenhum interesse sexual — talvez valha a pena conversar sobre o que ocorre na adolescência e procurar avaliar o que ela sabe, para que não permaneça sem dados e conhecimentos adequados.

Caso ela ainda não tenha entrado na puberdade, isto é, ainda não esteja com formas femininas (seios, pêlos pubianos e axilares, arredondamento dos quadris) ou tido a menarca (primeira menstruação), seria conveniente levá-la ao ginecologista ou endocrinologista. É importante afastar a possibilidade de algum problema de saúde ou de desenvolvimento.

Se tudo estiver bem no plano físico, se ela demonstra, durante as conversas, que tem conhecimento a respeito do assunto, se tem vida social normal, se vive feliz, então tirem da cabeça as preocupações e comemorem! Vocês têm uma filhinha tranqüila, que saberá viver cada acontecimento no momento adequado, sem aceitar pressões sociais ou modelos de comportamento preestabelecidos. Não criem problemas que não existem. Simplesmente aproveitem ao máximo a convivência com sua filha.

22. Homossexualismo e adolescência

- *Qual a importância do homossexualismo na adolescência?*
- *A homossexualidade pode ser definida na adolescência ou ainda é cedo, devido à turbulência da fase?*
- *A ocorrência de relação homossexual na adolescência pode ser considerada normal?*

O comportamento sexual do ser humano é determinado pela interação complexa de vários fatores. Está ligado a elementos de personalidade, genética e à percepção do "eu" (*self*). Inclui a forma como a pessoa interioriza o que é *ser homem* ou *ser mulher* e reflete experiências do desenvolvimento com o sexo ao longo da vida.

Explicando de outra maneira: a sexualidade se forma pela conjugação de três fatores: a identidade de gênero, a identidade sexual e o comportamento sexual.

Identidade de gênero, definida de forma simples, é a percepção que a pessoa adquire, através de sua vivência, de que faz parte do gênero masculino ou feminino. Ou seja, o menino, após umas tantas experiências de vida, começa a entender que ele é menino e começa a adotar comportamentos que vê em outros meninos. O mesmo ocorre com a menina. A identidade de gênero está relacionada diretamente à cultura pessoal e social.

A influência das experiências da infância sobre o caráter adulto só teve sua importância reconhecida a partir dos estudos de Freud. São aprendizagens que o indivíduo faz, em parte, em decorrência da atuação dos pais, ainda que não sejam intencionais. Estas aprendizagens são importantes na formação da sexualidade, embora não totalmente determinantes. A identidade de gênero é dos três elementos o único sobre o qual os pais podem ter alguma atuação.

Assim que nasce, o bebê começa a influenciar o comportamento dos pais. No contato físico, por exemplo, se é uma menina, tratam-na com mais suavidade do que ao menino, com quem, em geral, costumam brincar de forma mais vigorosa. Enquanto "brinca de lutar" com o filho, o pai tende a acariciar a filha, adotando uma atitude fisicamente mais reservada com o menino. Tende, inclusive, a evitar beijos ou abraços muito efusivos, que são substituídos por tapinha nas costas, ou desarranjar os cabelos. É uma forma de comunicação não verbal que ensina, subliminarmente, que homem "não pode" ter contato físico com outro homem. Enquanto isso, a mãe ensina a menina a "sentar como uma mocinha", volta e meia o pai diz que tal ou qual atitude é "coisa de homem", mostra ao filho uma menina bonita que passa, dando uma piscadela significativa, enquanto pede à filha que vá pegar uma cerveja para ele na geladeira. Na hora de tirar da mesa ou lavar a louça, a mãe chama a filha para ajudar, permanecendo mais indulgente com o menino em termos de colaboração no lar. Quer dizer, nas pequenas coisas do dia a dia, os pais vão marcando a diferença entre o que representa "ser menino" e "ser menina" na nossa cultura. Machismo ou não, é assim que as coisas funcionam na grande maioria das casas. E isso é apreendido e assimilado pelas crianças, levando-as a perceber como a sociedade espera que elas ajam em função do gênero.

A divisão do trabalho dentro de casa também continua diferenciando os sexos. A criança vai observando, sentindo e aprendendo o que é esperado dela e, assim, de maneira geral, vai assumindo o comportamento sexual culturalmente característico.

Com o aumento da participação dos homens de forma mais direta nas tarefas domésticas essa "marca" vem se tornando mais tênue, mas ainda predomina a antiga divisão.

O homem vem gradativamente aceitando participar das tarefas historicamente "femininas" — mesmo que a contragosto —, mas, de todo modo, na maioria dos casos, ainda como uma "ajuda" que ele dá à mulher e não com a consciência de que esta é a divisão real e justa.

A conduta dos pais contribui de forma significativa para que a criança compreenda e assimile o gênero a que pertence. A partir desse reconhecimento e dessa identificação ela vai assumir as atitudes e comportamentos coerentes com o seu sexo biológico. Além disso, o comportamento das pessoas na sociedade (escola, clube, igreja etc.) também ajuda a criança a compreender quem é ela, do ponto de vista de gênero. É, portanto, um dado cultural e aprendido.

A *identidade sexual* está relacionada à parte biológica. São características ligadas à formação física — cromossomas, genitália externa e interna, composição hormonal, gônadas (glândulas sexuais: testículo no homem e ovário na mulher) e características sexuais secundárias (pêlos, barba, pomo-de-adão, formas arredondadas nas moças etc.) que surgem na puberdade. A presença e a percepção da presença desses elementos corporais contribui para que a criança identifique seu sexo biológico: "Tenho pinto, então sou homem." "Meu pipi é igual ao da mamãe, então sou mulher."

No processo de desenvolvimento, em geral, estes dois elementos (identidade de gênero e identidade sexual) formam um padrão coeso, harmônico, levando a pessoa a não ter dúvidas quanto ao seu sexo, o que costuma ocorrer por volta dos 2, 3 anos de idade. Esse reconhecimento juntamente com a conformação física normal, leva a que o *comportamento sexual* — terceiro elemento do tripé — surja e se harmonize com os outros dois.

Resumindo, a *identidade de gênero* é influenciada por aspectos psicológicos e culturais. A *identidade sexual* está ligada à parte física, biológica. Quando os dois são congruentes, geram um *comportamento sexual* coerente. Quando há problemas fisiológicos, de identificação de gênero ou ambos o indivíduo poderá ter sérios conflitos, os quais podem originar vários tipos de disfunções sexuais.

A formação da identidade de gênero, como vimos, tem por base as atitudes dos pais, a cultura em que se vive e a influência genética.

O papel de gênero é, portanto, o conjunto de coisas que a pessoa aprendeu (com os pais, na escola, com os amigos) e adota para mostrar que é menino ou menina. Este papel é construído de forma cumulativa, através de experiências de aprendizagem não planejada, de instrução implícita.

O resultado padrão e saudável é a congruência entre identidade e papel de gênero.

Os padrões biológicos são significativos, mas, segundo Kaplan, no seu *Compêndio de psiquiatria* de 1993, o principal fator na aquisição do papel adequado ao sexo é a aprendizagem. Mais uma vez fica clara a importância da ação do pai e da mãe em todos os aspectos da formação dos filhos.

Outras coisas que são importantes saber:
No período pré-natal, os embriões são primeiramente femininos. A diferenciação resulta da ação do andrógeno fetal (um hormônio), que se inicia na sexta semana de gestação,

indo até o final do terceiro mês da gravidez. Como explica Nogara, em seu artigo "O desenvolvimento sexual normal", publicado no *Manual de endocrinologia pediátrica* de 1996:

...A diferenciação e a determinação sexual são processos seqüenciais que envolvem o estabelecimento, no zigoto, do sexo cromossômico ou genético (46XY ou 46XX), no momento da concepção; a determinação do sexo gonadal (testículos e ovários) mediante o sexo genético; e a definição do sexo fenotípico (genitália masculina ou feminina) por meio da regulação da diferenciação do aparelho genital pelo sexo gonadal. Esses processos são regulados por pelo menos 30 genes diferentes localizados nos cromossomas sexuais e/ou autossômicos, e ocorrem por meio de diversos mecanismos dependendo de fatores organizacionais, hormônios peptídios e esteróides e receptores teciduais. Com base nestes fatos pode-se ter uma idéia da complexidade do processo de diferenciação sexual e de suas anomalias.

Por volta de 2 ou 3 anos de idade quase todas as crianças já formaram conceito de gênero.

Segundo estudos estatísticos recentes:

- 4% dos homens adultos são homossexuais durante toda a vida;
- entre 16 e 55 anos, 13% afirmaram ser predominantemente homossexuais nos últimos três anos;
- 1/3 teve uma experiência homossexual durante os anos pré-puberais; e
- 2 a 4% das mulheres são exclusiva ou preferencialmente homossexuais.

A maioria das experiências homossexuais (1/3 ou 33,33%), portanto, ocorrem antes da puberdade, não tendo, muitas vezes, significado maior do que mera curiosidade, e não implicam definição sexual. Traduzindo: ter tido uma experiência homossexual na infância ou na entrada da adolescência não significa ser homossexual.

Nos homens, a atração homossexual costuma surgir no início da adolescência, enquanto nas mulheres pode ocorrer também na pré-adolescência. É mais comum, no entanto, ocorrer do meio para o final da adolescência ou após entrarem na idade adulta jovem.

As pessoas despendem saúde e energia discutindo se o homossexualismo é um desvio da sexualidade normal, uma doença ou uma escolha. O essencial é compreender o fato incontestável: algo em torno de 4% dos homens e quase outro tanto de mulheres são homossexuais. Embora não seja nem de longe maioria (cerca de 96% são, portanto, heterossexuais), é um número grande de pessoas. Por isso é importante compreender o processo.

Onde os pais podem ajudar é na identificação de gênero. A parte biológica independe da ação do meio (família, sociedade etc.). Os pais podem contribuir apenas propiciando aos filhos um ambiente afetivo saudável e equilibrado, em que as oportunidades para que a criança identifique o gênero a que pertence surjam naturalmente e sem estresse.

Um lar equilibrado, em que marido e mulher tenham seu espaço, funções e papéis harmonicamente divididos, em que a relação sexual e afetiva seja satisfatória, em que não exista muita disputa nem excessivas agressões, enfim em que um sexo não sobrepuje, humilhe ou rebaixe o outro é um universo de saudável aprendizado.

Embora nada garanta o resultado final, esta é a contribuição que os pais podem dar a respeito — *favorecer a identificação de gênero através de um lar onde impere a harmonia, o equilíbrio e o amor*. Um lugar em que homem e mulher estejam felizes, se respeitem e ajam complementando um ao outro, se não sempre (porque ninguém é perfeito e todos os relacionamentos têm seus momentos de altos e baixos), na maior parte do tempo.

Uma ocorrência homossexual na adolescência não significa *definição* a respeito, como vimos. Entretanto, caso seja observado e algum comportamento divergente, o que pode ser feito é uma avaliação com um endocrinologista.

Se não houver nenhum distúrbio hormonal ou outro problema físico qualquer, o que se pode tentar é uma consulta com um psiquiatra infantil ou com um psicólogo, especializado em sexologia (sexólogo). É preciso, no entanto, esclarecer que a reversão da homossexualidade, em geral, não ocorre nem é o objetivo dos terapeutas. Além disso é necessário que jovem *deseje* o tratamento. Se a pessoa está satisfeita e em harmonia consigo própria, mesmo que não corresponda ao que os pais desejavam, dificilmente algo mudará. Segundo estudos, só há reversão quando o paciente apresenta conflito ou insatisfação em relação à homossexualidade.

A maioria dos tratamentos psicológicos atuais, inclusive, enfatizam a superação do conflito mais que a reversão do processo.

23. Como abordar o homossexualismo

- *O que responder a um filho de 11 anos que lhe pergunta repetidamente: "Mamãe, o que você faria com o meu irmão se descobrisse que ele é gay? Você o expulsaria de casa? O que você faria com ele"?*

Talvez seu filho esteja querendo lhe dizer alguma coisa sobre o irmão, ou sobre ele próprio. Pode ser curiosidade sobre o que vocês pensam a respeito. Ou, quem sabe, ele deseje avaliar o que lhe aconteceria numa situação semelhante, visto que o assunto hoje em dia é veiculado com bastante freqüência na mídia.

Responder com sinceridade é sempre o melhor caminho. Ainda que seja "não sei".

Poucas pessoas trocam idéias a esse respeito, pensando, inclusive, de que forma orientar os filhos nesse campo tão delicado e, hoje, tão em evidência. Parece-me essencial mostrar:

1) *O que vocês pensam a respeito* — e aí vai a postura de cada um em relação ao assunto: se consideram uma atitude normal, aceitável, inaceitável, enfim, é importante que os filhos saibam como os pais vêem a questão, ainda mais hoje, quando os meios de comunicação vêm apresentando com freqüência situações de convívio homossexual, em geral mostrando dificuldades e preconceitos que essas pessoas sofrem. Ao mesmo tempo, em outras situações (programas humorísticos, entre amigos, nas conversas dos adultos etc.),

o homossexual é ridicularizado ou apresentado como alguém que se deve evitar. Não é nada difícil, pois, um jovem sensível perceber essa dubiedade e sentir-se confuso, curioso e até ansioso por descobrir o que pensam e como agiriam seus pais frente à situação.

2) *O que se sabe hoje a respeito* — há poucas décadas, o homossexualismo era visto como uma doença a ser tratada; atualmente uma linha de psiquiatras acredita que é uma forma de relacionamento sexual, enquanto outra o encara como distúrbio do comportamento. Seja qual for a posição, ninguém pode ainda afirmar com certeza o que o determina, simplesmente porque não há provas científicas a respeito. O que se sabe é que fatores conjugados desde a concepção até a adolescência e início da vida adulta agem determinando a hetero ou a homossexualidade de cada pessoa. Em que proporção e qual o peso de cada um dos fatores, ninguém sabe ao certo.

O importante é esclarecer os jovens sobre isso, quando apresentarem curiosidade a respeito; até porque os conflitos que a repressão social acarretam nos homossexuais, assim como a discriminação que sofrem são provavelmente o pior fardo que carregam.

3) *Ao filho* — que, independente da posição que se tenha, qualquer forma de discriminação, perseguição ou humilhação é inadmissível. É bom deixar bem claro que, mesmo que não se concorde com a posição do outro, o respeito e a consideração — desde que recíprocos — devem sempre existir, em qualquer circunstância.

4) *Que você está à disposição para outras conversas* — sempre que ele julgue importante e necessário.

24. Homossexualismo e processo educativo

- *Como lidar com o homossexualismo no processo educativo?*
- *Há como evitar o homossexualismo?*

Séculos, atrás, na sociedade grega e na persa, por exemplo, o homossexualismo era considerado normal e até valorizado. A mulher por ser iletrada e inculta era considerada inferior; cabia-lhe ficar lá pelos fundos da casa, criando filhos, cuidando da comida e servindo ao homem. As trocas intelectuais e afetivas ocorriam entre os homens. A mulher era para a reprodução e o cuidado com as crianças. Por isso era menosprezada. A partir da Idade Média, o homossexualismo foi francamente desprezado e perseguido. Na Segunda Guerra Mundial, sob Hitler, os homossexuais, assim como judeus, ciganos, negros e comunistas, eram eliminados. Pensar o homossexualismo como um problema dos tempos modernos é, portanto, um equívoco, que só cometem aqueles que não têm maiores conhecimentos de História. Atualmente, estamos assistindo a um movimento de revisão na forma de se abordar o problema. A luta hoje é para não discriminar, não perseguir — aceitar.

Por outro lado, por mais liberais que sejam, a maioria das pessoas não *deseja* ter um filho ou filha homossexual. Mesmo os que vêem o homossexualismo como uma escolha pessoal não ficam felizes se um filho assume tal postura. Tendem a não reprimir, o que é bem diferente de ficar feliz.

O que os pais, em geral, desejam é que seus filhos estudem, assumam uma profissão e tornem-se produtivos a partir dela;

desejam também que se realizem no plano afetivo, encontrando um par que lhes dedique amor, apoio e respeito. E, em geral, sonham com netos. Por isso tudo, com relação à sexualidade, como ajudar os filhos a alcançarem tal objetivo, perguntam-se os pais, num misto de ansiedade e apreensão. O que os pais podem fazer é:

1) *Educá-los num lar em que prevaleça o respeito e a harmonia* e, mais do que tudo, o amor e o carinho entre marido e mulher, e entre pais e filhos. Se conseguirmos fazer do nosso lar um local onde as pessoas se entendem e respeitam minimamente, teremos dado um bom exemplo que eles talvez desejem seguir.

Em outras palavras, se o homem não domina ou subjuga a mulher, se a trata com o respeito que ela merece; se a esposa trata o marido com afeto, carinho, respeito; se pai e mãe vivem sua vida sexual de forma harmoniosa e satisfatória; se não vivem se massacrando e massacrando os filhos com atitudes injustas, descabidas; se as crianças sentem o equilíbrio e a complementaridade ajustada que existe entre os dois sexos, provavelmente terão um bom modelo para seguir. Nada garante porém que esse modelo será seguido obrigatoriamente, porque, como vimos, vários são os fatores que atuam na definição e/ou identidades sexual e de gênero.

Essa identificação paulatina e gradual, que vai ocorrendo nas situações diárias vivenciadas em casa, na escola e em outros locais que a criança freqüenta, é que vai formando a consciência de gênero. Em outras palavras: o menino vai assumindo — orgulhoso e feliz — que é menino, homem, igual ao papai, com as especificidades de ser homem, enquanto a menina vai percebendo e interiorizando que é menina, mulher, como a mamãe, com o encanto e as particularidades do seu papel. Feita a identificação de gênero ("eu sou menino" ou "eu sou menina") e não havendo problemas com a parte fisiológica, a coesão entre esses dois elementos leva ao comportamento sexual correspondente.

Talvez algumas pessoas questionem essa colocação, dizendo que tudo não passa de convenção social, que não existe isso de papel de homem e de mulher. Hoje, as mulheres vêm assumindo mais e mais tarefas que antes eram prerrogativa dos homens e vice-versa. Acho saudável que a igualdade esteja mais próxima, no entanto algumas diferenças existem. São diferenças fisiológicas, ou seja, diferenças que caracterizam cada sexo, independentemente do quanto se evolua em termos culturais. É claro que "brincar de boneca" era uma conduta típica feminina há quatro décadas. Hoje é normal que os meninos participem, sem repressão, da brincadeira, imitando o que vêem os papais menos antiquados fazerem em casa. Só que cada gênero continua tendo sua marca, seu registro específico. Meninos e meninas poderão brincar de trocar a fralda do bebê, mas a menina fará isso de forma diferente da que terá o menino, devido até a questões hormonais.

Os estudos ressaltam a importância do papel da educação e da aprendizagem no comportamento sexual e na identidade de gênero. Portanto, ao definirmos determinadas atitudes como próprias do gênero feminino e outras do gênero masculino de forma mais concreta, mais palpável, especialmente quando eles são pequenos, estaremos contribuindo para a aprendizagem e reconhecimento do sexo biológico em correspondência ao comportamento sexual específico. Não dá para tratar questões de gênero de forma conceitual aos 2 ou 3 anos de idade. Só com modelos concretos; por exemplo: na nossa sociedade, menina usa vestido e sapatos de salto alto e menino não. Menina pinta as unhas com cores fortes e menino não. A relativização dos papéis que vem ocorrendo (contribuindo para que haja cada vez menos atividades próprias a cada sexo) é importante e é um progresso para a igualdade entre homens e mulheres, mas não deve ser confundida com homogeneização. Devemos lutar pela igualdade de direitos e deveres entre os sexos, não há dúvida, sem que isso represente ignorar que a natureza deu a cada sexo atributos específicos. Por exemplo: por características biológicas inatas, o homem, quase sempre, é mais agressivo e mais forte fisicamente. A mulher, por sua vez, e aí é que reside a beleza da complementaridade entre os sexos, é mais suave, usa mais as palavras do que os músculos, tende a ser mais intuitiva (o que não quer dizer que todas as mulheres e todos os homens sejam e ajam dessa forma, mas apenas que a maioria deles tende a agir assim). É importante compreender essas diferenças, percebê-las e assimilá-las, não como algo que diminui qualquer dos gêneros, mas que antes engrandece a ambos, porque é na diferença que eles se complementam, integram e completam. É essa a mensagem que devemos passar para nossas crianças, contribuindo para que elas se percebam como integrantes de um dos gêneros e, especialmente, que se sintam felizes e orgulhosas por pertencerem a cada um deles.

2) *Compreender que o desenvolvimento da sexualidade sadia tem relação com um comportamento sexual natural por parte dos pais.* Quando a criança demonstrar interesse e curiosidade sobre o assunto deve-se esclarecer suas dúvidas sem mentir ou passar culpa em relação à sexualidade. Agir com

naturalidade em relação à curiosidade sobre os órgãos genitais, masturbação etc. Ter espontaneidade nas relações e trocas afetivas com o cônjuge, de forma que os filhos percebam que os pais são felizes e se completam como homem e mulher, como par, como casal.

3) *Incluir noções básicas de respeito e de não-discriminação no processo educativo.* Esclarecer e discutir com os filhos o assunto quando — numa piada ou num programa de TV — a situação for mostrada. Devemos aproveitar e trocar idéias a respeito, expondo pontos de vista e opiniões e aproveitando para ouvi-los. Também devemos mostrar-lhes que, o respeito e a não-discriminação devem sempre prevalecer.

Vale lembrar que a abordagem tem que levar em conta a idade da criança, isto é, deve-se responder da forma que a idade exija. Com 6 anos, se ela nos pergunta "mãe, o que é 'bicha'?", a resposta terá que ser, é claro, mais sucinta e simples do que se a mesma questão nos for colocada aos 15.

25. Meu filho tem amigos homossexuais

- *O que fazer se o seu filho adolescente tem um amigo homossexual? Qual a melhor atitude? Haverá influência mais tarde ou não?*

Se um pai fica sabendo que o amigo do seu filho é (ou parece ser) homossexual a tendência da maioria é afastá-los. É, no entanto, atitude contraproducente e que denota despreparo.

Como vimos, o homossexualismo é derivado de uma conjugação de fatores complexos, que se vão integrando ano após ano, dia após dia. Não acontece de repente. E não "pega"!

Quanto à influência do grupo, que é uma das coisas que os pais temem ("Será que andando com gays, meu filho ou minha filha se sentirá tentado[a] a experimentar?"), de modo geral, isso não ocorre.

Como vimos em páginas anteriores cerca de 1/3 dos jovens vivencia uma experiência homossexual na vida. Portanto, isso pode vir a ocorrer, mas não por ser o amigo homossexual, e sim porque o próprio jovem resolveu ter uma experiência, que, na maioria dos casos, não é repetida depois, ou então por ser uma tendência que já existia.

De qualquer modo, é importante orientar os filhos sobre a importância de saber dizer "não" e ter segurança, a ponto de não aceitar pressões do grupo ou de qualquer pessoa para agir de forma que não deseje ou concorde. É preciso mostrar aos filhos que os verdadeiros amigos, assim como o verdadeiro amor, não exige nem precisa de "provas". A pessoa que é amiga aceita o jeito próprio de agir e de ser do outro, e dentro dessa forma pessoal o respeita e ama. Esse é o sentido verdadeiro da amizade. É preciso alertar para o fato de que aqueles que exigem "provas" de amizade (beber, dirigir sem carteira, fumar ou ter uma experiência homossexual) devem ser encarados como pessoas não dignas de confiança, muito menos de amizade. É preciso que nossos filhos saibam que, uma hora ou outra, poderão passar por este ou outros tipos de teste, e é necessário que estejam preparados para se opor para não se deixar levar pelo medo de perder amigos. Depois de pensar no assunto é mais fácil dizer "não", especialmente na adolescência, quando os amigos têm uma força muito grande.

26. Homossexualismo, causas

As causas do homossexualismo são muito discutidas e controvertidas como vimos. Há correntes com posturas antagônicas e, ao certo, ainda não se pode afirmar nada. A teoria freudiana especula que seria decorrência de atraso no desenvolvimento psicossexual, em conseqüência de vários fatores, como forte fixação na mãe (no caso do homossexualismo masculino), falta de cuidados paternais efetivos; inibição do desenvolvimento masculino pela ação dos pais, fixação ou regressão narcisística do desenvolvimento, perda na competição entre irmãos e irmã dentre outros. O homossexualismo feminino incluiria a inveja do pênis e conflitos edípicos não resolvidos.

Estudos recentes ressaltam componentes genéticos que poderiam contribuir para o comportamento homossexual, como níveis de andrógeno circulatório mais baixos nos homossexuais masculinos ou outras alterações hormonais tanto em homens como em mulheres.

Enquanto cientistas e estudiosos exploram, estudam e discutem as causas, aos pais, na verdade, interessa saber o que fazer quando o filho ou filha demonstra inclinações ou se declara homossexual. Devemos tratá-lo? Levar a um médico? De que especialidade? Quais as possibilidades de êxito?

Tratar é um caminho com resultados muito baixos.

Uma das opções disponíveis é o tratamento psicanalítico, mas, segundo levantamentos, seriam necessárias 350 horas, no mínimo, para se obter algum resultado, e poucos revertem a orientação sexual. Outro tipo de terapia, a comportamental, também apresenta resultados discutíveis.

Os tratamentos que visam reorientação sexual parecem só atingir resultados satisfatórios nos casos em que o paciente tenha tido experiência heterossexual anteriormente, tenha menos de 35 anos de idade e apresente alta motivação para a reorientação.

A forma recente de abordar o problema, tanto por psiquiatras quanto por psicólogos, centraliza o trabalho mais no sentido de reduzir a angústia e os conflitos gerados pela orientação sexual do que em conseguir o retorno à heterossexualidade, já que objetivam alcançar melhor qualidade de vida, com menos problemas emocionais.

PARTE III
Questões sobre drogas

As drogas são um verdadeiro flagelo; conseguem tirar o sossego e a paz de qualquer pessoa que tenha um mínimo de consciência sobre a gravidade do problema.
É o pior pesadelo que assombra hoje pais de adolescentes em suas noites maldormidas. Como dar a liberdade que os jovens tanto desejam se os perigos parecem se multiplicar *ad infinitum*? Como ter tranqüilidade quando saem à noite? Como saber quem são os novos amigos que aparecem surgidos não se sabe de onde? Como controlar os filhos sem contribuir para sua infantilização? Como orientá-los sem amedrontá-los? E como saber, sem invadir sua privacidade, se estão ou não fazendo uso de algum tipo de droga?
Estas e outras questões povoam, noite e dia, dia e noite, a mente angustiada dos pais. Nesta terceira parte, refletiremos sobre as questões que dizem respeito às drogas, buscando a prevenção, que é, sem sombra de dúvida, o caminho mais efetivo no combate ao uso e ao abuso de drogas.

> *"...Após o primeiro copo, carneiro; após o segundo copo, leão; após o terceiro copo, porco..."*
>
> (DO TALMUD)

1. Beber é de fato um mal?

■ *Os adolescentes devem ser convencidos de que ainda não têm idade para beber e de que bebida alcoólica é, de fato, um mal?*

Sim, os pais devem mostrar aos filhos que o álcool é a droga mais utilizada em todo o mundo, e que é bastante perigosa, justamente por ser uma droga lícita. Pessoas de todas as camadas sociais, independentemente da idade, de onde foram criadas e de terem ou não problemas, usam o álcool de maneira indiscriminada, o que pode conduzir à dependência. Por não ser proibida, não é, porém, menos perigosa, podendo levar a danos irreparáveis, tais como a cirrose hepática, deterioração pessoal e profissional, enfim, pode arruinar a vida do usuário. O álcool é responsável pelo maior índice mundial de absenteísmo ao trabalho, além de ser um grave problema social em países como a Rússia e Dinamarca, por exemplo.

É importante o adolescente saber que, embora lícito, o uso de álcool é vedado a menores de 18 anos. Os estabelecimentos comerciais estão sujeitos a penalidades bastante severas, se não respeitam a lei. Infelizmente, a fiscalização é escassa e ineficiente, e a maioria dos comerciantes pouco liga para a legislação. Ignorando seu papel social e visando apenas lucro, vendem bebidas a menores e, por vezes, até estimulam seu uso, para aumentar os ganhos. Muitos jovens bebem, mas não somente porque os comerciantes vendem: poucos são os pais que afirmam com segurança aos filhos que não devem beber antes dos 18 anos e que, mesmo depois, só com moderação e em algumas ocasiões.

Dar conhecimento e orientação é bom, porém o que mais funciona é o exemplo. Se os pais não bebem nunca, *provavelmente* seus filhos também não beberão. Se bebem apenas em festas ou ocasiões especiais e se, quando o fazem, são moderados, nunca passando das medidas, o mais comum é que os filhos lhes sigam os passos.

Se, no entanto, bebem com muita freqüência — por exemplo, pelo menos um uísque todas as noites ao chegar em casa — e nos fins de semana não há reunião que não seja regada a muitos e muitos drinques, os jovens terão um bom exemplo em que se mirar.

Não significa dizer que os pais não possam ou não devam beber nunca na frente dos filhos; uma ou duas taças de vinho em algumas ocasiões, um uisquezinho ou taça de champanhe numa festa, nada demais. O importante é moderação como tônica no que se refere à bebida. E, mais ainda, não ter pressa alguma em iniciar sua utilização. O ideal é esperar o prazo legal para começar a utilizar quaisquer bebidas alcoólicas, e sempre de forma moderada.

A Organização Mundial da Saúde (OMS) classifica como alcoólico o indivíduo que toma uma dose diária de bebida, ainda que sob alegação de que é apenas "para relaxar".

O equilíbrio é uma grande virtude. O exagero e a falta de limites é sempre uma má medida. A moderação, ao contrário, permite que se possa fazer uso de muitas coisas sem recair no prejuízo — o caso do álcool é um deles.

2. E a cervejinha sempre nas mãos dos pais?

- *Em geral os pais estão sempre com uma cervejinha na mão aos domingos, nas festinhas ou em encontros com os amigos. Qual a força do exemplo?*

Não somente no que se refere às bebidas, mas em tudo na vida, o exemplo dos pais marca e ensina muito mais do que milhões e milhões de palavras, diálogos ou sermões.

As pessoas que estão *sempre* com um copo de bebida na mão, sem dúvida, terão *mais probabilidade* (lembrem-se, nunca se pode afirmar nada com certeza absoluta em se tratando do ser humano) de que seus filhos bebam do que aquelas que nunca bebem ou só o fazem em ocasiões muito especiais. Isso não significa que os pais não possam fazer uso moderado de álcool, desde que não tenham uma regra para si e outra, bem mais rígida, para os outros.

O álcool ainda é visto como símbolo de masculinidade embora a cada dia mais mulheres venham aderindo ao uso. Por isso é comum os pais darem um gole da bebida que estão tomando para seus filhos ainda bem pequenos e, orgulhosos, aplaudirem em seguida, e exibirem o "filho que saiu ao pai" para os amigos. É muito raro que o façam com as filhas. Este tipo de incentivo favorece o uso, já que começa a ser visto, desde muito cedo, como algo apreciado e aprovado e não como nocivo à saúde e à integridade pessoal e familiar. É um estímulo que muitos pais dão aos filhos sem pensar.

Alguns poderão achar que é exagero, porém atualmente mais de 56% dos jovens entre 14 e 18 anos já fazem uso de bebidas.* Com 15, 16 anos, a cada saída com os amigos ou em cada festinha, consomem várias doses de bebidas, a ponto de ser comum muitos passarem mal por excesso de álcool. Sem contar o crescente número de acidentes no trânsito com morte ou invalidez permanente, e o aumento da agressividade. Quantas festas não acabam em pancadaria por conta do excesso de bebida? Coma alcoólico também não é mais raro. Basta olhar as estatísticas dos hospitais públicos.

O melhor a fazer, portanto, é cuidar para que os filhos tenham um bom exemplo. Digam claramente a seus filhos que eles só podem beber depois dos 18 anos e, mesmo assim, de forma muito moderada.

Ensine-os a parar na hora certa mesmo sabendo que muito provavelmente não seguirão à risca essa regra. Devemos alertar para a proibição legal em vigor e para o fato de sermos nós os responsáveis por eles, perante a lei, em última instância. Pode funcionar, nem que seja para postergar o início do uso, (57,7% dos jovens que utilizam drogas iniciaram-se com 14 anos ou menos) ou, ao menos, poderemos conseguir moderação no uso. Sem dúvida, tendo aprovação e incentivo para beber, há grande probabilidade de começarem cedo e também de beberem mais. E, é bom lembrar, ninguém sabe se tem tendência a se tornar alcoólatra. Portanto, quanto mais tarde o jovem se iniciar, melhor.

---

*Ver *O adolescente por ele mesmo* (1996).

3. Meu filho está fumando e bebendo

É importante, ao perceber o fato, não assumir uma postura catastrófica, exagerada, e escolher a ocasião adequada para conversar. Proibir, aprontar um escândalo, dar uma "bronca daquelas", gritar, dramatizar, nada resolve e, provavelmente, levará a que seu filho continue a fazê-lo, só que, agora, escondido. O uso de cigarros é mais fácil de perceber — o cheiro na roupa, o hálito, um maço esquecido no armário ou cinzas acabam levando à identificação. Guarde e/ou anote os indícios e provas concretas que encontrar. Não o interpele imediatamente. Espere sua cabeça e seu coração acalmarem. As anotações serão úteis quando for conversar.

Aborde o assunto com naturalidade. Vá direto ao ponto. Alguma coisa do tipo: "Meu filho, percebi que você está fumando e isso me preocupa." Ouvir é fundamental. Depois de escutar, somente então, é que devemos fazer as nossas colocações.

Como agir, no caso do cigarro:

- explicar que, acima de tudo, a nossa preocupação é com a saúde;
- deixar bem claro que não o está proibindo, mas que você gostaria muito que ele não o fizesse e que lesse a respeito. Fornecer artigos que falem do poder destrutivo do cigarro e da dependência;

- vale mostrar um raio X de pulmão de uma pessoa normal e outra com câncer de pulmão ou enfisema. É fácil de conseguir com algum médico amigo;
- o que podemos fazer de melhor é mostrar o quanto o amamos e o quanto é importante preservar a saúde;
- informar-se sobre a freqüência de uso: Sempre ou às vezes? Quantos por dia? Somente em festinhas? Assim você poderá avaliar se já há ou não dependência. Insistir no fato de que você gostaria de ajudá-lo a deixar de usar. Ressaltar que seria uma grande felicidade e um alívio se ele resolvesse parar antes de ter algum problema orgânico ou dependência.
- tente conseguir a adesão dele ao projeto.

Já vimos que os adolescentes não costumam contar tudo aos pais. Eles consideram sinal de crescimento e auto-suficiência resolver algumas coisas por eles mesmos. Especialmente aquelas que pressentem que nós não apoiaremos. Então, quanto ao álcool, pode-se falar sobre:

- a necessidade de se postergar ao máximo o uso devido ao processo de desenvolvimento e de formação física e por ser proibido por lei até os 18 anos;
- a possibilidade de ele estar entre aquelas pessoas que, com pouco tempo de uso e mesmo com baixas doses, desenvolvem tolerância e, depois, dependência (explicar bem o que significa cada uma dessas coisas);
   — **Tolerância** = necessidade que o indivíduo começa a ter de utilizar doses cada vez maiores da droga para conseguir a mesma satisfação anteriormente alcançada.
   — **Dependência** = necessidade de o indivíduo estar sob efeito da droga para poder desenvolver suas atividades normais diárias.

- a necessidade de equilíbrio no uso, sempre (diferenciar uso e abuso de uso);
- ressaltar a confiança que você tem de que ele saberá quando parar, deixando claro que é contra que beba antes dos 18 anos e que espera que ele siga o que a lei determina;
- ressaltar o fato de que as pessoas que se alcoolizam, em geral, acabam passando vexame, falando o que não falariam se estivessem sóbrias, enfim, sendo o "palhaço" do grupo, "pagando mico", sem contar que depois esquecem o que fizeram, o que pode ser muito desagradável e gerar ansiedade (O que estarão pensando de mim? Será que eu deixei escapar alguma coisa íntima? Será que "entreguei" que gosto da fulana?);
- lembrar que as pessoas que se alcoolizam, embora no início do "pilequinho" fiquem alegres e engraçadas, costumam se tornar inconvenientes depois, o que acaba afastando amigos.

Em suma, não fazer escândalo, não proibir rigidamente, não fazer chantagem. Apenas mostrar o quanto a pessoa se expõe e o quanto é perigoso — e fácil — tornar-se dependente do álcool — estima-se em 10% da população. Quanto mais cedo se inicia o uso, mais chance há de se criar dependência.

4. Meu filho está usando maconha e não quer se tratar

- *O que fazer com um jovem que admite fazer uso de maconha, recusa-se a internar-se numa clínica e diz que não pretende parar, pois não vê nenhum prejuízo nisso. O pai acredita que, quando ele chegar ao fundo do poço, aceitará ajuda. É possível crer nisso?*
- *Como agir quando se descobre que o filho faz uso de maconha, mas, rebelde, não aceita regras nem ajuda?*

Infelizmente, este é um dos mitos mais divulgados hoje: "Maconha não faz mal." O grande desafio, por isso mesmo, é convencer o filho que isso não corresponde à realidade.

Alguns efeitos físicos imediatos do uso da maconha, segundo Climent e Guerrero (1992):

- aumento do apetite (fase inicial);
- taquicardia;
- congestionamento dos olhos;
- ressecamento da boca e da garganta;
- alterações na percepção (música, imagens e cores);
- em altas doses, pode provocar alucinações e distorções visuais;
- grande apatia;
- manifestação de problemas emocionais latentes (agressividade em pessoas tímidas, por exemplo).

Danos à saúde, a médio e longo prazos, segundo os mesmos autores:

- consumo freqüente e prolongado causa danos irreversíveis nas células do cérebro;
- aceleração do ritmo do coração em até 50%, podendo conduzir à dor anginosa, como a que precede o infarto;
- inflamação dos tecidos dos pulmões;
- redução, no homem, do número de espermatozóides e do nível de testosterona; em conseqüência, afeta a fertilidade e a capacidade sexual;
- na mulher, altera a regularidade do ciclo menstrual, reduz o nível de estrógenos circulantes, afetando, em conseqüência, a fertilidade;
- durante a gravidez, pode provocar abortamento ou natimortos;
- durante a lactação, os efeitos tóxicos passam para o bebê;
- retarda o crescimento físico dos adolescentes;
- perturba o aprendizado, dificulta a compreensão da leitura e a expressão verbal;
- afeta a memória de fatos recentes;
- reduz a coordenação motora e a concentração necessárias para, por exemplo, dirigir um veículo;
- pode provocar sentimentos de angústia e de perseguição.

Se o jovem for usuário não habitual e não dependente, o conhecimento pode ajudar a combater o uso. No entanto, nem sempre eles acreditam no que lhes dizem um pai e uma mãe "caretas", como eles insistem muitas vezes em chamar quem os contraria.

A internação para tratamento só costuma ter sucesso se houver adesão do usuário e o desejo verdadeiro de vencer a dependência. Entretanto, alguns profissionais acreditam na possibilidade de tratar o drogado à revelia. Assim, no caso em questão, como o jovem não aceita a idéia de se tratar nem de tentar abandonar o uso de maconha, a possibilidade é exatamente esta, embora o resultado seja questionável. Parece ser este o ponto de vista do pai, mas será que quando estiver no fundo do poço, haverá ainda saída? O grande problema é que a maconha, quando não mais provoca o efeito inicial no usuário (aumento da tolerância), pode ser porta de entrada para o uso de outras drogas, mais perigosas.

Em síntese, o que os pais podem fazer é:

- mostrar que estão dispostos a ajudar;
- dar todas as informações possíveis, no sentido de desmistificar e corrigir conceitos errados sobre a maconha;
- tentar fazê-lo se comprometer a não utilizar outros tipos de drogas;
- tentar convencê-lo, aos poucos, a se tratar; no caso, talvez uma terapia possa ajudar a se chegar às causas.

5. Será que meu filho está usando drogas?

- *Se os pais desconfiarem de que o filho está fazendo uso de drogas, quais os procedimentos a serem tomados? E se for confirmado, o que fazer, sabendo-se que, provavelmente, ao ser abordado, ele vai negar?*

O primeiro passo é se certificar se a desconfiança procede. Existem indícios físicos que denunciam a possibilidade de estar havendo uso de drogas. Os efeitos físicos do uso da maconha encontram-se discriminados na questão anterior. A seguir, os efeitos de outras drogas, segundo Climent e Guerrero (1992):

Efeitos físicos do uso da cocaína:

- dilatação das pupilas;
- aumento da temperatura corporal e da tensão arterial;
- aceleração das pulsações e da respiração;
- nos que já desenvolveram dependência do princípio ativo: cansaço, debilidade, dores no corpo inteiro, depressão, desespero, insônia, náuseas, irritação imotivada, inflamação da mucosa nasal, especialmente quando não estão sob efeito da droga.

Efeitos físicos do uso da pasta de coca e do crack:

- ardor nos olhos;
- ressecamento na garganta;
- palpitações;
- tontura;
- dores de cabeça.

Se vários desses sintomas aparecerem ao mesmo tempo, e por um período nunca inferior a três semanas, então é bem provável que haja uso de drogas.

Tudo que for encontrado (restos de cigarros, de pó, enfim qualquer coisa que denuncie o uso) deve ser guardado. Anote dias, dados e fatos observados.

Segundo passo: Confirmadas as suspeitas, será preciso enfrentar a realidade: significa "abrir o jogo" com o filho. Sem rodeios. De forma clara e o mais tranqüila possível, e também quando o filho estiver lúcido (nunca sob o efeito da droga), apresentar o fato: "Meu filho, nós observamos isso, isso e isso (enumerar tudo que anotaram); sabemos que você está usando cocaína (por exemplo). Queremos ajudá-lo." Esse ponto é importante: mostrar que sabem e, logo em seguida, informar que estão ali para ajudar.

Os pais podem, ainda, antes dessa conversa, levá-lo a um médico. O exame clínico afastará ou confirmará a possibilidade de outras doenças que podem, também elas, apresentar sintomas semelhantes aos descritos. Caso o médico verifique que não há nada de clínico, aí a hora do enfrentamento será inevitável.

Já existem exames laboratoriais que indicam a presença de algumas drogas no organismo.

Confirmado o uso, se não houver ainda dependência, os pais e o filho poderão, juntos, tentar encontrar a causa do problema que está originando o uso (caso se sintam em condições emocionais de ajudar). O diálogo e o apoio dos pais podem ser decisivos no início do processo. É preciso que estejam preparados para serem incluídos "como causa". O que é bem difícil de ouvir...

Se o uso for detectado quando já existir dependência, será absolutamente necessário convencê-lo a aceitar um tratamento de desintoxicação com um especialista em tratamento de drogados. Nesta fase, os pais sozinhos não conseguirão resolver o problema.

Mesmo nos casos em que não há dependência, o fato de saber que o filho usa qualquer tipo de droga costuma desestruturar a família a ponto de, muitas vezes, ser necessário um trabalho de apoio, feito por terapeutas. É grande o número de casos em que o uso de drogas está associado a problemas que podem envolver outras pessoas da família (pai, mãe, irmãos ou todos).

De qualquer modo, seja realidade ou fantasia, o fato de sentirem-se "causadores" do problema ou "acusados de causadores" já é suficiente para implicar emocionalmente a família, o que torna muito difícil agir com a frieza e o equilíbrio que a situação exige. Por isso, não se deve hesitar: se pai, mãe e até irmãos sentirem que estão sem condições emocionais de ajudar o dependente, devem procurar sem demora uma terapia (de família ou individual, conforme o caso e o número de pessoas envolvidas no problema). Nesses casos, o terapeuta ajuda muito: dá apoio, orienta no sentido de como se deve lidar com o drogado e até mesmo redireciona as relações, se necessário.

6. A amiga da minha filha usa drogas

- *Que atitude devo ter ao saber que uma amiga da minha filha usa drogas? Comunicar aos pais ou silenciar?*
- *Minha filha me contou — em confiança e sigilo — que uma colega de 15 anos (filha de uma amiga minha) está usando maconha. O que devo fazer, já que não quero perder a confiança dela?*

Quando um segredo nos é confiado, ainda mais se nos foi confiado por um dos nossos filhos, não podemos, nem devemos trair a sua confiança Se não respeitarmos acordos, estaremos, sem dúvida, fechando o caminho do diálogo franco. Na verdade, teremos violado um pacto que eles prezam muito.

No entanto, é muito difícil saber de um fato grave e deixar o barco correr. O que nos perguntamos de imediato é se, agindo com presteza, não estaríamos dando a essa jovem uma chance de recuperação. O que fazer?

Uma coisa é certa: só devemos agir com a anuência ou pelo menos com o conhecimento de quem nos revelou o problema. Por isso, é essencial colocar em discussão a possibilidade de se comunicar o fato aos pais. Assim, buscando a solução em conjunto, não alijamos o filho do processo decisório, o que só enriquece a relação, além de contribuir para o amadurecimento do adolescente. Participar de decisões graves como esta mostra não somente que os pais confiam nele, mas também que o respeitam. Seria bom, no entanto, argumentar com o jovem, até mesmo pressionar um pouquinho, sobre a conveniência de não se esconder uma coisa tão séria, levando-o a perceber que, mesmo correndo o risco de "perder" o amigo, na realidade, ele estaria sendo amigo de verdade ao tentar ajudá-lo.

A possibilidade de falar com os pais vai depender muito do nível de conhecimento e intimidade existente entre as famílias. Se os pais são amigos e se freqüentam, é mais fácil fazer o contato. Uma saída para jantar, uma visita, uma festa ou um cinema juntos propicia a oportunidade e pais costumam trocar preocupações sobre filhos. É preciso ter o cuidado de deixar claro que não é uma certeza, mas algo que eles precisam verificar. Os pais são, em geral, os últimos a saber, em parte porque há uma atitude defensiva natural em aceitar, em parte porque as pessoas, os amigos do dependente, enfim, ninguém quer fazer o desagradável papel de revelar um fato tão triste. Também ninguém quer fazer papel de delator. O grave é que, assim, perde-se um tempo precioso, que poderia talvez evitar o agravamento da situação. Podem se passar meses até que os pais venham a saber. E aí, de simples usuário por curiosidade, já poderá haver se criado um dependente, situação muito mais difícil de reverter.

Se não houver intimidade com a família do usuário, fica mais difícil tocar num assunto tão grave. No entanto, a decisão é de cada um. Muitos não concordariam em calar, outros jamais falariam. Quando os pais se freqüentam é uma questão de amizade, que, é bom que se saiba aliás, pode terminar no exato momento em que se toque no assunto. A maioria das pessoas não recebe bem notícia tão negativa. A revolta e a dor podem fazê-los se voltar contra quem os colocou diante de quadro tão indesejado. Por outro lado, não falar nada também pode fazer com que, mais tarde, nos arrependamos amargamente de não ter agido. Há que pensar com equilíbrio e maturidade, porque qualquer que seja a decisão, será muito difícil.

Muitos ficam agressivos, negando o fato, duvidando ou agredindo aquele que traz a má notícia. Ser o mensageiro de algo tão triste não faz ninguém ser bem recebido ou amado. É necessário estar preparado para as reações desagradáveis que poderão ocorrer.

7. Meu filho freqüenta locais onde há bebidas e drogas

- *Como agir no caso de os filhos adolescentes freqüentarem festas ou outros locais onde há uso de bebidas e drogas?*
- *Como educar os filhos em relação às drogas, sabendo que alguns amigos utilizam?*
- *Como agir ao descobrir que um amigo de seu filho já o induziu e até lhe ofereceu drogas?*
- *Como ajudar os filhos, se eles são pressionados pelo grupo, que acha que sexo, cigarro e bebida têm que começar cedo e quando eles não concordam são chamados de "bicha", "fracote", "filhinho da mamãe" etc.?*

Os pais devem agir em relação às drogas da mesma forma que em relação a qualquer outro tema: educando, ensinando, prevenindo, orientando. Por outro lado, na vida, nossos filhos terão que aprender a separar o joio do trigo, os bons dos maus amigos, os inimigos dos amigos — e isso só se aprende na prática.

É bem verdade que por amor, às vezes, nós gostaríamos de colocar nossos filhos numa redoma de vidro, para evitar-lhes perigos, dissabores, doenças, desilusões. No entanto, é necessário — é fundamental — deixá-los crescer, amadurecer, conviver, porque as atitudes superprotetoras costumam produzir efeito contrário ao esperado. Quanto mais dependente dos pais, menor capacidade para julgar e decidir autonomamente. Quanto mais superprotegido, menos maturidade e equilíbrio. Só passando pelas experiências se vive. Viver é escolher, optar. Só vivendo se chega à idade adulta.

Por melhor que seja o grupo de amigos, um ou dois deles poderão ser usuários de maconha ou até de drogas mais pesadas. E, cientes de que esta é uma empreitada perigosa, podem querer se fortalecer, tendo companhia para dividir a responsabilidade. Por isso é quase impossível que em algum momento nossos filhos não fiquem cara a cara com o aliciador (que pode ser um amigo ou alguém que freqüenta o grupo dele). E aí, o que vai pesar na decisão do seu filho é uma série de fatores, dentre os quais equilíbrio emocional, segurança pessoal, projeto de vida e auto-estima.

A nós resta, neste instante decisivo pelo qual nossos filhos passarão necessariamente, acreditar no trabalho desenvolvido a partir da infância. Estruturando o caráter e a ética, dando sempre muito carinho e amor (sem que isto signifique deixar que façam tudo o que queiram nem que comprem tudo o que desejem), sendo justos e equilibrados, dando atenção e bons exemplos, teremos, quase sempre, preparado adequadamente nossos filhos para a vida.

Para enfrentar as dificuldades que certamente surgirão é importante *fortalecer a auto-estima* dos filhos de modo tal que eles não dependam tanto da aprovação do grupo e, desta forma, se sintam capazes de, por exemplo, dizer "não" ao álcool, ao cigarro e às outras drogas, mesmo que alguns dos seus amigos estejam, naquele momento, utilizando.

Esta capacidade se desenvolve através de um trabalho de longo prazo. Algumas atitudes paternas que ajudam a desenvolver a auto-estima:

- olhar sempre para eles "com olhos de ver", isto é estar, de fato, atento ao que dizem, fazem e à forma como agem;
- ver e aprovar seus esforços positivos, por mais simples que sejam;

- ressaltar qualidades e realizações, mais que criticar pequenos erros do dia a dia;
- criticar também — quando necessário ao aperfeiçoamento e crescimento pessoal —, mas dirigindo as críticas sempre ao ato e não à pessoa (por exemplo: "Hoje sua letra, no trabalho de casa, não está tão bonita quanto costuma ser. Que tal melhorarmos um pouquinho mais?"... Diferente de dizer: "Que menino sem capricho você é! Já estou farta de dizer para melhorar a letra. Ah, você não toma mesmo jeito!"). No primeiro caso, você mostra que acredita na capacidade dele, não o humilha nem o classifica. No segundo, pelo contrário, você demonstra que ele não tem mesmo condições, que a sorte já está lançada;
- insistir nos conceitos essenciais à formação do indivíduo como cidadão (respeito e empatia, solidariedade, honestidade, honra), deixando de lado coisas ou fatos menos importantes (o corte do cabelo, se limpa ou não o tênis, se come bem, se usa agasalho), de modo a melhorar a qualidade das relações em casa e diminuir atritos desnecessários;
- tornar claro o perigo do uso de qualquer droga, dando informações relevantes ligadas à saúde e à produtividade, mais do que a riscos "morais" (por exemplo: ao falar da maconha, indicar de forma direta o comprometimento que acarreta para a saúde do usuário, por causar lesões no sistema nervoso central, alterações na memória etc. Diferente de dizer: "Deus me livre de ter um filho maconheiro; o que os outros iriam pensar de nós?". No primeiro caso, os pais mostram que estão comprometidos com o bem-estar do filho, no segundo, apenas com regras sociais formalmente estabelecidas);
- alertar para o fato de que eles, em algum momento, sofrerão pressões do grupo ou de alguns elementos do grupo para que utilizem ou experimentem drogas (sempre incluir o álcool no grupo das drogas);

- desmistificar o truque da "chantagem emocional ou da manipulação" ("Você é um filhinho da mamãe, por isso não bebe". "Se me amasse de verdade, você fumaria um baseado comigo"), muito utilizado no convencimento à adesão ao uso de drogas. Dar argumentos que os prepare para dizer "não".

Seus filhos passarão pela prova de fogo desde que estejam cientes dos riscos, conheçam as "manhas" dos aliciadores e, especialmente, *estejam em paz e harmonia consigo próprios e com sua família*. De nada adianta proibir que voltem a encontrar ou a ver um amigo que utiliza qualquer tipo de droga. Outros surgirão em seu lugar ou estes mesmos se tornarão mais atraentes por serem "proibidos". O que vai impedir o uso é a situação emocional e a estrutura do caráter que tenham desenvolvido.

Um último dado a considerar refere-se ao número de amigos que fumam maconha, utilizam álcool de forma abusiva ou outros tipos de drogas: se o grupo de amigos do seu filho vem mudando nos últimos meses e, hoje, é constituído preferencialmente por jovens assim, então cuidado! Pode ser um sinal de alerta importante; talvez esteja procurando razões ou coragem para fazê-lo ou até já esteja usando. Aja enquanto é tempo. Ter um ou dois amigos que utilizam drogas é quase inevitável hoje em dia, mas ter muitos ou quase todos é outra coisa.

Sempre é bom lembrar aos filhos que o usuário de drogas pode, em algum momento, se tornar o traficante. Ou, numa situação de aperto, utilizar a mochila do "amigo" ou a sua casa para "guardar" aquilo que não deseja que encontrem em seu poder. Normalmente, os filhos não gostam de escutar este tipo de alerta, mas mesmo assim faça-o, porque, em geral, eles não gostam de quase nada do que os pais dizem ou fazem. Portanto, mesmo de "cara feia", acredite, no fundo eles vão ouvir e tomar mais cuidado, ou, pelo menos, estarão a par de certos riscos que, de outro modo, jamais lhes ocorreriam.

8. Por que os jovens usam drogas

- *Os pais criam os filhos da mesma forma. O que faz um se drogar e o outro não?*

Não é nada fácil determinar "o culpado" num problema tão complexo. Talvez, no entanto, seja mais fácil e cômodo encontrar culpados do que buscar soluções.

Na verdade, sabe-se hoje que um jovem busca as drogas pela conjugação de uma série de fatores de risco associados. Raramente é *um* o culpado.

Os fatores de risco não são as únicas causas do problema; são elementos que, estando presentes, aumentam a possibilidade de o indivíduo usar drogas. Esses fatores podem ser individuais, familiares e sociais.

Dentre os **FATORES DE RISCO INDIVIDUAIS** podemos citar: idade, falta de objetivos e de projeto de vida, baixa auto-estima, consumo precoce de fumo e álcool, depressão e tendência a violar normas.

Com relação à **idade**, a própria adolescência é um fator de risco para o consumo de drogas, devido à instabilidade emocional e à insegurança da fase. Ainda assim o que se pode fazer é dar muita atenção, orientação, afeto e disponibilidade aos filhos. O perigo costuma estender-se do início da adolescência até em torno de 25 anos, início da idade adulta. A partir daí, o risco torna-se bem menor.

Ter um projeto de vida, desenvolver, desde cedo, objetivos é, com certeza, uma das melhores formas de integrar o jovem na sociedade e afastá-lo de problemas. E os pais podem ajudar. Estudos mostram menor índice de usuários de drogas entre jovens que trabalham. A ociosidade e a falta de perspectivas de vida são excelentes aliadas no caminho da alienação, do desencanto e, conseqüentemente, das drogas, que atuam, muitas vezes, como elementos que preenchem (aparentemente) inseguranças e medos individuais. Saber que têm algo a realizar é muito importante para os adolescentes. É preciso que cada jovem acredite que vai modificar o mundo (para melhor, claro), que a sua geração tem uma missão, um trabalho a realizar na Terra. Sentir-se parte de alguma coisa maior é extremamente gratificante. Não deixe que seu filho cresça apenas usufruindo as benesses financeiras da família ou pensando só em conquistar coisas materiais. Trabalhar ou estudar, trabalhar e estudar. Não se preocupe demais, achando que seu filhinho poderá ficar cansado, tadinho! Cansaço produzido pelo trabalho ou pelo estudo, pelo esforço produtivo é maravilhoso e se resolve apenas com uma boa noite de sono, ao passo que o vazio interior, a falta de perspectivas, de um objetivo na vida, pode levar a um cansaço que não tem cura e que conduz às drogas, à depressão e à morte.

    Muitos pais não percebem que ter alguma preocupação pode ser muito importante para que os jovens se mantenham ocupados e produtivos.

    Alguns exemplos bem comuns: tem pais (em especial os de camadas mais favorecidas economicamente) que vivem preocupados com o vestibular, classificam-no como um "fantasma" na vida dos filhos; outros se escabelam com o fato de ser, segundo eles, muito precoce a necessidade de escolha profissional, tadinhos! Aos 14, 15 anos já têm que escolher uma profissão, que absurdo! Mas, afinal, com o que queremos que nossos filhos se ocupem? Que não se preocupem com coisa alguma, que nada tenham a decidir, a ocupar os pensamentos? Não tendo nadinha em que pensar, acreditem, eles procurarão algo e... acharão! Outros pais afirmam, muito irritados, que as escolas hoje são muito antiquadas, as aulas "chatas", coitadinhos dos meus filhinhos! Querem que os professores preparem aulas que sejam verdadeiros *shows*, reclamam quando a escola marca prova numa segunda-feira, logo depois do sábado e domingo — veja só que absurdo! — quando, ao contrário, deveriam estimular os filhos a terem fibra, e a se dedicarem mais aos estudos, mesmo que as aulas não sejam tão atraentes (como muitas vezes, de fato, não são). Os pais afirmam e reafirmam tudo isso, vão às escolas reclamar, não deixam que os filhos resolvam as coisas sozinhos, uma reprimenda ou uma nota baixa já é suficiente para deixar a escola "sob suspeita". Esse tipo de atitudes leva a que os jovens, cheios de razões, desconsiderem os estudos (afinal, as escolas estão caducas, não são seus próprios pais que o afirmam?), não persista numa escolha profissional (muitos alunos desistem das faculdades no primeiro período porque não têm estrutura emocional para suportar os conteúdos do ciclo básico). Independentemente de se fazer uma análise da necessidade de mudanças educacionais, pergunto: não enfrentaram nossos pais a palmatória, o autoritarismo das escolas tradicionais e mesmo assim se formaram? Hoje, com a situação bem melhor, ainda assim, os pais, por vezes, ajudam a criar expectativas difíceis de serem cumpridas, fazendo com que o jovem acredite que não deve e não precisa se esforçar. Afinal, a realidade está errada (e não ele que aproveita a situação)! E já que a realidade não está perfeita, ele pára de estudar, cruza os braços e deixa tudo para lá, até que as coisas *melhorem*...

Não haveria também nessa prematura troca de opções profissionais um sintoma da falta de objetivos, da baixa tolerância à frustração gerada pela superproteção por parte dos pais? Não deixem que seus filhos sejam dominados pelos falsos valores vigentes na nossa sociedade. Consumismo, individualismo, egocentrismo, competitividade, gosto exagerado pelas coisas materiais são valores que esvaziam paulatinamente a alma, fazendo com que as pessoas se sintam ocas, despojadas de propósitos e razões de vida. Ao contrário, aqueles que têm algo pelo que lutar, dificuldades a vencer, sentem prazer ao vencer os desafios, sentem-se produtivos, capazes de autosuperação e realizações. Não desestimule, por exemplo, seu filho que quer ser professor, por ser uma profissão mal remunerada. Deixe que ele realize seu desejo positivo de alfabetizar, de levar o saber, de produzir conhecimento. Ganhar bem *pode* ser um objetivo, *mas apenas* ganhar bem pode parecer muito pouco para uma vida inteira e para um coração jovem, ávido de realizações.

Em resumo, ajude seu filho a encontrar algo que ele considere importante para fazer na vida — e que lhe ocupe *toda a vida*. Isso sim é um encontro verdadeiro, um salvo-conduto brilhante e produtivo contra o uso de drogas. Pessoas que amam o que fazem, amam a si próprias e amam o outro. São felizes. E quem é feliz, não usa droga nenhuma. Se entorpece sim, mas com as realizações que alcança com seu trabalho, com o prazer de suar a camisa para conseguir alcançar o que idealizou.

Outro sério risco para os jovens é a **baixa auto-estima**. Auto-estima é o retrato que a pessoa faz de si própria. Quando positiva, leva a que a pessoa se sinta bem, queira produzir, enfim, acredite em si mesma e, portanto, tenha capacidade e coragem para ir em frente, para arriscar-se, para lutar, porque no seu íntimo sente-se plena e forte. Ainda que tenha as inseguranças naturais da idade e as dos momentos difíceis (como vestibular, provas, tentar um novo emprego), as vê como algo que pode ser superado. Ao contrário, a pessoa que se vê negativamente se sente mais facilmente compelida a aceitar pressões, a agir em função do que pensam e fazem os outros, porque tem medo de desagradar, de perder o amor e o carinho do grupo.

O **consumo precoce de álcool e fumo** pode levar ao uso de outras drogas, porque a tendência é desenvolver *tolerância*, isto é, tornar-se necessário cada vez mais bebida ou cigarros para provocar o mesmo efeito que o usuário sentia no início do uso.

Ao desenvolver tolerância, a pessoa pode tentar conseguir o prazer que tinha antes de duas formas: aumentando a ingestão de álcool (ou nº de cigarros) ou iniciando-se em outras drogas mais "fortes". Além disso, como bem caracterizou Climent, o jovem que consegue superar o mal-estar inicial provocado pelo uso da nicotina pode sentir-se tentado a experimentar outras drogas que são consumidas sob a forma de cigarros, como a maconha e a pasta de coca, por exemplo. No nosso estudo com jovens adolescentes na faixa de 14 a 18 anos, vimos, por exemplo, que mais de 20% se iniciam aos 14 anos ou menos e que 10,2% já apresentavam dependência alcoólica nessa faixa etária. Portanto, quanto mais se consegue fazê-los adiar o início do consumo de drogas lícitas, mais chances se tem de evitar que eles utilizem quaisquer tipos de drogas.

Se a **depressão** leve, que como vimos é bastante comum na adolescência, apresentar fortalecimento nos sintomas ou se o jovem fizer freqüentes citações sobre suicídio, é preciso ficar atento. A depressão, quando se agudiza, pode conduzir ao uso de drogas, como forma de conseguir alívio e alienação de uma realidade que a pessoa sente como adversa.

A **tendência a violar normas** é também grave fator de risco para os jovens no caminho para o tóxico. Crianças que apresentam, desde cedo, alta agressividade, precisam ser avaliadas por um neurologista, em primeiro lugar. Alguns tipos de distúrbios neurológicos podem ser controlados por medicamentos. Se o médico não encontrar patologia, tais crianças deverão ser muito trabalhadas de forma que compreendam seus limites, seus direitos e seus deveres. Muitos pais cruzam os braços e, entristecidos, comentam com amigos e parentes sobre a "personalidade" do filho, como se nada se pudesse fazer a respeito. Quando os pais agem de forma adequada, conseguem atenuar determinadas tendências inatas de personalidade. Só se consegue isso, porém, trabalhando com afinco, perseverança, determinação e muito carinho. Se a criança é naturalmente agressiva e os pais nada fazem, estarão contribuindo para que estas características tornem-se predominantes no comportamento dos filhos.

Quem apresenta agressividade desde cedo e não recebe limites, não aprende a tolerar frustrações, nem desenvolve equilíbrio emocional. Então tende a ter o comportamento agravado, especialmente ao entrar na adolescência. Essas crianças, não tratadas adequadamente, podem se tornar destrutivas, inclusive em relação a si próprias, anti-sociais e potencialmente perigosas, tendendo ao uso de drogas e à marginalidade.

OS **FATORES DE RISCO FAMILIARES** mais comuns são a baixa qualidade das relações, a permissividade com relação às drogas e a falta de comunicação.

Um lar em que predomine o equilíbrio, a justiça, a igualdade de tratamento, a harmonia e o respeito entre cônjuges, e pais e filhos, além da disponibilidade para ouvir com atenção, carinho e sem animosidade uns aos outros é a mais poderosa arma para o desenvolvimento harmônico da personalidade. Por outro lado, famílias em que a tônica é a raiva, desarmonia, falta de compreensão, amor e respeito, além de desinteresse pelos filhos, costumam ser fator de desagregação e desequilíbrio, facilitando o encaminhamento ao uso de drogas.

Pais que usam drogas educam pelo exemplo. Estudos comprovam maior incidência de uso de álcool em filhos de alcoólatras. De modo que o exemplo negativo também ensina. Se o pai vive semi-embriagado, se fuma sem parar, *provavelmente* os filhos também utilizarão essas drogas. É bem verdade que poderá ocorrer o contrário (em se tratando do homem nunca se pode dizer que dois mais dois são quatro e sim que dois mais dois, por vezes, são quatro), isto é, um estímulo aversivo: de tanto os ver fumar, os filhos talvez queiram evitar repetir o modelo. O que costuma ocorrer com mais freqüência vendo que os pais não reprovam e até utilizam, é que os filhos passem a encarar a droga como algo que pode ser utilizado sem problemas.

Na infância, é muito comum crianças que têm pais fumantes combaterem o uso, jogando no lixo, pedindo que parem de fumar ou escondendo os cigarros. Quando chegam à adolescência, porém, a aversão muitas vezes desaparece, dando lugar à curiosidade e à imitação. Como frisamos, no entanto, não há regras neste jogo. Se o uso se restringe a um ou outro cigarro ou drinque numa festa ou no fim de semana, num papo com amigos, o risco diminui, embora os pais devam atentar para os esclarecimentos que se farão necessários.

A **falta de comunicação** entre pais e filhos pode também ser um elemento desagregador. Muitos pais tentam dialogar, mas nem sempre conseguem. Outros tentam iniciar o diálogo quando já não há mais clima para isso. Quando não se formam desde cedo o vínculo afetivo e a confiança mútua, dificilmente os pais conseguem se comunicar na adolescência.

Algumas atitudes involuntárias podem criar barreiras à comunicação. Às vezes, por estarmos muito preocupados com um assunto, adotamos um ar tão professoral ao conversarmos ou, quando percebemos, já estamos ditando regras de comportamento. Se o filho conta alguma coisa, fazemos mil perguntas sobre detalhes que talvez eles não queiram relatar. Ansiedade excessiva passa sensação de medo e falta de confiança e pode interromper o canal de comunicação.

A melhor forma de conversar com os filhos é ouvindo muito, incentivando com palavras a que eles falem até esgotarem todos os aspectos da questão. O principal problema na comunicação entre pais e filhos costuma ser o fato de os pais mais falarem do que ouvirem, agindo muito como direcionadores do comportamento. Um diálogo tem que sempre ser entre duas pessoas que ouvem uma à outra, trocam idéias e pensam juntas. É claro que faz parte da tarefa dos pais orientar os filhos, mas ouvi-los e dar oportunidade para que expressem sua forma de ver e pensar o mundo pode ser fundamental até para que, sentindo-se respeitados, eles fiquem mais dispostos a ouvir nossas recomendações.

A comunicação não deve ficar apenas no plano intelectual. É importante que as emoções, o carinho, o afeto transpareçam. O melhor diálogo é o do coração, porque quando expressamos emoções com autenticidade e de forma clara para nossos filhos, damos grandes chances a que eles também possam expressar os seus sentimentos, inseguranças e medos.

OS **FATORES DE RISCO SOCIAIS** são os que existem na própria sociedade e contra os quais só se pode lutar com armas como o amor e a informação clara e direta.

Os **traficantes** são um dos que não se pode menosprezar. Ano após ano, descobrem novas e mais sedutoras formas de induzir os jovens a experimentar drogas. A capacidade inventiva dos aliciadores parece não ter fim. A cada momento surgem novas formas, substituindo as já conhecidas.

Atualmente, um fator de risco social são os próprios **amigos**, que aliciam novos usuários, porque se tornaram dependentes e a ação de um amigo ou conhecido em quem os jovens confiam é bem mais eficiente do que a de desconhecidos.

Contra esse tipo de sedução, só se pode lutar com o conhecimento, o amor, uma família bem estruturada e um caráter moralmente forte.

Outro fator de risco social são os **modelos desprovidos de significação humanista**, nos quais consumismo, egocentrismo e prazer imediato são valores supremos, transmitidos e exaltados pelos meios de comunicação. Não combatidos por valores de maior significação podem ser perigosos, especialmente na adolescência.

Não se pode, nem se deve, portanto, atribuir culpas a apenas um ou outro elemento. Como se viu aqui, o problema é complexo.

É comum até por parte de pessoas bem informadas a simplificação da questão, muitas vezes atribuindo à família "a culpa" pelo uso de drogas. Embora a família desarmônica seja de fato fator predisponente, não é, com certeza, o único. Como vimos, a própria adolescência é um risco em si, bem como a ação dos aliciadores que surpreendem com novas e eficientes formas de cooptação. A supervalorização crescente dos bens materiais, a falta de perspectivas profissionais, a violência, a quebra dos valores éticos e espirituais em função da beleza física, o apelo consumista, tudo isso junto são elementos desestabilizadores, que contribuem para o uso de drogas, como forma de alienação e válvula de escape de uma realidade insatisfatória.

Muito mais importante, portanto, que achar culpados é encontrar formas de ajudar o usuário, antes que ele arruíne a própria vida — e a de seus familiares.

O que os pais podem fazer, entre outras coisas, para prevenir o uso de drogas é:

- proporcionar aos filhos um lar equilibrado;
- informar sobre o perigo das drogas, fornecendo dados que instrumentalizem contra armadilhas ou a sedução dos que já estão envolvidos com o problema;
- transmitir valores que os tornem desejosos de participar e contribuir para a melhoria da sociedade e não pessoas que valorizam apenas a aparência e o *status* social;
- estimular a que participem de atividades esportivas ou de movimentos juvenis voltados para causas sociais;
- lutar para transmitir objetivos de vida ligados ao bem comum, evitando que os desejos dos filhos limitem-se à conquista de bens materiais (roupas, brinquedos, viagens, jogos eletrônicos etc.), o que leva ao superficialismo e ao vazio interior, gerando insatisfação, depressão e busca de novas sensações;

- estimular o desenvolvimento da idéia de que cada um de nós tem um papel social a desempenhar, uma contribuição a dar à sociedade;
- ensinar aos filhos, desde cedo, que cada um de nós tem direitos sim, mas tem também e, em igual medida, deveres;
- dar muito amor e afeto, mas ensinar também a cada um os limites e o respeito ao outro.

9. Até onde vai o dever com o dependente de drogas

■ *Como agir com um jovem de 14 anos, dependente de álcool e outras drogas, que se nega a fazer tratamento? Até quando a família deve "agüentar" o dependente químico ou alcoolista que não quer se tratar?*

A convivência com o dependente é, sem sombra de dúvida, uma provação. Assistir à derrocada física, intelectual e moral de um filho que se ama talvez seja a mais dura prova por que um pai e uma mãe podem passar. Aos poucos, o indivíduo perde a dignidade e o respeito próprios; começa a agredir aqueles que o desejam proteger e ajudar; num determinado ponto tende a se marginalizar; a fazer coisas que envergonham toda a família, e que, muitas vezes, determinam o afastamento de parentes e amigos.

As pessoas estão sempre prontas a julgar, acusar e criticar severa e impiedosamente, quase sempre apontando a família como culpada pelo problema. Se algumas vezes isso corresponde à realidade, generalizar é, por outro lado, um risco e uma simplificação.

O dependente necessita sobremodo de ajuda e apoio. Mas seria desumano afirmar que esta é uma tarefa fácil de ser executada. Poucas pessoas estão preparadas para tudo que irão passar ao conviver com um parente, um filho ou um irmão em tal situação. A revolta, a culpa, o ressentimento e o desespero são sentimentos recorrentes.

Portanto, antes de mais nada, é preciso ter compaixão e atitudes de compreensão e apoio. Não nos apressemos em julgar e condenar. Esta é a atitude mais fácil e cômoda. No entanto, não raro, a família é também vítima nesse processo amargo. É claro que, por vezes, a causa do uso de drogas pode estar, de fato, na própria família. Mas, em sã consciência, é quase impossível supor que alguém tenha conduzido voluntariamente um filho a tal situação. De fato muitas pessoas têm problemas de relacionamento que podem conduzir à situação de dependência, porém conduzir *de forma consciente* um filho para esse caminho de sofrimento e de tão difícil retorno é quase impensável. Se de alguma forma contribuíram para isso, seguramente elas próprias pagarão o altíssimo preço das conseqüências.

O dependente só tem alguma chance de recuperação se desejar com todas as forças, ele próprio, abandonar o vício e se contar com o apoio e o amor da família. E é isso que se deve fazer: apoiar, dar afeto e oportunidades de tratamento.

Esgotadas as possibilidades pela recusa sistemática de ajuda ou pela constante reincidência, só então é possível pensar em abandonar a luta. É preciso lutar com todas as forças e tentar dar uma chance de solução para essa pessoa tão problemática e infeliz. O alcoólatra, o cocainômano e todos os outros têm que ser encarados como doentes que precisam de tratamento.

Em alguns casos, porém, por mais que se tente apoiar e tratar, o drogado não só não deseja como obstaculiza e impede o tratamento. Meses ou anos se passam em vãs tentativas de recuperação. Com o agravamento da dependência (e, por vezes, o início da marginalização), a situação pode se tornar de tal modo perigosa para os outros membros da família (irmãos, por exemplo) que, às vezes, se faz necessário o afastamento (internação compulsória, mudança de endereço, proibição de morar na mesma casa etc.). Isto se deve admitir quando a segurança e a saúde mental e emocional dos demais membros da família já estiver em jogo, quando se concluir que nada há mais a fazer, a não ser preservar os demais membros da família.

Por mais que doa dizer tal coisa, o percentual de resultados positivos para dependentes químicos não é elevado e os casos de sucesso dependem, em alto grau, do nível de adesão do próprio dependente ao tratamento. Portanto, esgotadas as possibilidades e recursos de recuperação, há um momento em que a família tende a reconhecer que os irmãos, por exemplo, também têm direito a uma vida mais normal e equilibrada. A dependência de drogas é um drama tão devastador para o dependente quanto para seus familiares, que terminam sofrendo as graves conseqüências que o problema traz. Quando todos os recursos estiverem esgotados, por mais difícil e doloroso que seja, pode ser necessário concluir que nada mais pode ser feito e que a família já pagou um preço alto demais.

10. Quando os pais usam drogas

- *Se os pais são usuários, o que pode ocorrer com o adolescente em relação às drogas?*

Todo ser humano tem direito à autodeterminação. Em outras palavras, cada pessoa pode fazer da sua vida o que quiser. Para isso temos o livre-arbítrio. Entretanto, pai algum pode deixar de compreender que é responsável pelos filhos que coloca no mundo ou ignorar o poder de influência que suas atitudes têm sobre a vida dos filhos.

Pais que fumam e bebem muito, ou utilizam quaisquer outros tipos de drogas, ainda mais se são dependentes delas, devem estar cientes de que, estatisticamente, seus filhos têm *maiores probabilidades de também fazerem uso de drogas*. (A esse respeito releia as questões 1 e 2 da Parte III.)

No caso do álcool e do fumo, é preciso que os filhos *percebam com clareza que os pais não têm dependência, e que só fazem uso ocasionalmente.* Ninguém é obrigado a parar de fumar ou de tomar um uísque numa festa ou um chope com os amigos por todo o sempre porque tem filhos, mas é preciso que se saiba que a influência existe e que quanto mais cedo o jovem se inicia no fumo e na bebida, mais chances tem de adquirir o hábito — e depois criar dependência.

Usar drogas e dizer aos filhos "olhe meu filho, não use, porque eu sei o quanto é ruim; veja, agora eu quero parar e não consigo", pode até funcionar em alguns casos, mas temos que convir que não é um bom exemplo. Com que autoridade convencer um filho dizendo "faça o que eu digo, não faça o que eu faço"? Já é complicado o adolescente amadurecer tendo pais estáveis emocionalmente. Mais difícil será compreender que ele deve ser responsável e equilibrado, quando os próprios pais não o são. Algumas pessoas se sentem desonestas em proibir ou condenar o que usaram no passado ou ainda usam. Tentam, por isso, mostrar aos filhos que estão sendo honestas não escondendo o que ocorre ou ocorreu com elas. É preciso, no entanto, pesar bastante essa decisão, porque as conseqüências podem ser complicadas. Se os filhos começarem a usar e se tomarem dependentes, estarão estes pais preparados para encarar o que às vezes é uma sentença de morte? Cada atitude que tomamos na vida, especialmente quando se tem filhos, tem que ser muito bem pesada. Em princípio pode parecer muito honesto pais dizerem aos filhos que usam (ou usaram) maconha ou cocaína, por exemplo, mas que eles, filhos, não devem usar, porque pode acontecer isso ou aquilo, e deixar que decidam. À primeira vista parece atitude moderna e liberal. Só não sei dizer como ficaram (ou ficarão) esses pais quando os filhos se tornaram dependentes de drogas. É preciso muita coragem para correr tais riscos.

11. Como superar a quebra de confiança

- *Quando os pais sabem que o filho é usuário de drogas e, mesmo tendo feito um acordo em que ele prometeu não usar mais, sentem que sua confiança no filho ficou muito abalada, o que fazer?*

O medo é um sentimento humano. É natural que, tendo havido um precedente grave, os pais sintam-se inseguros. A perda de confiança na relação ocorre até quando os pais ficam sabendo de uma mentirinha qualquer e até da omissão de um fato...

Criamos nossos filhos da maneira que acreditamos ser a melhor. Quando algo assim ocorre, perdemos não só a fé nos nossos filhos, *sentimos abalada a fé em nós mesmos*, no nosso trabalho, na nossa capacidade. Portanto, é normal ficar abalado e desconfiado. Quem mente ou esconde alguma coisa uma vez, pode realmente fazê-lo a segunda e a terceira.

Como o nosso objetivo é ajudar os filhos, impedir que recaiam no erro, evitar o perigo, então é bom manter mente, olhos, ouvidos e, em especial, o coração abertos. Não se trata de "vigiar" ou "espionar" o filho, trata-se, sim, de manter a atenção voltada para quaisquer sinais que possam mostrar que o problema não foi de todo vencido.

Por isso é importante poder reconhecer indícios do uso de drogas (releia a pergunta 5, Parte III), de forma que possamos detectar quando há — DE FATO — razão para suspeitas. Apesar de justas as preocupações com a reincidência, é preciso evitar a paranóia: revirar gavetas, mochilas, roupas, armários.

Não é saudável nem produtivo o filho sentir que vocês perderam a confiança nele. Tentem mostrar que acreditam que ele cumprirá o combinado, que vocês têm fé na palavra e nos propósitos dele (ainda que, no íntimo, isso não seja uma verdade absoluta). Deixar que ele sinta que confiam na sua capacidade de recuperação e, especialmente, na sua integridade moral é essencial para que ele próprio deseje e acredite em si. Não deixem, no entanto, de manter vigilância quanto ao estado em que ele chega em casa, quanto à lucidez, aos horários de sono, à participação nas atividades normais da vida (escola, festas, namoro, esportes). É preciso, a todo custo, separar fantasia e realidade. Só procurem indícios concretos (restos de cigarros, seringas etc.) se perceberem que existem razões palpáveis para isso.

Paralelamente, continuem buscando — de preferência, em conjunto, o que o poderia ter levado às drogas. Mantenham-no ocupado e evitem dar muito dinheiro. Controlem a mesada. Talvez seja mais conveniente transformá-la em semanada, para evitar tentações. Lembrem-se: existem vários fatores de risco. Não apenas um.

No caso das drogas, há que estar vigilante, porque é muito raro ocorrer uma recuperação imediata e definitiva. O mais comum é haver reincidência e retorno ao uso. Por isso, não se pode deixar oportunidades de recuperação de lado.

Os acordos devem ser lembrados em ocasiões favoráveis e incluem, entre outras coisas, para o usuário:

- o compromisso de não utilizar mais a droga;
- o compromisso de não utilizar nenhum outro tipo de droga (até mesmo cigarros ou álcool) que possa causar dependência;
- a decisão de romper com colegas usuários;
- a decisão de não entrar em contato com fornecedores;

- a aceitação da vigilância dos pais (incluindo, por vezes, até ser conduzido à escola ou ao trabalho, nos primeiros meses de abstinência);
- a restrição do dinheiro que os pais terão que fazer — para evitar que adquira a droga;
- prestar conta da mesada ou semanada;
- a aceitação de terapia se for indicada no caso;
- a aceitação e o cumprimento do tratamento (que pode incluir visitas regulares ao psiquiatra e/ou medicamentos);
- realizar as atividades de estudo ou trabalho acordadas.

Para os pais, a firmeza na aplicação das condições do trato é fundamental. Por mais que em alguns momentos se fique penalizado, não se pode deixar de lado o combinado. Demonstrar dúvida ou pena pode levar o jovem a pensar que os pais estão fraquejando e que ele pode voltar ao uso "só mais uma vez". E aí, todo o trabalho cai por terra.

12. Quando o dependente reincide

- *Como agir quando se descobre que o filho voltou a usar drogas, ainda que eventualmente?*

Quando se constata a reincidência é preciso compreender que a "cura" não havia realmente ocorrido. Por isso mesmo é que os especialistas no tratamento costumam afirmar que não há "cura" para o problema, e o que pode se alcançar é o equilíbrio emocional temporário (que pode ser rompido a qualquer momento). De forma que, seja o cigarro ou o *crack*, a batalha tem que ser travada dia a dia. E o processo tem que ser reiniciado, mal se abre os olhos.

Portanto, não há que ter ilusões: o processo interno que deflagra a drogadição tende a se repetir e o usuário deve permanecer sob constante acompanhamento, porque qualquer problema, por menor que nos pareça, pode ser desculpa para o retorno do dependente.

A única possibilidade é reencaminhá-lo ao tratamento. O dependente não tem controle sobre a droga. Mesmo que ele jure e pense que sim, em pouco tempo tudo voltará a ser como antes. Quem já teve dependência de qualquer droga, lícita ou ilícita, leve ou pesada, só tem uma saída: não usar nunca mais. Nem uma vez que seja. É vencer cada dia, é pensar na vitória de um dia, nunca na vida toda. Se considerar que "está curado" e que pode, portanto, usar de vez em quando, numa festa ou num fim de semana, arruinará tudo. Não há "cura". Há, sim, a decisão de não usar mais. Nunca mais.

CAPÍTULO IV

Cada fase tem seus encantos, desde que vivida no tempo adequado

Nada mais difícil do que lidar com o conflito entre o DEVER e o PRAZER.

Todo bom pai e boa mãe, com o coração repleto de um amor antes desconhecido — esse que sentimos pelos filhos —, fica enlouquecido de vontade de fazer tudo que for possível para atender aos mínimos desejos (e grandes também!) que as crianças manifestam. Isso nos dá PRAZER: atender aos pedidos dos nossos filhos. Se não podemos por falta de recursos ficamos tristes, desgostosos pelo que consideramos "nossa incapacidade".

Muitos pais — diante da realidade de um mundo em que as relações estão cada vez mais limitadas e difíceis, com as pessoas temendo se dar emocionalmente — acabam dedicando aos filhos o melhor de sua afetividade. Por isso, vemos tantas pessoas tentando "fazer tudo" pelos filhos. Porque esse "fazer tudo pelos filhos" dá prazer, é gostoso mesmo. Existe coisa melhor do que vê-los felizes, pulando no nosso colo, dando aquele beijão danado de bom, ou nos lançando "aquele" olhar e "aquele" sorriso?

Existe, sim! Só não dá para ver agora, hoje, amanhã, num dia ou num ano. É algo que só vai dar para enxergar muitos anos depois: é o que você vai sentir ao olhar para o seu filho e ver nele, já adulto, UM CIDADÃO HONRADO, uma pessoa de bem, produtiva, engajada num trabalho que lhe dá prazer e que contribui para a melhoria da sociedade. É você olhar para o seu filho e ver que, com tudo de ruim que há na sociedade hoje — consumismo, individualismo, desonestidade, drogas, promiscuidade, corrupção, irresponsabilidade —, ele não sucumbiu a nada disso. Não se deixou levar, não se tornou um predador. Não destrói e não se destrói. Não usa drogas, nem se marginalizou. Pelo contrário, estuda, trabalha, busca o crescimento constante, produz, constrói, contribui.

Ah, sem dúvida, isso dá muito, mas muito mais prazer a um coração de pai... Porque por trás desse ser humano maravilhoso que você enxerga, você também SE ENXERGA. Você vê o produto do seu trabalho, empenho, de tudo o que você é e foi. Do que foi capaz de construir. E que, de certa forma, é a melhor contribuição social que alguém pode dar: deixar aqui na Terra um, dois ou três seres maravilhosos — criados por você —, que criarão outros seis ou oito seres dignos, humanos, construtivos, saudáveis. E, desta forma, a humanidade terá como produto de cada família uma sociedade melhor, porque constituída de pessoas melhores. Este é o enorme, incomensurável sentimento do DEVER CUMPRIDO. Que resulta também em PRAZER. Mas certamente num prazer muito mais valioso do que aquele que se origina apenas das coisas materiais, perecíveis, consumíveis.

É assim que podemos superar, da melhor forma, o conflito entre DEVER e PRAZER. Simplesmente porque ambos acabam se misturando, integrando, tornando-se um.

..."O segredo da felicidade é fazer do seu dever o seu prazer"...

Ulisses Guimarães

É mais difícil lidar com os filhos adotando a *linha do dever*? Sem dúvida. Muito mais. Dizer "não", ensinar valores éticos, ajudá-los a crescer, a amadurecer, trabalhar para que cada fase do desenvolvimento dure apenas o tempo necessário para o crescimento sadio é, evidentemente, mais complicado do que apenas fazer o que querem.

Entretanto, é mais difícil apenas por uns anos. Depois, tudo fica mais fácil. E o que, de início, pode parecer mais simples (fazer tudo que eles querem), em pouco tempo torna-se muito mais complexo. Por quê? Porque bem orientados, quando eles crescem, *também amadurecem*. Não apenas crescem. E não há nada mais difícil do que ter um filho grande, que só é grande por fora. Que continua, aos 25, 30 anos, dependente dos pais intelectual, financeira e emocionalmente. O caminho natural das coisas é esse — trabalhamos durante duas décadas com cada filho para que, mais ou menos ao final desse tempo, eles possam seguir suas vidas, tomando decisões, trabalhando, casando, descasando, pagando suas contas, mudando de apartamento ou de cidade, enfim, seguindo seu caminho da forma que os deixe realizados e felizes, mas com independência, equilíbrio emocional e maturidade.

Por outro lado, se nos deixamos levar pelo tentador caminho do PRAZER imediato, podemos, de início, ter um período mais fácil, uma "lua-de-mel" com nossos filhos, mas que, infelizmente, poucos anos depois, uns três ou quatro apenas, serão suficientes para nos mostrar o quanto nos enganamos, já que não teremos fixado as bases morais desse pequeno ser em formação. Teremos em casa — e talvez pelo resto da vida — tiranos habituados a mandar e a ter seus desejos atendidos de imediato, o que — é evidente — não pode deixar nenhum adulto feliz por muito tempo. Imagine-se obedecendo a todas as vontades de uma criança ou de um jovem... Ou então assistindo a cenas e mais cenas de histeria explícita quando não se consegue mais atender a todos os seus desejos (que só tendem a crescer em número e nível de exigência): chiliques, gritos, choros, berros, desrespeito, desespero, mais tarde agressões. Isso não faz a felicidade de ninguém, nem dos próprios filhos, que precisam sentir que lidam com pessoas capacitadas a orientá-los, protegê-los e prover recursos necessários para sua sobrevivência e formação. Como acreditar que isso pode ser feito por pessoas nas quais eles podem mandar, a quem podem desobedecer, irritar, desafiar e até xingar ou bater?

Crescidos, podem se tornar pessoas inadaptadas à sociedade, porque ela é a primeira a exigir e a impor limites a todos, aos nossos desejos e possibilidades afetivas ou financeiras. Quantos de nós conseguem realizar tudo, exatamente tudo o que deseja? Então, como ser feliz quando se aprendeu que tudo é possível, quando se teve um pai e uma mãe que sempre fizeram todas as suas vontades e, de repente — que estranho! — ninguém mais obedece a todos os seus mínimos desejos: nem o seu chefe, nem os seus amigos, nem a sua namorada, ninguém, enfim, lhe faz todas as vontades!!! Como explicar? A professora até o reprovou — a ele, que nunca ouviu uma simples crítica!!! Então, quem sabe não será por isso que, em alguns casos, um revólver cheio de balas pode parecer "resolver" o que não é possível suportar? Ou um homem dormindo na rua pode muito bem servir para satisfazer a necessidade de "brincar" dos jovens que não gostaram tanto quanto esperavam de uma festa e, desejando *apenas* se divertir mais, jogam álcool e depois ateiam fogo no desconhecido que dorme?

Inocente e plácido, índio ou mendigo — um homem que morre — pelo prazer de quem cresceu sem objetivos, sem projeto de vida, sem limites e sem ética ou valores...

...."Ninguém chega ao fim da vida sem ter visto indeferida mais da metade de seus desejos..."

(DO TALMUD)

Portanto, se desejamos contribuir para que cada fase do desenvolvimento dos nossos filhos seja um permanente encantamento, trabalhemos no sentido de não apressar nem perpetuar cada uma delas.

A beleza que existe numa criança de seis anos fenece se ela fala, age e tem gestual semelhante ao de um adulto ou de um adolescente, porque soa falso, é uma encenação. Também não é nada atraente ver um menino de nove anos falando como se fora um bebê ou uma criança de cinco. Da mesma forma, um adolescente que é incapaz de tomar uma decisão porque foi superprotegido torna-se anacrônico, estranho, inapropriado. Ver uma senhora de 40 anos agindo ou se vestindo como uma mocinha de 15, causa-nos pena ou riso. Cada idade, cada fase tem seus encantos, desde que vivida, cada uma delas, no tempo e da forma adequados.

Nada mais ajustado e belo do que uma criança criança, um adolescente adolescendo e um adulto equilibrado e maduro. O encanto de cada momento é derivado da propriedade que a natureza definiu para cada fase do desenvolvimento humano.

Não incentivemos atitudes precoces durante a infância. Deixemos que eles aproveitem a maravilha que é este período de muita inocência, brincadeira e descobertas. Portanto, não nos apressemos em lhes atribuir namorados, por exemplo, nem aplaudamos ou fiquemos contando para as amigas (na frente das crianças) quando elas, ingenuamente, afirmam ter um. Simplesmente façamos de conta que nada ouvimos. As crianças estão apenas imitando o modelo que viram na TV, sem maiores significados. Na adolescência, não permitamos que o jovem permaneça infantil, dependente, sem iniciativa e responsabilidades.

Não deixemos, à medida que o tempo passa e novas habilidades vão sendo adquiridas, de motivá-las a utilizar o potencial recém-adquirido, dando-lhes novas atribuições assim que possam.

Não tenhamos tanta "pena" dos filhos, quando eles estão apenas desenvolvendo atividades adequadas e necessárias. Deixemos que produzam, que estudem (não acreditem tanto naquele "cansaço imenso" que eles dizem estar sentindo quando têm que estudar, por exemplo), que ajudem em casa, que comecem a trabalhar assim que possam, ainda que em pequenas atividades (não precisa significar obrigatoriamente arranjar um emprego com horários extensos ou rígidos, que atrapalhe os estudos, se a família pode lhes proporcionar o tempo necessário a uma formação profissional melhor. Pode ser, por exemplo, assumir algumas atribuições, como ficar encarregado de uma parte das compras da casa ou da orientação do trabalho de casa do irmão menor. Pode significar, também, ir sozinho para a escola, de ônibus ou a pé, dependendo da idade e da distância). Qualquer coisa útil e produtiva que os faça sentir que não devem apenas receber, mas dar também. Que também lhes demonstre que confiamos neles e nas suas novas possibilidades.

Não os soterremos com dinheiro, excesso de roupas, jóias, brinquedos, viagens e a promessa de um futuro com tudo resolvido e sem nenhuma dificuldade.

Não lhes neguemos a possibilidade de sonhar, de lutar, de desejar alguma coisa e de conquistá-la — por seu próprio esforço. Ter que lutar por algo a que se aspira é fundamental para ocupar a mente (e o corpo também) das pessoas. O espírito que nada tem a fazer, inventa. E, muitas vezes, inventa coisas bem ruins, que as boas já as tem. Quem não se horrorizou com os jovens universitários de Sorocaba que, em meio a uma tremenda bebedeira (agosto/98), atearam fogo num dos próprios companheiros que não queria participar da loucura?

Não tenham tanta dó dos filhos porque — tadinhos — eles tiveram tanto trabalho de casa para fazer e tanta coisa para estudar no fim de semana. Em vez de ir reclamar na escola, lembrem-se: no próximo dia livre, eles ficarão muito mais felizes do que se tivessem todos os dias e todos os fins de semana livres...

Recordem que tudo que temos sempre, a todo momento, com muita facilidade, vai perdendo o valor. É normal e humano: se você só pode ir à praia quando vem a uma cidade como o Rio de Janeiro, porque onde mora não tem, ir à praia torna-se um sonho dourado, um prazer inigualável, uma coisa divina. Já se você mora bem em frente a ela, pode acabar nem indo mais, porque a areia está suja, porque está cheia demais, porque está meio frio, enfim — porque você pode ir quando quiser. E aí, você não quer... Os meninos que crescem nos condomínios de luxo, que têm piscina e sauna no *playground* à disposição todos os dias, acham maçante sauna e piscina no *play* e passam a invejar os amigos que moram em casas enormes, com jardins e piscina "só para eles"... Perguntem a um desempregado que acabou de conseguir trabalho o que ele está sentindo. Que maravilha, quanta coisa fantástica, ele lhes dirá... Procurem-no um ano depois e já terá uma lista de reclamações a fazer sobre este mesmo emprego, antes tão perfeito...

Ou conversem com alguém que já sabe que seu posto está garantido na fábrica do papai à hora que quiser. Talvez ele diga: "Não pretendo trabalhar na fábrica, nem mesmo como presidente. Acho que vou ser ator..." Talvez prefira uma pontinha num filme de segunda categoria, desde que o gosto da conquista se faça presente...

Lembro-me de uma ocasião em que um dos meus filhos esteve num acampamento para jovens — ele adorava — e ia todos os anos. Daquela vez, o tema escolhido pelos monitores foi "sobrevivência". Eram meninos de classe média e, como tal, com um padrão de vida razoável; a maioria com seu próprio quarto ou dividido apenas com um irmão. Cama com lençóis sempre limpos, banheiro lavadinho, toalhas cheirosas, comida variada. Em geral, os que têm tudo, mal percebem o conforto que têm. Só falam para avisar que o feijão está salgado, por exemplo, raramente lembrando de elogiar quando está delicioso. Desta vez, quando meu filho voltou, após quinze dias usando um buraco no chão como banheiro e fazendo ele próprio sua comida, que alegria! Como ele festejou o seu quarto, o prazer de um banho morno de chuveiro com água encanada (em vez de uma mangueira de água gelada), um vaso sanitário, a comidinha caseira bem-feita... tudo! É assim com a maioria dos homens. Quanto mais têm, menos valor dão. Ainda mais se não lutaram nem suaram a camisa para conquistar.

Ajudar nossos filhos a terem um caminho mais fácil não está errado. O problema é lhes oferecer o mundo em bandeja de prata, muito rápido, muito cedo. Deixemos que se esforcem um pouco, que suem a camisa, que sintam o inigualável prazer da realização, da conquista e do crescimento pessoal. Sobretudo, não lhes apresentemos o futuro inteiramente resolvido. É muito importante que eles sintam que precisam estudar, crescer, arranjar um emprego, batalhar pelo salário, enfim, sair da adolescência. Mesmo que sejam herdeiros de uma fortuna, não se apressem em lhes anunciar essa vantagem. Pode ser que, a partir daí, lhes pareça muito desmotivador estudar, procurar emprego, batalhar pela vida, enfim. Para quê, não é mesmo? Ele é um rico herdeiro, não é? Esse, que é o sonho cor-de-rosa de muita gente, pode acabar produzindo um efeito desastroso na vida. O que fazer de seus dias? De todos os dias e de todos os anos que se seguirão? Um tempo imenso sem nada para fazer, nada a conquistar. Então, vamos gastar, gastar, gastar. Jogar fora, "comprar" coisas e pessoas. Ao final de alguns anos muito vibrantes e de um crescente e persistente vazio no coração, podem vir a depressão, as drogas, o alcoolismo, a descrença, a necessidade de novas e mais fortes emoções. Não é regra, claro. Afinal, cada homem é um. Mas as chances de desinteresse pela vida são passíveis de ocorrer em tais casos. Os bens materiais, por mais que os tenhamos, são sempre insuficientes para preencher a alma. O homem precisa sentir que o mundo melhorou — mesmo que um pouquinho só — pela ação do seu trabalho, das contribuições que trouxe à sociedade. É assim que nos sentimos felizes. Produzindo, realizando, criando.

Proteger os filhos é natural e desejável, problema é *superproteger*, é não deixar crescer, é não dar responsabilidades, é não confiar na capacidade e no poder decisório deles.

O homem precisa acreditar no seu potencial. Precisa também perceber que as pessoas que ele ama e em quem confia crêem nele. Se os pais passam o tempo inteiro fazendo todas as coisas pelos filhos, resolvendo e providenciando tudo, escolhendo, decidindo, adivinhando desejos, prevendo e antecipando soluções para problemas, como o filho poderá crer na sua capacidade? Não poderá, com toda razão, acreditar que, por baixo dessas atitudes, há falta de confiança nele? E, com tudo resolvido em sua vida, para onde vai o encanto da conquista? O que fazer de si próprio se tudo, desde logo, já está feito?

Amar os filhos é dar-lhes oportunidade de crescer, de ser gente de verdade, de pensar, de refletir, de se realizar. Quanto mais cedo, portanto, os fizermos compreender que o DEVER e o PRAZER devem caminhar lado a lado, que não são excludentes e que, mesmo que em alguns momentos tenham que optar pelo DEVER, logo adiante terão PRAZER, mais cedo eles amadurecerão. Quem vive apenas "para" e "pelo" prazer não compreendeu realmente o sentido da existência e, rapidamente, estará sentindo que algo está faltando em sua vida.

Talvez esta tarefa seja uma das mais árduas e longas que os pais têm pela frente, mas a recompensa que advém daí, quando observamos, anos depois, nossos filhos transformados em homens maravilhosos, honestos, gentis, equilibrados, tem um valor inestimável:

- a certeza do trabalho bem-feito;
- o prazer do objetivo alcançado;
- o orgulho de ter contribuído socialmente e, acima de tudo,
- a consciência da presença na Terra de mais um ser humano com "H" maiúsculo, uma pessoa que compreenderá outras, que lutará para melhorar a sociedade, que será solidária, que fará com que nos orgulhemos e sintamos que nossa passagem aqui não foi em vão.

..."*Promete pouco; cumpre muito.*"

(DO TALMUD)

Referências bibliográficas

1. BLUMENTHAL, S.J. Suicídio. In: *Ansiedade e depressão, clínicas médicas da América do Norte.* Rio de Janeiro: Interlivros Edições Ltda., 1988. v. 4.
2. CHAUÍ, M. *Repressão sexual, essa nossa (des)conhecida.* São Paulo: Brasiliense, 1984.
3. CLIMENT, E.C.; GUERRERO, M.E.C. *Como proteger seu filho das drogas.* São Paulo: Maltese-Norma, 1992.
4. GARDNER, H. *Inteligências múltiplas — a teoria na prática* Porto Alegre: Artes Médicas Sul, 1995.
5. GOLEMAN, D. *Inteligência emocional.* Rio de Janeiro: Objetiva, 1995.
6. GOTTMAN, J. *Inteligência emocional e a arte de educar nossos filhos.* Rio de Janeiro: Objetiva, 1991.
7. GULLEDGE, A.D.; CALABRESE, J.R. Diagnóstico da ansiedade e depressão. In: *Ansiedade e depressão, clínicas médicas da América do Norte.* Rio de Janeiro: Interlivros Edições Ltda., 1988. v. 4.
8. KAPLAN, H.I.; SADOCK, B.F. *Compêndio de psiquiatria, ciências comportamentais, psiquiatria clínica.* Porto Alegre: Artes Médicas Sul, 1993.
9. KAPLAN, H.I.; SADOCK, B.F. *Comprehensive textbook of psychiatry.* Baltimore: 5th ed. Williams & Wilkins, 1992. v. 1
10. KELER, T.M.R. *A essência do Talmud.* Rio de Janeiro: Tecnoprint, Ediouro.
11. NOGARA, C.D.; SANDRINI, R. O desenvolvimento sexual normal". In: *Manual de endocrinologia pediátrica,* Coord. Damiani D. Rio de Janeiro: Sociedade Brasileira de Pediatria, 1996.

12. PHILLIPS, D.I.; CARSTENSEN L.L. *Clustering of Teenage Suicides After Television News Stories About Suicide*. N. Engl: J. Med., 1986.
13. SHAW J.A. Depressão na infância. In: *Ansiedade e depressão, clínicas médicas da América do Norte*. Rio de Janeiro: Interlivros Edições Ltda., 1988. v. 4.
14. ZAGURY, T. *Educar sem culpa, a gênese da ética*. Rio de Janeiro: Record, 1993.
15. ——*O adolescente por ele mesmo*. Rio de Janeiro: Record, 1996.
16. ——*Sem padecer no paraíso, em defesa dos pais ou sobre a tirania dos filhos*. Rio de Janeiro: Record, 1991.

Este livro foi composto na tipologia
Syndor ITC-Book em corpo 11,5/15, e impresso
em papel off-white 80g/m² no Sistema Cameron
da Divisão Gráfica da Distribuidora Record.